为中华崛起传播智慧

To disseminate intelligence for the rise of China

国 家 出 版 基 金 项 目

中国战略性新兴产业研究与发展

R&D of China's Strategic New Industries

生物基材料

Biobased Materials

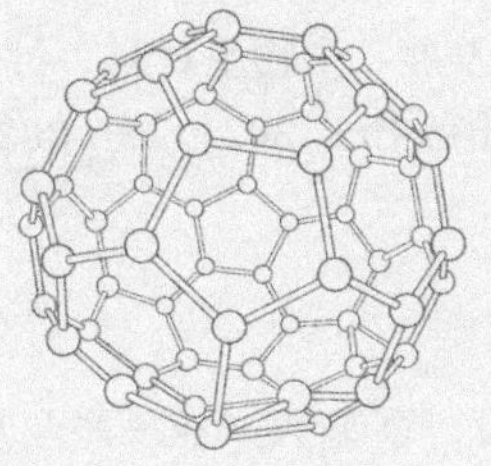

付烨　翁云宣 等编著

本书介绍了国内外生物基材料产业的发展现状和国内外产业对比情况，提出了我国生物基材料产业发展战略和目标。全书共分为 5 章，分别介绍了生物基材料产业概论、国外生物基材料产业发展现状、我国生物基材料产业发展现状、我国与发达国家生物基材料产业对比、生物基材料产业发展战略与措施，附录部分对国内一些相关政策进行了阐述。

本书内容全面，适合各级政府和行业决策机构制定政策法规、学术研究机构规划研究方向时参考，也适合企业决策者，技术、管理及市场人员，以及投资、证券行业及咨询机构的人员在规划、投资、研究、项目实施中使用。

图书在版编目（CIP）数据

中国战略性新兴产业研究与发展．生物基材料／付烨等编著．—北京：机械工业出版社，2021.11（2023.6 重印）
国家出版基金项目
ISBN 978-7-111-69573-8

Ⅰ．①中… Ⅱ．①付… Ⅲ．①新兴产业－产业发展－研究－中国②生物材料－产业发展－研究－中国 Ⅳ．①F269.24 ②R318.08

中国版本图书馆 CIP 数据核字（2021）第 230799 号

机械工业出版社（北京市百万庄大街 22 号　邮政编码 100037）
策划编辑：曹　军　　责任编辑：魏素芳　曹　军
责任校对：李　伟　　责任印制：常天培
固安县铭成印刷有限公司印刷
2023 年 6 月第 1 版第 2 次印刷
170mm×242mm · 16.5 印张 · 1 插页 · 286 千字
标准书号：ISBN 978-7-111-69573-8
定价：128.00 元

电话服务　　网络服务
服务咨询电话：(010)88361066　年 鉴 网：http://www.cmiy.com
读者购书热线：(010)88379838　机工官网：http://www.cmpbook.com
(010)68326294　机工官博：http://weibo.com/cmp1952

中国战略性新兴产业研究与发展

编委会

《中国战略性新兴产业研究与发展·生物基材料》

编写人员

编 写 人（按姓氏笔画排序）

付 烨 邢 倩 邢立文 胡 晶 侯冠一

郗悦玮 徐 芳 翁云宣 靳玉娟

中国战略性新兴产业研究与发展

编委会办公室

主 任 石 勇（兼）

副主任 刘成忠 田付新

成 员 赵 敏 刘世博 曹 军 任智惠 张珂玲

序言

全球金融危机和经济衰退发生以来，美欧日俄等为应对危机、复苏经济、抢占未来发展的先机和制高点，都在重新审视发展战略，不断加快推进“再工业化”，培育发展以新能源、节能环保低碳、生物医药、新材料与高端制造、新一代信息网络、智能电网、海洋空天等技术为支撑的战略性新兴产业，在全球范围内构建以战略性新兴产业为主导的新产业体系。力图通过新一轮技术革命的引领，重新回归实体经济，创造新的经济增长点。这已成为很多国家摆脱危机、实现增长、提升综合国力的根本出路。可以预计，未来的二三十年将是世界大创新、大变革、大调整的历史时期，人类将进入一个以绿色、智能、可持续发展为特征的知识文明时代。那些更多掌握绿色、智能技术，主导战略性新兴产业发展方向的国家和民族将在未来全球竞争合作中占据主导地位，赢得全球竞争合作，共享持续繁荣进程中的主动权和优势地位。

为应对金融危机和全球性经济衰退以及日趋强化的能源、资源和生态环境约束，以实现中国经济社会的科学发展、和谐发展、持续发展，党中央、国务院提出加快调整产业结构、转变经济发展方式，加快培育和促进战略性新兴产业发展的方针，出台了《国务院关于加快培育和发展战略性新兴产业的决定》以及相关政策举措。可以肯定，未来 5 ～ 10 年将是我国结构调整与改革创新发展的一个新的战略机遇期，将通过继续深化改革，扩大开放，提升自主创新能力，建设创新型国家，实现我国科技、产业、经济由大变强的历史性跨越，我国经济社会发展将走出一条依靠创新驱动，绿色智能，科学发展、和谐发展、持续发展之路，实现中华民族的伟大复兴。

展望未来，高端装备制造、新能源汽车、节能环保、新一代信息技术、生物医药、新能源、新材料、绿色运载工具、海洋空天、公共安全等全球战略性新兴产业将形成十几万亿美元规模的宏大产业，成为发展速度最快，采用高新技术最为密集，最具持续增长潜力的产业群落。战略性新兴产业的发展需求也将拉动技术的创新突破和产业的结构调整，为包括我国在内的全球经济发展注入新的强大动力。

在世界各国高度重视培育和发展战略性新兴产业的新形势下，编写一套“中国战略性新兴产业研究与发展”图书，借鉴国外相关产业发展的成功经验，对行业发展思路、发展目标、发展战略、发展重点、投资方向、政策建议等方面进行全面、系统研究，凝聚对战略性新兴产业内涵和发展重点的认识，为国家战略性新兴产业发展规划的顺利实施，以及政府和有关部门制定促进战略性新兴产业发展的相关政策和法规提供参考，具有十分重要的现实意义。

“中国战略性新兴产业研究与发展”系列图书对相应产业的阐述、分析均注重强调战略性新兴产业的六个主要特点：

一是**绿色**。战略性新兴产业属于能耗低、排放少、零部件可再生循环的“环保型”“绿色型”产业，无论从产品的设计、制造、使用，还是回收、再利用等整个生命周期的各个环节，对资源的利用效率与对环境的承载压力均要求达到最理想水平。

二是**智能**。新型工业化要求坚持以信息化带动工业化、以工业化促进信息化，即要实现“两化融合”。而“两化融合”决定了智能是未来产业尤其是战略性新兴产业的发展方向。所谓智能，是指制造过程的智能化、产品本身的智能化、服务方式的智能化。这些均是智能的最基本层次，它还具有其他更为丰富的内涵。例如：智能电网，通过先进的传感和测量技术、先进的设备技术、先进的控制方法以及先进的决策支持系统技术的应用，可实现电网的可靠、安全、经济、高效、环境友好和系统安全等方面的智能；智能汽车不只是安全智能，还包括节能、减排、故障预警等方面的智能。

三是**全球制造**。随着全球化趋势不断深化，战略性新兴产业的发展成果也必将是由全人类共创共享。新产品的研制开发，不再由一个企业独自完成，需要集成各方面优势资源共同解决。例如，iPhone 在中国完成装配，但它的设计、研发以及许多零部件的供应都是在美国、日本和欧洲实现的，其本身就是一个全球化的产品。因而，未来的制造必然是全球化制造、网络化制造。

四是**满足个性化需求与为更多人分享相结合**。目前中国有14亿人口，印度有13亿人口，还有巴西、印度尼西亚等新兴国家、发展中国家也都要实现现代化。在全球如此规模庞大的人群中，既存在富裕阶层、高消费阶层，他们的消费需求是个性化、多样化的；又有占比较大的中产阶层、贫困人口，他们的消费需求是基本层次的，但也不能被忽视。两种类型的消费需求必须同时被满足，这不仅是构建和谐社会的需要，而且是构建和谐世界的需要。因此，我国发展战略性新兴产业，应该既要满足中高端个性化的需求，同时又要满足我国与其他发展中国家广大普通消费者的需求。要把个性化的设计、个性化的产品生产，与规模化、工业化的传统生产结合起来，不能完全抛弃传统的规模化生产方式。

五是**可持续**。要使有限的自然资源得以有效、可持续利用，发展利用可再生资源、能源，强调发展再制造、循环经济。无论是原材料使用，还是零部件制造，从研发、设计之初就考虑到了生产中的废料、使用后的残骸的回收处置，使其能够重新得到循环利用。

六是**增值服务**。培育发展战略性新兴产业需要注意在设计制造过程中与产品售后、使用过程中提供相关增值服务。不应再局限于传统的观念，只注重制造本身，而不注重服务的价值。例如，发展电动汽车产业，必须首先解决好商业模式问题，包括充电桩建设、电池更换、废旧电池回收等服务，否则将无法广泛推广。

“中国战略性新兴产业研究与发展”系列图书内容丰富、资料翔实、观点鲜明、立意高远，并力求充分体现出“四性”，即科学性、前瞻性、指导性和基础性。

第一，体现**科学性**。所谓科学性，就是指以科学发展观为指导。科学发展观的核心是以人为本，基本要求是全面、协调、可持续，根本方法是统筹兼顾，符合客观规律。“中国战略性新兴产业研究与发展”系列图书既要能够为党中央、国务院提出的加快发展战略性新兴产业的总体战略服务，又不应受到行业、部门的局限，更不能写成规划或某些部门规划的解读材料，而应能够立足于事物客观规律、立足于全局。各分册编写组同志重视调查、研究，力求对国情、科技、产业及全球相关产业的发展态势有比较准确的把握，努力为我国战略性新兴产业的发展提供一本基于科学基础的好素材。这套图书立足我国国情，而不是简单地把发达国家的相关产业信息进行综合、编译，照搬照抄。当然，我国发展战略性新兴产业不能“闭门造车”，而是要坚持开放性，积极参与国际分工合作，充分利用全球优势资源，提高发展的起点和水平。因而，有必要参照国际成功经验与最新发展趋势，但一定要以我国国情和产业特点为根本出发点，加快培育和发展有中国特色的、竞争能力强的战略性新兴产业。

第二，体现**前瞻性**。一是能够前瞻战略性新兴产业的发展，因为这套图书是战略性新兴产业的发展指导书。二是能够前瞻战略性新兴产业技术的发展。为了做好这两个前瞻，必须要适当地前瞻全球经济、我国经济与战略性新兴产业发展的趋势。只讲发展现状是不够的，因为关于现状的资料很多，通过简单的网络搜索即可查到；也不能只罗列国外的某些规划和发展战略。“中国战略性新兴产业研究与发展”系列图书的编写注重有深度的科学分析与前瞻性的研究。

第三，体现**指导性**。“中国战略性新兴产业研究与发展”系列图书本身就是指导书，能够对产业、对技术、对国家制定政策，甚至在未来国家发展战略与规划的制定等方面发挥一定的引导作用与影响。虽然不能说这套图书可以指导国家战略与规划的制定，但是应该努力发挥其积极的引导作用。

第四，体现**基础性**。所谓基础性，就是指要能够提供战略性新兴产业的基础信息、基础知识，以及我国和有关国家在相关产业发展方面的基本战略，主要的法规、政策和举措，并尽可能提供一些基本的技术路线图。比如，在轴承分册，就描述了一个轴承产业发展的路线图。唯有如此，“中国战略性新兴产业研究与发展”系列图书才能满足原来立项的宗旨——不仅要为工程技术界、大学教师、大学生与研究生提供学习参考书，为产业界的技术人员、管理人员提供决策参照，而且要为政府部门的政策法规制定者提供参考。

机械工业出版社是具有60多年历史的专业性综合型出版机构，改革开放后，随着市场经济的发展，机械工业出版社不断改革转型，不但形成了完善的编辑出版工作流程和质量保证体系，而且编辑人员作风严谨，工作创新。

“中国战略性新兴产业研究与发展”系列图书不仅是一套科技普及书，更是一套产业发展参考书，必须既要介绍国内外战略性新兴产业的发展情况，又要阐述相关政策、法规、扶植措施等内容。因此，这套图书的组编单位、编写负责人和编写工作人员必须要有相关积累和优势。“中国战略性新兴产业研究与发展”系列图书所选的分册主编和作者主要是精力充沛的业内中青年专家，并由资深专家负责相应的编审、校审工作。现在看来大多数工作由中青年同志担当，是完全符合实际的。此外，这套图书的编著还充分发挥了有关科研院所、行业学会和协会的作用，他们的优势在于对行业比较熟悉，并掌握了较为丰富的资料。

最后，特别感谢国家出版基金对“中国战略性新兴产业研究与发展”系列图书的大力支持！感谢全体编写出版人员的辛勤劳动！

期望“中国战略性新兴产业研究与发展”为社会各界了解战略性新兴产业提供帮助，期待中国战略性新兴产业培育和发展尽快取得重大突破，祝愿我国在不久的将来实现由经济大国向经济强国的历史性跨越！

是为序。

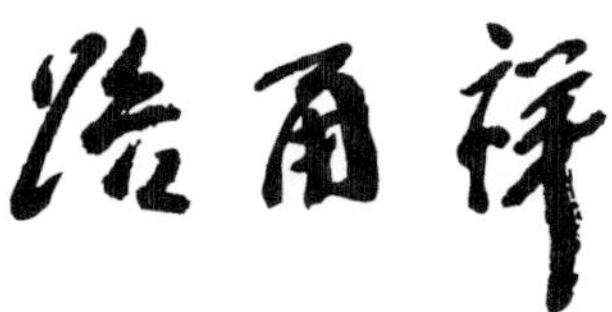

前言

生物基材料是建立在生物资源可持续利用和生物技术基础之上，而不完全依赖于化石资源的材料。它是将生物质通过化学或物理方法构建成的新功能材料，包括天然高分子衍生物以及用天然有机物作为原料通过生物合成、化学合成或复合而成的各种材料（如生物基塑料、生物基纤维、糖工程产品、生物基橡胶等）。近年来，随着国际原油资源的日渐趋紧，生物能源产业、生物制造产业已成为全世界的发展热点，产业发展的内在动力不断增强，生物基材料由于其绿色、环境友好、资源节约等特点，正逐步成为引领当代世界科技创新和经济发展的又一个新的主导产业。

目前，全球生物基材料产能已达 3 000 万 t 以上，每年增长速率超过 20%。聚乳酸（PLA）、聚羟基烷酸酯（PHA）等生物基材料的成本持续下降，性能不断提高，对传统石化材料的竞争力不断增强，生物基材料的应用正在从高端功能性材料和医用材料领域向大宗工业材料和生活消费品领域转移，在日用塑料制品、化纤服装、农用地膜等方面逐渐实现规模化应用。

在国家政策支持下，经过生产企业及产业链相关企业、高等院校及科研院所等密切合作和共同努力，我国生物基材料产业发展迅猛，关键技术不断突破，产品种类快速增加，产品经济性增强。生物基材料已被纳入《中国制造 2025》新材料领域和强国关键战略材料，成为国家大力发展的战略重点。随着全球对节能环保、低碳经济的要求日益提高，世界各国纷纷制定相关法律法规促进生物基材料的应用，我国“限塑令”后续政策也正在制定过程中。2020 年 1 月，国家发展改革委和生态环境部联合发布《关于进一步加强塑料污染治理的意见》，计划通过“禁止一批、限制一批、替代一批”，到 2025 年，实现重点城市塑料垃圾填埋量大幅降低，塑料污染得到有效控制。我国城市生活垃圾分类在部分城市已开始强制执行，电子商务包装、邮政快件包装、外卖包装的绿色化已是趋势。生物降解材料的生产、销售、使用开始从示范推广逐渐向大规模工业化阶段过渡。生物基材料正在成为产业热点，展示出了强劲的发展势头。

本书从生物基材料的生产技术、应用市场、产业现状等维度出发，介绍了国内外生物基材料产业发展现状、我国与发达国家生物基材料产业对比、生物基材料产业发展战略与措施，并对国内一些相关政策进行了阐述。

本书在编写过程中得到全国生物基材料及降解制品标准化技术委员会的支持。

最后，向为本书的出版给予大力支持的各位同仁，以及机械工业出版社的责任编辑和其他工作人员表示诚挚的感谢。

2021 年 6 月

编写说明

《国务院关于加快培育和发展战略性新兴产业的决定》确定了我国未来经济社会发展的战略重点和方向是战略性新兴产业，并且根据我国国情和科技、产业基础，又进一步明确为现阶段重点发展节能环保、新一代信息技术、生物、高端装备制造、新能源、新材料、新能源汽车、数字创意和相关服务业九大新兴产业。可见，九大战略性新兴产业将是国家重点支持、大力推广的产业。

为了使大家全面理解、准确把握、深刻领会国家这一战略决定的精神实质，了解其发展内涵，推动产业结构升级和经济发展方式转变，增强国际竞争优势，抢占新一轮经济和科技制高点，机械工业出版社在国家出版基金的支持下，组织各领域权威专家编写了一套“中国战略性新兴产业研究与发展”（以下简称“研究与发展”）图书。

“研究与发展”以国家相关发展政策和规划为基础，借鉴国外相关产业发展的成功经验，对产业发展思路、发展目标、发展战略、发展重点、投资方向、政策建议等方面进行了全面、系统的研究；对前瞻性、基础性和目前产业上有瓶颈限制的问题提出了有针对性的对策。

“研究与发展”采用分期分批的出版方式陆续出版发行，第一期 12 个分册、第二期 13 个分册分别于 2013 年 6 月和 2018 年 2 月完成出版，第一期的分册包括太阳能、风能、生物质能、智能电网、新能源汽车、轨道交通、工程机械、水电设备、农业机械、数控机床、轴承和齿轮，第二期的分册包括功能材料、物流仓储装备、紧固件、模具、内燃机、塑料机械、塑木复合材料、物联网、制冷空调、智能制造装备、非常规油气、中压开关和数据中心。本次出版的第三期 29 个分册图书包括：智慧工业、生物基材料、数据与企业治理、智慧经济、智能注塑机、数据赋能、高端轴承、冷链物流、智能汽车、通用航空、远程设备智能维护、智能供应链、智能化立体车库、气体分离设备、焊接材料与装备、高端液气密元件、高端链传动系统、风电齿轮箱、海洋油气装备、燃气轮机、变频调速设备、电子信息功能材料、智能制造、数控系统、工业机器人、核电、智慧交通、增材制造以及内燃机再制造产业发展与技术路线。今后根据国家产业政策要求及各行业的发展情况还将陆续推出其他分册。

为了出版好“研究与发展”，机械工业出版社成立了“中国战略性新兴产业研究与发展”编委会，全国人大常委会原副委员长路甬祥担任编委会主任。路甬祥副委员长对该套图书的编写高度重视，亲自参加编委研讨会，多次提出重要指导意见。他从图书的定位、内容选材、作者队伍建设和运作流程等方面都给予了全面和具体的指导，并提出了“六个特点”和“四性”的具体要求。

机械工业出版社还建立了完善的项目管理、编写组织、出版规范和网络支撑四个方面的工作体系来保证图书质量，投入了大量的精力组织行业权威专家规划内容结构、研讨内容特色。参与图书编写的主创人员自觉自愿地把自己的聪明才智和研究成果奉献给社会，奉献给国家。他们都担负着繁重的科研、教学、行业管理或生产任务，为了使此书能够早日与大家见面，他们不辞辛苦、加班加点，因为他们都有一个共同心愿——帮助企业快速成长，使中国由大变强。

在此，衷心地感谢为此项工作付出大量心血的组编单位、各位专家、各位撰稿人及编辑出版工作人员！

尽管我们做了大量工作，付出了巨大努力，但仍难免有疏漏或不足之处，敬请读者批评指正！

中国战略性新兴产业研究与发展　编辑部

2021 年 6 月

目录 CONTENTS

第1章 生物基材料产业概论

1.1 生物基材料基本概念

近年来，随着国际原油价格的持续攀升和资源的日渐趋紧，石油供给压力增大，生物能源产业、生物制造产业已成为全世界发展热点，其经济性和环保意义日渐显现，产业发展的内在动力不断增强。生物基材料由于其绿色、环境友好、资源节约等特点，正逐步成为引领当代世界科技创新和经济发展的又一个新的主导产业。生物基材料是利用谷物、豆科作物、秸秆、竹木粉等可再生生物质为原料制造的新型材料和化学品等，包括生物合成、生物加工、生物炼制过程获得的生物醇、有机酸、烷烃、烯烃等基础生物基化学品，也包括生物基塑料、生物基纤维、糖工程产品、生物基橡胶以及生物质热塑性加工得到的塑料材料等。

生物基化学品和材料产业已逐步从实验室走向市场实现产业化。国际上，1,3- 丙二醇、丁二酸等重要生物基材料单体的生物制造路线，已经实现中试生产。2020 年，全球生物基材料产能已达 3 500 万 t 以上。我国的生物基材料产业发展迅猛，关键技术不断突破，产品种类快速增加，产品经济性增强，生物基材料正在成为产业投资的热点，显示出了强劲的发展势头。2020 年，我国生物基材料总产量已超过 600 万 t，其中再生生物质制造生物基纤维产品约 420 万 t，生物基塑料约 100 万 t。2020 年我国生物基材料总产量比 2019 年增长约 20%。

1.1.1 生物基材料定义

生物基材料是建立在生物资源可持续利用和生物技术基础之上，而不完全依赖于化石资源的材料。它是将生物质通过化学或物理方法构建成的新功能材料，包括天然高分子衍生物以及用天然有机物作为原料通过生物合成、化学合成或复合而成的各种材料。

国家标准与国际标准对生物基材料的定义略有不同。

在国家标准 GB/T 39514—2020《生物基材料术语、定义和标识》中，对生物质（biomass）的定义为“通过光合作用而形成的各种有机体”；对生物基材料（biobased material）的定义为“利用生物质为原料或（和）经由生物制造得到的材料”，包括以生物质为原料或（和）经由生物合成、生物加工、生物炼制过程制备得到的生物醇、有机酸、烷烃、烯烃等基础生物基化学品和糖工程产品，也包括生物基聚合物、生物基塑料、生物基化学纤维、生物基橡胶、生物基涂料、生物基材料助剂、生物基复合材料及各类生物基材料制得的制品。

在国际标准 ISO 16620—1∶2015《塑料 生物衍生品 第 1 部分 通用规则》中，对生物质（biomass）的定义为“生物来源的材料，不包括嵌于地质构造和（或）化石中的材料”；对生物基合成聚合物（biobased synthetic polymer）的定义为“全部或部分来自生物质资源，通过化学和（或）生物工业过程获得的聚合物”。各国对生物基材料定义大同小异，国际标准的定义对生物基材料界定的范围有所扩大。

1.1.2 生物基材料特点

生物基材料原料为生物质来源而非化石来源，使聚合物等材料发展摆脱对化石资源的依赖，降低生产使用过程中的碳排放，有利于环境和社会的可持续发展。部分生物基材料具有可降解特性，在一定条件下能被降解成二氧化碳或甲烷、水以及生物体，能够有效降低处置不当或泄漏至环境中的材料对环境所产生的污染。其中，生物降解材料与生物基材料之间的主要区别在于，生物降解主要是从塑料废弃后对环境消纳性能出发提出的概念，而生物基则是从原材料来源角度出发提出的概念。

随着不可再生资源储量逐步减少，环境压力逐步加大，传统的经济发展模式已经不适合时代发展的要求。未来包括中国在内的主要经济体将以生态化、绿色化以及资源可回收利用为发展原则，实现绿色、低碳、可持续的发展目标。大力发展开发生物基材料则成为实现该发展目标的必然途径。生物基材料原料提纯和生物制造技术所涉及学科众多，技术要求跨越生物、化学、工程等多个领域，如何实现学科交叉利用，有效降低生产成本，是生物基材料制造技术未来发展的重要挑战。

随着近年来国内政策支持力度提高、下游行业需求增强、生物技术迅速发展，生物基材料行业呈现出快速发展的特点。

近年来，包括国务院发布的《中国制造 2025》以及相关部委发布的《产业关键共性技术发展指南（2017 年）》《关于进一步加强塑料污染治理的意见》等在内的产业政策均明确将生物基材料作为未来科技与产业发展的重点方向，为本行业的发展指明了发展方向、提供了良好的政策环境。

随着人类生活对高性能新材料的需求不断增加，利用生物制造技术生产出传统化学方法无法生产出的具有特殊优异性能的新材料的需求预计将不断增加。此外，我国一直是原油的净进口国，而原油是化工生产的主要初始原料。利用可再生资源生产的生物制造技术，可以减少我国对原油进口的依赖。此外，产业转型和消费升级是我国未来经济发展的重要驱动力。由于生物制造的绿色理念比较容易得到高端品牌的认可，其在下游高端产品和新兴领域中的应用需求将不断增加。

同时，现代生物技术迅猛发展，包括合成生物学、细胞工程、生物化工等学科均取得了一系列重要进展和重大突破，新技术的不断推出有利于生物基材料产业提升竞争力，降低生产成本。

从长期来看，生物制造作为一种革命性的生产方式，将进一步受到市场的认可与追捧，且生物基材料拥有巨大潜在市场。但是，随着生物制造市场的扩大与成熟，未来将有越来越多的竞争者进入生物基材料行业，该产业链产品将面临激烈的市场竞争。

生物基材料合成制备属于技术密集型产业，对技术人员的依赖度较高，对于合成生物学、细胞工程、生物化工、高分子材料与工程等学科领域的复合型人才储备要求很高。经过多年发展，我国已经累积出一批人才，但由于行业发展时间较短、技术水平较低，且人才培养周期较长，高端、专业和复合型人才仍然十分紧缺。

1.1.3 生物基材料分类

生物基材料可分为天然生物基材料和生物基合成材料。

用于生产天然生物基材料的原料有来自植物的淀粉、纤维素、半纤维素和木质素及其衍生物等，以及来自动物的明胶、甲壳素、脱乙酰化甲壳素、壳聚糖及其衍生物等。天然生物基材料的制备方法大都是改性，使天然高分子材料具有热可塑性，而后成型制成产品。改性包括使用添加剂的物理改性，以及通过将天然高分子接枝到合成高分子上的化学改性，如将直链淀粉、纤维素与聚氨酯接枝，明胶与丙烯酸乙酯共聚等。

生物基合成材料按其降解性能可分为生物降解生物基合成材料和非生物降解生物基合成材料。生物降解生物基合成材料主要的一类是微生物发酵和化学合成共同参与得到的聚合物，主要是聚乳酸等，另一类就是微生物直接合成的聚合物，如聚羟基烷酸酯、聚氨酯等，以及这两种材料共混加工得到或这些材料和其他生物基材料共混加工得到的生物基材料。非生物降解生物基合成材料中发展较快的几种材料主要为生物基聚乙烯（BioPE）、生物基聚对苯二甲酸乙二酯（BioPET）、生物基聚酰胺（BioPA，俗称生物尼龙）。这些以生物质为原料生产的 PE、聚丙烯（PP）、PET 等通用塑料虽然以生物质代替石油原料，但是产物的结构与性能与石油基塑料并无区别，可以采用相同的加工设备和方法，最终产品的性能也是一致的。

1.1.4 生物基材料发展简史

人们在远古时代就已经将棉、麻、丝、毛、树脂等天然高分子原料作为生活资料和生产工具。从 19 世纪起，人们开始通过化学反应把天然高分子原料制成塑料和化学纤维。1869 年，J.W. 海厄特利用樟脑作为增塑剂，以硝化纤维素为原料，制得了赛璐珞。这是最早利用天然高分子原料制造使用增塑剂的塑料的例子。以后，又出现了用天然多糖改性得到的乙酰纤维素，用于制造照相胶卷底基材料。再后，又有聚氨酯化纤维素、木质素、直链淀粉；由牛奶酪蛋白与甲醛制得的酪蛋白塑料；木粉与月桂酸制得的木质塑料，明胶与丙烯酸乙酯制得的共聚物等；在纤维素纤维和壳聚糖的乙酸水溶液中加入增塑剂，再经干燥和热处理制得的热塑性材料。

人们对生物基合成材料的研究已经历一百多年的发展，生物基化学品和材料产业已逐步从实验室走向市场，实现了产业化。

生物基聚酯由于其优异的性能在完全分解材料大家族中占有重要的一席。1925 年，法国 Pasteur 研究所的 Lemoigne 博士在微生物培养中发现了微生物产生的聚酯。他发现光学上具有 100% R 体规则性的 3HB 键合后为直链状的 P（3HB）。Lemoigne 从巨大芽孢杆菌（*Bacillus megaterium*）中分离到聚 *β*- 羟基丁酸酯（PHB，P-*β*-HB）。20 世纪 50 年代末，科学家研究了生产条件对 PHB 代谢的影响，阐明了 PHB 的积累源于细菌在不平衡生长条件下才产生的机理。1958 年 Williamson 用微生物巨大芽孢杆菌，通过葡萄糖发酵，高效合成了聚 *β*- 羟基丁酸酯。1960 年发表了许多有关聚 *β*- 羟基丁酸酯的生物合成、降解、结构、物性、生理等方面的研究报告。20 世纪 70 年代中期的研究发现了含 *β*- 羟基和其他 *β*- 羟基单体的共聚物，从而研究的领域扩展到了聚羟基烷酸酯。同时，控制培养条件和碳源，细菌还能产生两种或两种以上单体形成的共聚物，如 PHBV、PHBHX、P（*β*-HB-*co*-*β*-HH）等。均聚物聚 *ε*- 羟基丁酸酯熔点约为 175℃，结晶度为 70% 左右，缺乏韧性而性脆，易热分解而难于加工，一般不能单独使用。通过共聚或共混可获得力学性能和加工性能改善的产品。1980 年，英国帝国化学工业公司（ICI）从戊酮和葡萄糖出发，用微生物真养产碱杆菌（*Alcaligenes eutrophus*）发酵合成了以 *β*- 羟基丁酸酯和 *β*- 羟基戊酸酯为聚合单元的共聚物——

聚 β- 羟基丁酸 -β- 羟基戊酸酯［P（β-HB-*co*-β-HV）］。P（3HB）是在氢细菌、固氮菌、光合成细菌等 100 种以上原核生物的作用下，由糖、有机酸、二氧化碳等碳源合成的。最近，利用转基因大肠杆菌合成了超高分子量 P（3HB），开发了可以用于钓线和手术缝合线等强度和伸展性较好的高强度纤维和薄膜，并证明分子量的增大是改善物性和加工性的有力手段。

聚酰胺（Polyamide，PA）俗称尼龙，是指分子主链中含有酰胺键（—NH—CO—）的一类聚合物。1936 年，W.H.Carothers 申请了第一个聚酰胺的专利；1939 年，杜邦公司宣布世界第一个聚酰胺品种 PA66 实现产业化，产业化以来，聚酰胺已被广泛用于纺织、汽车、电子电器、包装、体育产品等方面。生物基聚酰胺的研究紧跟石油基聚酰胺的研究，在 20 世纪 50 年代，法国 Arkema 公司利用蓖麻油作为原料，合成全生物基聚酰胺 PA11。该公司以 Rilsan® 为商标，将全生物基 PA11 应用于汽车行业、电子电器、耐压管道、运动器械、医药和食品包装、水处理等领域。

目前，生物基材料的研究主要集中在生物基材料提取制备技术以及合成生物基材料关键单体生物制备技术。在生物基合成材料方面研究方向集中在生物基纤维、生物基橡胶、生物基涂料、生物基聚氨酯的应用，发展生物基 PET 和生物基 PE 等替代传统石化来源聚合物材料的合成制备技术。同时，也在大力发展生物基材料的热塑性加工制备技术。

1.2 生物基材料生产技术

1.2.1 淀粉基生物降解材料

淀粉基生物降解材料是指以淀粉和一种或几种树脂（聚合物或预聚物）为主要结构组分，添加或不添加助剂，在一定的温度和压力下加工而成的具有一定形状的、介于树脂（聚合物）与制成品之间的粒子（或切片）、粉末、母料或薄片等。

1.2.1.1 天然淀粉及改性淀粉

天然淀粉可从土豆、薯类、玉米、大米、小麦和燕麦等植物的块茎或种子获得。不同来源的淀粉，其中直链淀粉和支链淀粉的含量不同。淀粉的化学结构如图 1-1 所示。用于淀粉基塑料的淀粉主要是玉米淀粉，玉米淀粉颗粒的组成主要包括水分、脂类化合物、含氮物质、灰分、磷等，直链淀粉的含量约 26%，固有含水量 9% ～ 15%。在制造淀粉基塑料时，常需对淀粉进行处理，以改进未处理淀粉的下述缺点：与聚合物的相容性差；分散性差；因有亲水性而影响成品的尺寸稳定性；热稳定性差，加工温度不能高于 230℃，甚至更低。

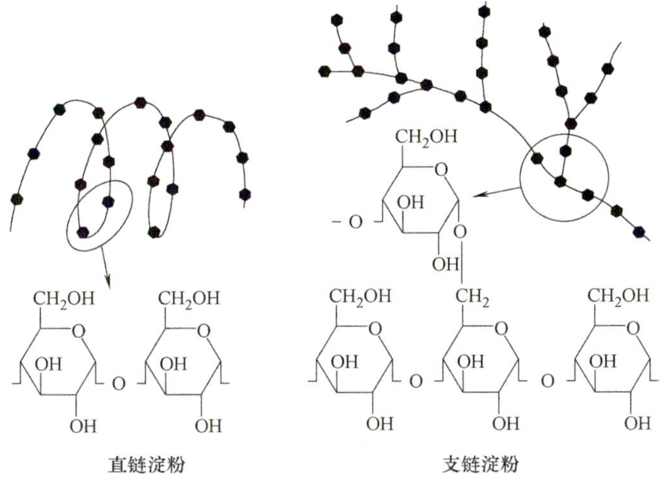

图 1-1　淀粉的化学结构

淀粉改性，用以改变淀粉的天然性质，增加其性能或引进新特性。淀粉衍生物的制造方法有物理方法、化学方法、生物技术（酶）及基因工程技术等。①物理改性：预糊化淀粉；电子辐射处理淀粉；热降解淀粉。②化学改性：氧化淀粉；酯化淀粉；醚化淀粉；交联淀粉；接枝共聚淀粉。③生物改性：酶转化淀粉。

天然淀粉经化学、物理、生物等方法处理改变了淀粉分子中某些结构单元的化学结构，同时也不同程度地改变了天然淀粉的物理性质和化学性质，经过这种改性处理的淀粉称为改性淀粉或淀粉衍生物。改性淀粉最早是在 19 世纪 50 年代被发现的，至今已有约 170 年的历史，在最近的 40 年发展比较迅速。目前以淀粉为原料进行改性处理的产品已有 2 000 多种。常见的种类包括氧化淀粉、交联淀粉、酸酯化淀粉、接枝共聚淀粉、热降解淀粉、酶降解淀粉、复合改性淀粉及预糊化淀粉等。主要应用于食品添加剂、药品崩解剂、塑料添加剂、饲料添加剂、纺织浆料、造纸助剂、石油钻井助剂、铸造黏合剂、建筑黏合剂、污水处理剂、表面活性剂、吸水剂等。改性淀粉的应用范围随着相关行业领域发展和改性技术的发展而不断扩展，具有非常广阔的发展前景和应用价值。

1.2.1.2　全淀粉热塑性材料

淀粉是一种强极性的结晶性物质，分子内与分子间存在大量的氢键，一般条件下热塑性很差，用于热塑性成型需要进行改性。全淀粉塑料一般指含淀粉在

90% 以上，添加加工助剂，在淀粉具有热塑性能下进行加工生产，因此又被称为热塑性淀粉塑料。全淀粉塑料中的其他添加剂也是能完全降解的，是完全可降解材料。

热塑性淀粉的生产原理是使淀粉在高于其玻璃化温度和熔点的温度下，经过热处理，因其组分经受吸热转化，以致分子结构改变成无序化，具有热塑性，通过淀粉羟基官能团反应，将淀粉改性为一定疏水性淀粉，从而形成具有热塑性能、易加工成型的材料。

热塑性淀粉的熔体在 150 ～ 230℃表现出在通常加工方法的时间范围内的化学与流变学稳定性，其含水量极低（＜ 0.005%），其制品的加工虽然可沿用塑料传统的挤出、流延、注塑、压片和吸塑等加工办法，但其工艺一般有所不同，有些设备需要改装或添加部件。

用于生产淀粉塑料的淀粉以直链淀粉为好，主要是玉米淀粉，其中直链淀粉的含量约 26%，固有含水量 9% ～ 15%。高含量的脂类化合物会引起不利的影响。

天然淀粉中存在氢键，溶解性差，亲水而不溶于水。加热无熔融过程，300℃以上分解。天然淀粉可以在一定条件下，通过物理过程破坏氢键，使其变为凝胶化淀粉，或称为解体淀粉。破坏淀粉氢键的方法：含水量大于 90% 条件下加热，60 ～ 70℃时，淀粉颗粒首先溶胀，达到 90℃以上时，淀粉颗粒消失，发生凝胶化。含水量小于 28% 的条件下，在密闭状态下加热、塑炼、挤出，淀粉变为真正的熔融状态。这时的淀粉称之为凝胶化淀粉，或解体淀粉。

凝胶化淀粉和天然淀粉不同，加热可塑化，但与称为热塑性淀粉的品种还有差异，如表 1-1 所示。

表 1-1 凝胶化淀粉和热塑性淀粉的差异

制备	凝胶化淀粉（解体淀粉）	热塑性淀粉
水含量	5% ～ 50%	小于 5%，熔体相中无水
增塑剂	水、乙二醇、山梨醇	乙二醇、山梨醇、乙二醇醋酸酯（无水）
结晶部分	远大于 5%，处理后结晶度很小，储存过程中会重新结晶，结晶度增加，从而导致凝胶化淀粉基共混物在储存过程中变脆，且有温度和时间依赖性，聚合物内的应变导致蠕变和材料扭曲	加工过程去结晶化，远小于 5%，或无结晶，储存过程不会重新结晶
制备过程	吸热	放热

（续）

制备	凝胶化淀粉（解体淀粉）	热塑性淀粉
玻璃化温度	大于 0℃	小于 -40℃
储存性能	变脆	保持可伸缩性
X 射线衍射	有结晶谱	无结晶谱

1.2.1.3 淀粉共混塑料

用于淀粉共混塑料的淀粉可以是原淀粉或改性淀粉，也可以是与单体反应形成的共聚物。聚乙烯、聚乙烯醇、聚氯乙烯、聚苯乙烯、聚酯等合成树脂均可与淀粉进行共混，其中以聚乙烯或聚乙烯醇为基料与淀粉共混为降解塑料主要研究对象。淀粉与其他天然聚合物如纤维素、半乳糖、甲壳素等，或与可生物分解塑料进行共混所得淀粉共混料是另一类重要的产品，可用于制备包装材料或食品容器。

（1）淀粉和传统合成树脂共混型塑料　未处理的淀粉有下述缺点：与聚乙烯等聚合物的相容性差；分散性差；因有亲水性而影响成品的尺寸稳定性；热稳定性差，加工温度不能高于 230℃，甚至更低。

淀粉的处理方法很多，有简单的表面处理、糊化处理、各种改性处理以及淀粉的接枝改性等。①强力干燥，使水含量小于 1%。②偶联剂处理：硅烷、环氧改性二甲基硅氧烷（加入玉米油），使具疏水性。③相容剂处理：乙烯丙烯酸共聚物（EAA）、乙烯 - 醋酸乙烯共聚物（EVA）、乙烯 - 乙烯醇共聚物（EVOH）。④接枝改性：接枝乙酸乙烯酯、甲基丙烯酸甲酯（PMMA）、聚苯乙烯（PS）、马来酸酐（MAH）、聚丙烯酸（PAA）、苯乙烯 - 丁二烯 - 苯乙烯嵌段共聚物（SBS）、丙烯酸乙酯。

改性母料是将处理过的淀粉加上自氧化剂等助剂，与聚乙烯等聚合物基体一起在同向双螺杆挤出机中进行混炼得到的。将母料按所需比例添加到通用塑料中，采用通用的成型设备进行成型加工得到制品。

目前国内外研究最多的淀粉基塑料为淀粉填充型塑料，一般以天然淀粉或其衍生物为填充剂，以颗粒形态添加到通用塑料如聚乙烯、聚苯乙烯等聚合物中。淀粉填充不可降解的传统塑料所得的制品不能生物分解，非全降解制品；而与可生物降解聚合物共混制得的制品可生物降解，为全降解塑料制品。

1973年，英国Coloroll公司的G.J.L.Griffin为改善聚乙烯的手感，将淀粉添加到聚乙烯中制得具有纸质感的材料，并在英国和美国申请了专利。20世纪80年代，淀粉基降解塑料开发得比较多，并得到应用。国外主要产品有加拿大St.Lawrance Starch公司和瑞士Roxxo公司合作开发的Ecostar plus、美国Ampacet公司的PolyGrade Ⅱ、美国ADM公司改进的Ploy Clean等。但这些产品主要存在的问题是完全降解性尚有待于进一步的论证。美国Warner Lamber公司的Novon是以改性淀粉为主要原料配以其他生物分解性添加剂制成的高淀粉含量的塑料，该产品能降解，能利用挤出、注塑、层压及吹塑等方法进行加工，可广泛用于包装、医疗器械和减震材料。1988年美国的玉米商Archer Daniels Mildland（ADM）公司也利用该专利技术开发了类似的淀粉混配母料Poly Clean。1989年，纽约的Ampacet公司从ADM公司以许可证方式引进技术也开始生产这类母料。1985年，加拿大的大型淀粉企业St. Lawrence Starch公司购买英国Coloroll公司的专利权，开始生产以生物分解为目的的母料Ecostar。Ecostar母料是St.Lawrance Starch公司将淀粉用硅烷偶联剂进行疏水处理后所制成的产品，其中含有40%～60%的淀粉，可以用于与聚乙烯、聚丙烯、聚苯乙烯、聚乙烯醇以及聚氨酯共混制成淀粉基塑料，该公司含15% Ecostar的聚乙烯膜产品，降解只需6个月。1990年，美国Ecostar International公司收购了加拿大St. Lawrence Starch公司，在进行了重大技术改进后，开始生产Ecostar plus母料。Ecostar plus是在Ecostar的基础上，添加聚合物光敏性添加剂和自氧化剂等能加速聚合物降解的添加剂而制得的一种母料。Ecostar与Ecostar plus两种母料可以一定比例加入通用塑料，如聚乙烯、聚丙烯、聚苯乙烯中，制得填充型淀粉基可降解塑料制品，是淀粉/通用塑料的典型例子。制品中淀粉含量5%～15%。这种材料的破坏由淀粉的生物分解和其中的聚合物的光氧降解引起。添加Ecostar plus母料的可降解塑料的基本性能类似聚合物母体，降解性决定于淀粉含量和其他添加剂的种类及用量。

这类添加淀粉的降解塑料因其中的聚烯烃的耐生物分解性而在使用后的较长时间才能完成降解，添加40%淀粉的聚乙烯，采用可控堆肥条件下的二氧化碳释放量的测定方法测得的生物分解率约为20%，因为未能达到60%的判定值，所以，一般不被认为属于生物分解塑料。

由于使用聚烯烃为原料的淀粉基塑料不能完全降解，人们还对淀粉基聚乙烯醇塑料进行了研究。

意大利 Novamont 公司采用改性淀粉和聚乙烯醇（PVA）共混制备了一种具有互穿网络结构的高分子合金，该材料成型加工性良好、力学性能优异且具有优良的生物分解性，适用于医疗器具、玩具等，但存在易水解、不宜与水接触、对环境的温度湿度有苛刻要求的缺点，而且价格也比较高。美国 Air Products and Chemicals 公司开发了一种生产牌号为 Vinex 的降解性能优良的生物分解材料，该材料为低分子量 PVA 与淀粉的共混物，由于其优异的加工成膜性能，适用于食品包装薄膜、农用薄膜、容器及一次性包装等。日本合成化学公司研制了一种可热塑性加工的聚乙烯醇共聚物，材料可采用挤塑、吹塑和注塑等熔融工艺成型，加工温度为 200 ～ 210℃，材料具有优异的透明性、水溶性和耐化学品腐蚀性，可用于涂布复合成型容器和包装材料。意大利 Ferruzzi 公司以一种相对分子质量为 5 000 ～ 50 000 的无毒合成树脂和淀粉为原料制备了淀粉含量为 70% 的高分子合金，树脂基体与淀粉直接交联或产生间接物理作用，形成均匀的连续相，使该合金材料展现出与聚乙烯相似的流变特性，注射成型制品或薄膜的力学性能介于低密度聚乙烯（LDPE）和高密度聚乙烯（HDPE）之间。由于聚氯乙烯（PVC）材料在后处理过程中会释放 HCl，会严重腐蚀焚烧炉，引发一系列设备维护和环境保护问题，德国 Battele 研究所研发出了一种淀粉含量高达 90% 的降解材料用于取代 PVC 材料作为包装材料使用。澳大利亚国家食品加工与包装科学中心通过深入研究淀粉的加工与力学性能，推出了一种具有良好的流动性、延展性、脱模性，产品柔软、透明、强度高，降解速率可控的全淀粉热塑性塑料，这种材料可用来制造农膜、食品包装膜等产品。美国密歇根技术研究所和日本玉米公司联合开发了以玉米淀粉为主要原料，经特殊化学与物理方法处理制成的高淀粉含量材料，与传统制造方法相比，该材料耐水性强，且在土壤或堆肥条件下 28 天可完全降解为二氧化碳和水。

（2）淀粉与可生物分解材料的降解塑料　淀粉可与果胶、纤维素、半乳糖、甲壳素等天然大分子进行共混，制成可生物降解的包装材料或食品容器材料。淀粉与聚己内酯、聚乳酸等可生物分解聚合物共混制成淀粉共混生物分解塑料。淀粉与其他一些天然高分子物质如纤维素、半纤维素、木质素、果胶、甲壳素、蛋白质等复合制备可生物降解材料，是近年来发展起来的一种全天然生物材料。淀粉可与聚羟基烷酸酯类（如聚羟基丁酸酯、聚羟基戊酸酯、聚羟基丁酸戊酸酯等）、聚己内酯、聚乳酸、聚丁烯酸琥珀酸酯等合成生物分解聚合物共混，制得具有生物分解能力的生物分解材料。

制备力学性能优良的生物分解淀粉基塑料的淀粉的条件：淀粉中直链淀粉的含量高；淀粉与聚合物的相容性好，理想状态的生物分解淀粉基塑料应该具有在接近分子水平上淀粉与聚合物相容的形态；最好有连续的淀粉相存在，以保证微生物酶降解能力的发挥。

以淀粉等天然高分子材料为原料制备的生物降解材料具有许多优点。淀粉和天然聚合物的原料是可再生资源，单价比传统塑料要低很多且材料可完全生物降解，降解产物对环境无害，燃烧时不会产生有害气体。同时具有一定的热塑性性能，可进行热封和进一步拉伸，是一种理想的生物降解材料。其薄膜和片材可以作为包装材料或原料加工成各种成型产品，用途非常广泛。

德国 Battele 研究利用改性淀粉和 10% 的天然资源添加剂制成可生物降解聚合物，可通过注射成型、吹塑等常见的加工方法进行成型，在水中或土壤中几个月内即可完全分解。荷兰瓦赫宁大学研发了一种可生物降解的非石化材料，由小麦、玉米和土豆淀粉制成，并与大麻纤维混合，以增强其强度，作为食品储藏箱内衬购物袋和农用薄膜的包装涂层。这种材料完全溶于水，并可分解为水和二氧化碳。

国内金晖兆隆公司、金发公司、武汉华丽等公司，也将淀粉和聚己二酸/对苯二甲酸丁二酯（PBAT）共混后进行造粒，然后制备可生物降解淀粉基塑料膜袋等制品。

1.2.2 聚乳酸

聚乳酸（PLA）是当前可生物降解高分子材料中性价比最高，在新兴生物塑料市场中产能规模最大、应用最广的品种。PLA 是以乳酸（2- 羟基丙酸）为原料，经化学方法合成且可生物降解的脂肪族聚酯材料。PLA 可以通过乳酸直接缩聚制备；也可利用乳酸环化的二聚体 —— 丙交酯（LA），通过开环聚合反应获得。乳酸是最简单的手性分子，具有 L（+）和 D（-）两种光学异构体，因此 L- 乳酸和 D- 乳酸结构的比例和序列分布决定了 PLA 分子链的旋光性质；而旋光性质影响 PLA 的微观结构、结晶、加工、力学、光学和降解性能。另外，在玻璃态下，

PLA 的空气和水蒸气透过性（尤其是透湿性）比 PE/PP 高。

PLA 是一种热塑性的可降解聚酯材料，其力学强度和模量高于传统的石油基塑料高密度聚乙烯（HDPE）、聚丙烯（PP）和聚苯乙烯（PS），但是其冲击强度和断裂伸长率均低于上述石油基塑料。PLA 拥有较好的力学强度和阻隔性能，使其可以取代大部分石油基塑料。随着产业化技术的进步，PLA 树脂竞争力进一步增强，制品的性价比得到飞速提升。PLA 的产业应用领域包括：医疗器材、纤维和纺织品、包装材料和日用消费品等方面。

PLA 可采用熔融的方法加工。将 PLA 加热至熔点以上熔融、成型、冷却后产品的形状和尺寸得以固定。因此，研究 PLA 的热性能、结晶性能和熔融流变行为对加工具有重要的指导意义。PLA 通过注塑加工成型得到一次性用刀叉制品；通过吹塑成型为瓶类制品；通过挤出流延成为片材，热吸塑成型加工为一次性食品容器碗、碟、快餐盒等。PLA 还可通过双向拉伸为薄膜，通过发泡制作为缓冲材料。PLA 受限于本身固有的脆性，限制了其在包装薄膜领域的应用。为了拓展其在薄膜领域的应用，缓解“白色污染”，需要对 PLA 进行增韧改性。PLA 通过增塑、共聚、共混改善其柔韧性；添加填料例如纳米黏土、玻璃纤维、纤维素等能够赋予聚乳酸材料在阻隔性、抗紫外线等方面特殊的性能。

PLA 具有完全的生物可降解性能。PLA 的生物降解过程是先水解成低相对分子质量的 PLA，再进行微生物分解。因此，PLA 产品在土壤中能平稳进行生物分解，1 ～ 2 年后完全消失。另外，根据 ISO14855 堆肥标准，PLA 在厌氧和好氧环境下都能生物分解，而好氧环境下生物分解非常迅速。植入生物体内时，PLA 在 24 ～ 36 个月会分解成对人身体无害的乳酸，最终在代谢过程中变成二氧化碳和水排出体外，其分解速度可通过相对分子质量的大小及共聚体的组成来调整。与其他可降解材料聚乙交酯（PGA）、聚己内酯（PCL）、聚丁二酸丁二醇酯（PBS）相比，PLA 降解速度较慢。PLA 具有良好的生物相容性和安全性。目前，PLA、丙交酯（LA）与乙交酯（GA）共聚物（PLGA）等均已获得美国食品药物管理局（FDA）批准，可应用于体内作为医用临时支架、固定器件、缝合或负载原材料。PLA 取代金属作为骨科内固定材料可以免除二次手术，简化手术程序，减少病人痛苦，提高治疗效果。目前，该类材料已在临床各类骨固定修复手术上使用。

聚乳酸经历了一百多年的发展，取得了巨大的进步。1845 年，Pelouze 采用乳酸脱水缩聚得到低聚物和丙交酯的混合物。1932 年，杜邦公司 Carothers 开发丙交酯开环聚合制备 PLA 的方法；1954 年，杜邦公司申请了关于开环聚合制备 PLA 的专利。受限于 PLA 树脂的价格、生产水平和产品性能，在随后几十年中 PLA 一直未实现大规模产业化。1996 年，Mitsui Chemicals Inc. 宣布通过缩聚方法实现高相对分子质量 PLA 的产业化生产，其规模为 1 000t/a。美国的 Cargill 公司在 PLA 的聚合技术方面一直处于世界领先地位。1997 年，Dow 公司实现丙交酯开环聚合制备 PLA 的连续生产工艺；Cargill 公司与荷兰公司合资于 1998 年在美国内布拉斯加州建成乳酸发酵基地，生产 L- 乳酸。随后，Cargill 和 Dow 公司合资建立了 Cargill-Dow 公司，开发 PLA 材料，生产能力为 3.4 万 t/a，到 2001 年扩大到 14 万 t/a 的生产能力。PLA 的市场需求快速增长，日本的三菱树脂、钟纺合纤、尤尼其卡、库拉雷 4 家企业先后与 Cargill-Dow 公司签订合同，PLA 的应用领域日益扩大。三菱树脂公司成为日本最大的制造可降解塑料的厂家。

国内开展 PLA 的合成研究的单位有中国科学院长春应用化学研究所、中国科学院化学研究所、中国科学院成都有机化学研究所，中山大学、南京大学、四川大学、武汉大学和浙江大学等。上述单位，PLA 的合成路线大多以丙交酯开环聚合反应为基础。中国科学院长春应用化学研究所与浙江海正生物材料股份有限公司从 2000 年开始合作，2008 建成国内第一条聚乳酸 5 000t/a 中试生产线，实现稳定工业化生产；2016 年浙江海正将产能扩大至 1.5 万 t/a。浙江海正生物材料股份有限公司是目前国内产业化规模最大的聚乳酸企业，覆盖了挤片、注塑、吸塑、纺丝、双向拉伸膜、吹膜等不同加工用途的产品。江苏九鼎公司 2006 年开始生产纤维和吸塑聚乳酸树脂，产能为 300t/a。2007 年，光华伟业公司建立了 800t/a 的聚乳酸中试生产线。

目前 L- 乳酸的价格在 1 000 美元 /t 以上，PLA 的价格在 2 000 美元 /t 以上，价格比较高也是影响 PLA 发展速度的一个重要因素。因此，人们一直努力采用新技术降低乳酸和 PLA 的价格。随着价格的不断下降，应用领域的不断扩大，PLA 的市场份额将逐年增长，预计 2030 年其市场容量可在 1 000 万 t/a。

1.2.2.1 乳酸

乳酸又称 2- 羟基丙酸，具有一个手性碳原子中心，因此分为 D- 乳酸（右旋）、L- 乳酸（左旋）两种，如图 1-2 所示。目前国内市售的乳酸多为外消旋 DL- 乳酸，即 D- 乳酸与 L- 乳酸的混合物。L- 乳酸能完全被人体所代谢吸收，无任何毒副作用。乳酸可用于食品、制药、纺织、制革、环保和农业中，其产品主要用做酸味剂、调味剂、防腐剂、鞣制剂、植物生长调节剂、生物可降解材料 PLA 和手性药物合成的原料。

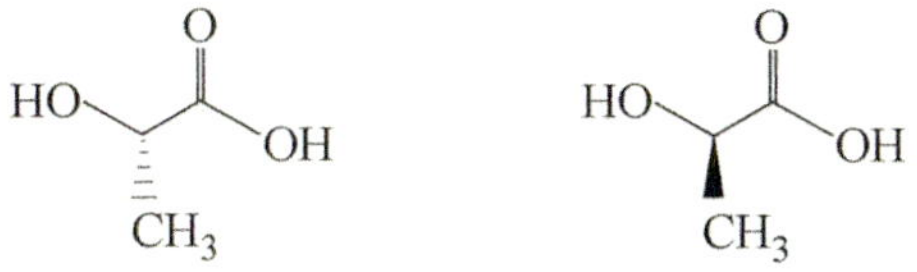

L-乳酸(左旋)　　D-乳酸(右旋)

图 1-2　乳酸的分子结构式

工业生产乳酸可分为微生物发酵法和化学合成法。微生物发酵法，通过调控乳酸菌种及发酵条件，可以单独生产 L-乳酸、D-乳酸，或生产一定比例的 L-乳酸、D- 乳酸混合物或外消旋体；化学合成法则生成外消旋乳酸，即 DL- 乳酸。微生物发酵法可通过菌种和培养条件获得具有立构专一性的 D- 乳酸或 L- 乳酸或是两种异构体以一定比例的混合物，以满足不同市场的需要。另外微生物发酵法除能以葡萄糖、乳糖等单糖为原料，还可以淀粉、纤维素为原料发酵生产乳酸，利用这些可再生资源生产不会导致大气中二氧化碳的净增加，从而减少温室效应。因此，微生物发酵法生产乳酸因其具有原料来源广泛、生产成本低、产品光学纯度高、安全性高等优点，成为生产乳酸的主要方法。

乳酸分子同时具有羟基（—OH）和羧基（—COOH），因此易发生分子内和分子间的酯化反应。酯化反应的存在，导致乳酸溶液是由单个乳酸分子、乳酸二聚体、乳酸内酯（丙交酯）以及乳酸低聚物等组分组成，上述组分的相对含量与含水量相关。乳酸的基本物理性质如表 1-2 所示。

表 1-2　乳酸的基本物理性质

性质	参数
摩尔质量 /（g/mol）	90.08
熔点 /℃	18（外消旋乳酸），53（L- 乳酸或 D- 乳酸）
溶解性	与水、乙醇或乙醚能任意比例混溶，不溶于氯仿

（续）

性质	参数
热焓 /（kJ/mol）	16.8（L- 乳酸）
沸点 /℃	122（1.87kPa，即 14mmHg）
液态密度 /g · mL^{-1}（20℃）	1.224（100% 过冷溶液），1.186（80.8% 水溶液）
黏度 /mPa · s	28.5（25℃，85.3% 水溶液）
pK_a	3.86

微生物发酵法生产乳酸具有底物成本低的优势，底物主要以淀粉为原料，还可以葡萄糖、糖蜜、纤维素等为原料；生产过程温度温和，能耗低。同时，该生产方法产酸速率较快，产量较高，且通过筛选合适的细菌可以合成特定的乳酸同分异构体。微生物发酵法生产的乳酸占总产量 90% 以上。微生物发酵法生产乳酸的原理如图 1-3 所示。

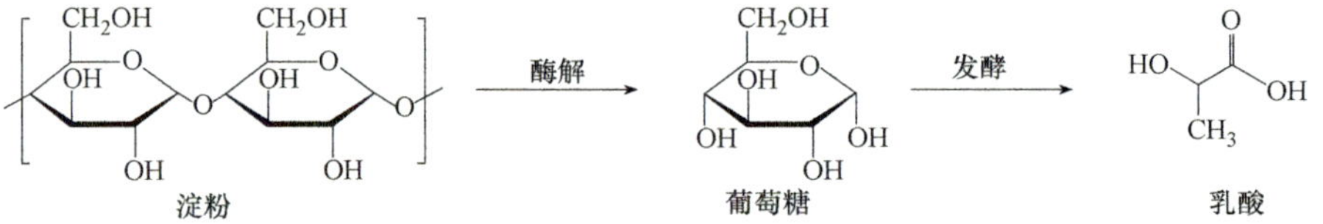

图 1-3　微生物发酵法生产乳酸原理图

传统的钙盐法生产乳酸的发酵工艺为：首先将淀粉糖化，接入筛选的菌种后，再加入碳酸钙调节剂中和生成的乳酸，维持 pH 值在 5.0 ～ 5.5，让菌种在适合产酸的 pH 值下发酵，而乳酸转化成乳酸钙并溶解于发酵液。发酵结束后通过碱中和，过滤，脱色，硫酸酸化，纳滤，离子交换，浓缩，分子蒸馏等手段提取得到纯品乳酸。发酵法的关键是菌种选育与乳酸分离。发酵生成乳酸的菌种主要有细菌和根霉菌；乳酸分离方法包括萃取、吸附、膜渗析和分子蒸馏等。

乳酸的发酵生产已经形成了功能完整的体系。通过选育生产菌株，菌种的多样性在不断扩充，很多耐受高浓度底物和高浓度产物及耐受低 pH 值的乳酸高产菌株得到应用。分子克隆技术和代谢工程方法的应用，也为选育高产菌株提供了新的途径。经过改造的基因工程菌株对底物的利用范围得到了拓宽，许多可回收利用且廉价资源不断地被开发并应用于乳酸的发酵生产。发酵工艺的不断改进降低了生产成本，而提取工艺的进步大大提高了乳酸的回收率。

发酵过程中，乳酸持续产生导致发酵液的 pH 值不断降低。当 pH 值＜5 时，产酸受到抑制；为提高乳酸产率，需要控制发酵液的 pH 值。传统维持适宜 pH 值的方法是用 $CaCO_3$ 来中和乳酸。近年来，溶剂萃取发酵法（油酸、叔胺等为萃取剂）、吸附法（离子交换树脂、活性炭、高分子树脂等）、膜法发酵（渗析、电渗析、中空纤维超滤膜、反渗透膜等）等方法取得快速发展，上述提取工艺的进步则为乳酸的高效发酵生产提供了保障。

1.2.2.2 丙交酯

两个乳酸分子间经过脱水反应生成环化二聚体，通常被称为丙交酯（3,6- 二甲基 -1,4- 二氧杂环己烷 -2,5- 二酮）。丙交酯中有两个手性碳原子，因此其具有三种不同的光学异构体：L- 丙交酯（L-Lactide,L-LA）、D- 丙交酯（D-Lactide, D-LA）、内消旋丙交酯（meso-Lactide, meso-LA）。其中，L-LA 和 D-LA 的熔点均为 96 ～ 98℃，meso-LA 的熔点为 53℃。另外，L-LA 和 D-LA 等比例的混合物称为外消旋丙交酯（rac-Lactide），其熔点高达 125℃。丙交酯的化学结构如图 1-4 所示。

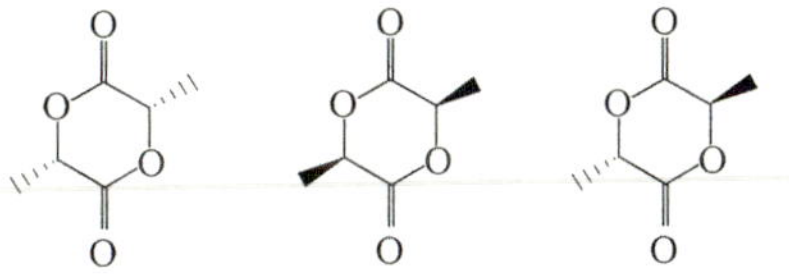

L-丙交酯　D-丙交酯　内消旋丙交酯

外消旋丙交酯

图 1-4　丙交酯的化学结构图

L- 丙交酯（$C_6H_8O_4$）是白色针状或片状晶体，熔点为 96 ～ 98℃，沸点为 250 ～ 260℃，易溶于氯仿、乙醇，不溶于水，易水解、易聚合，应低温保存，是合成 PLA 的中间体。表 1-3 给出了乳酸和丙交酯的一些物理性质。

表 1-3　乳酸和丙交酯的物理性质

样品	熔点 /℃	比旋光度 $[\alpha]_D^{22}$ / （°）*
L- 乳酸	26	+2.6
D- 乳酸	26	−2.6

（续）

样品	熔点 /℃	比旋光度 $[\alpha]_D^{22}$ /（°）*
DL- 乳酸	16.8	0
L- 丙交酯	96 ～ 98	-297
D- 丙交酯	96 ～ 98	+297
meso- 丙交酯（内消旋）	53	0
rac- 丙交酯（外消旋）	125	0

注：* 为苯溶剂中 22℃测定。

乳酸通常是 80% ～ 95% 的水溶液。制备丙交酯时，将乳酸水溶液加热脱出溶液中的自由水，再加入脱水催化剂缩聚脱去分子内水形成乳酸低聚物，催化剂包括 $AlCl_3$、$FeCl_3$、$FeCl_2$、BF_3、BBr_3、$AlBr_3$、$TiBr_4$、$Sn(Oct)_2$、$SnSO_4$、$SnBr_4$、$SnCl_2$、$SnCl_4$。乳酸缩聚通常在减压条件下进行，产生的水不断从反应器中蒸出，乳酸低聚物相对分子质量不断增加；乳酸低聚物在高温裂解，减压蒸馏收集丙交酯。裂解温度为 170 ～ 250℃，体系的压力保持在 400 ～ 650Pa。最近比利时鲁汶大学 Michiel Dusselier 等报道利用分子筛择形催化剂，将乳酸直接环化反应获得丙交酯，这将大大简化丙交酯的制备工艺。

由于低聚物裂解得到的丙交酯含有少量乳酸及其低聚物，难以满足聚合要求，因此，需要将粗丙交酯进行纯化，工业上常用的纯化方法有精馏和结晶两种。精馏是通过丙交酯与杂质之间气液两相平衡过程分配系数的不同，将轻重组分与主体丙交酯分离的纯化手段。精馏具有操作简便、易于实现连续操作、成本低等优点，但由于其操作温度较高、副反应多、丙交酯异构体之间分配系数差别小，很难得到高纯度的丙交酯。结晶法根据是否有溶剂的参与又可分为溶剂重结晶和熔融结晶两种方式，溶剂重结晶具有设备简单、操作方便的优点，但其生产过程中引入溶剂，容易产生环境污染，产品收率较低。而熔融结晶具有收率高、副产物少、废弃物易于回收利用等优点，所得产品纯度高，是工业应用较多的纯化方法。但熔融结晶的设备投资比较大。

1.2.2.3 聚乳酸的合成

目前，聚乳酸（PLA）的主要合成方法主要有两种：①一步法。乳酸通过溶剂共沸的方法发生直接缩聚脱水得到高相对分子质量 PLA；或者乳酸通过缩聚先得到低相对分子质量的 PLA，通过扩链反应后得到高相对分子质量的 PLA，一步法也称为缩聚法。②两步法。将乳酸进行脱水低聚后裂解，得到粗丙交酯，然后经过纯制、开环聚合，得到高相对分子质量 PLA，也称为开环聚合法。

（1）缩聚法　缩聚法制备 PLA 过程中，乳酸分子之间直接脱水缩合，去除小分子水，使反应向聚合的方向进行。缩聚法可以分为三个主要阶段：脱除自由水、低聚物缩聚、熔融缩聚得到较高相对分子质量 PLA。乳酸缩聚制备 PLA 的过程是一个可逆反应，反应过程中存在着未反应的乳酸、水、PLA 和丙交酯的平衡。随着反应进行到末期，体系的黏度不断增加，导致传质传热变差，体系中除去水变得困难。同时，体系中伴随着一系列副反应，如酯交换反应可能形成不同尺寸的环状产物，进而导致该方法只能获得相对分子质量较低的 PLA。通过在反应后期添加扩链剂的方法，可以得到高相对分子质量的 PLA，但产物性能与开环聚合法得到的 PLA 性能上会有所不同，同时，增加生产成本和工艺复杂程度。所使用的扩链剂中含有双活性官能团，能够与 PLA 缩聚物的端羟基或羧基反应，使 PLA 的分子链段增长。对于 PLA 而言，常用扩链剂有二异氰酸酯类、双噁唑啉类和双环氧类化合物等。

缩聚法早在 20 世纪三四十年代就已开始研究，但涉及反应过程中产生水难以完全脱除等关键技术尚未完全解决，故产物的摩尔质量较低（均低于 4kg/mol），力学强度极低，易分解，实用性差。日本昭和高分子公司采用将乳酸在惰性气体中慢慢加热升温并缓慢减压，使乳酸直接脱水缩合，并使反应物在 220 ～ 260℃、133Pa 下进一步缩聚，得到摩尔质量 4kg/mol 以上的 PLA。但该法反应时间长，产物在后期高温下会分解、变色，且相对分子质量分布较宽。日本 Mitsui Toatsu Chemicals Inc. 公司采用共沸脱水，将乳酸直接缩聚得到高相对分子质量的 PLA。生产过程中需要高沸点溶剂带走水，反应结束后还需要减压除去未反应的单体和溶剂，生产过程复杂且不环保，对设备要求高。

（2）开环聚合法　丙交酯开环聚合制备高相对分子质量 PLA，是目前工业上生产的主要工艺，被认为是最简单且具有可重复性的工业化技术。该方法将乳酸低聚物裂解得到粗丙交酯进行提纯（包括精馏、重结晶、熔融结晶、化学纯化等），获得聚合级丙交酯，然后进行可控的开环聚合；聚合过程可以调控 PLA 的相对分子质量、分子链结构形态和物理化学性质。该方法通过熔融本体聚合技术实现，整个生产过程中不采用溶剂，聚合结束后采用高真空脱除未反应的单体，聚合物通过造粒、干燥后可以直接作为产品销售。目前美国 NatureWorks LLC 公司 14 万 t/a 生产线和我国浙江海正生物材料股份有限公司 2.0 万 t/a 的聚乳酸生产线均采用该技术。

丙交酯的聚合工艺流程是从乳酸的多级浓缩开始，同时发生酯化反应缩聚，所产生的低聚物因受热发生裂解而形成丙交酯；丙交酯开环聚合生成 PLA。但 PLA 中残余的单体会引起 PLA 快速降解。因此，要在高温高真空条件下脱除单体，最终形成 PLA 产品。其工艺流程示意如图 1-5 所示。

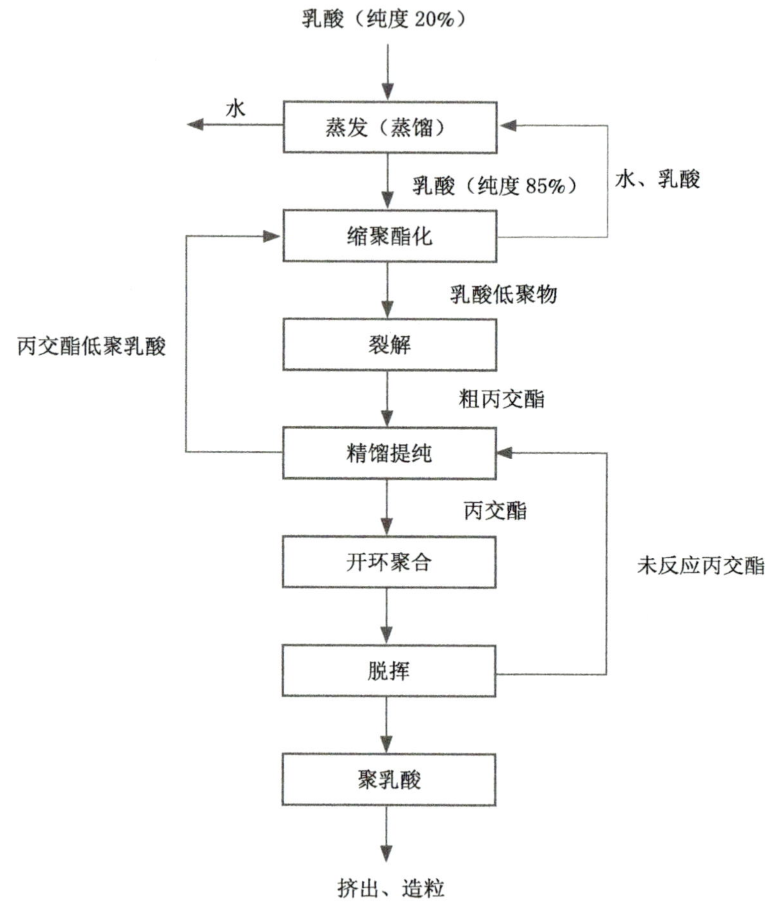

图 1-5　聚乳酸合成工艺流程示意图

德国的研究者以 $MgBu_2$ 为催化剂，甲苯或二噁烷为溶剂，低温下引发 L- 丙交酯或 DL- 丙交酯的开环聚合，得到数均摩尔质量达到 3×10^5 g/mol 的 PLA。由于 Mg^{2+} 与人体的新陈代谢完全相容，因而该方法是合成医用聚乳酸较好的聚合工艺。丙交酯的聚合已经成功采用熔融本体聚合、溶液聚合、悬浮聚合技术，这些聚合方法都有各自的优缺点，但熔融本体聚合是最简单、高效的聚合方式。

高相对分子质量的PLA，主要采用丙交酯开环聚合生产方法。该工艺具有相对分子质量可以精确控制，副反应少，产品色度好，反应过程易于控制等优点，适合大批量的工业化生产。NatureWorks 基于卡吉尔的研发技术，成为全球最大的 PLA 生产商。其他主要的 PLA 生产商包括我国的浙江海正生物材料股份有限公司，日本的帝人以及韩国的 Toray 等公司。这些公司均是采用丙交酯开环聚合方法得到高品质的 PLA。也有公司（如 Mitsui Toatsu Chemicals Inc.）曾经尝试采用溶剂共沸脱水来生产高相对分子质量的 PLA。

丙交酯为单体进行开环聚合的方法，选择合适的催化体系，能够实现高单体转化率，并且可以控制聚合物的相对分子质量，最高可以制得相对分子质量上百万的PLA。丙交酯的开环聚合中，研究最多的催化剂是Sn和Al的羧酸盐和醇盐，而辛酸亚锡（2- 乙基己酸亚锡）的研究最深入。用于丙交酯聚合的亚锡化合物虽然高效，但具有一定毒性，还有一些基于毒性更低的 Ca、Mg、Fe 和 Zn 的催化剂也具有很高的效率。然而，其中很多催化剂能够引发 PLA 消旋反应的发生，尤其在高温条件下消旋化更为严重。

除了金属催化剂外，有机催化剂和生物酶催化剂也陆续开发出来，用于丙交酯的开环聚合反应。目前脂肪酶催化剂作为新型的非金属催化剂受到了广泛的关注。很多脂肪酶已经商业化，如：猪胰腺脂肪酶（Porcine pancreas lipase），假单胞菌脂肪酶（Pseudomonas cepacia lipase），荧光假单胞菌脂肪酶（Pseudomonas fluorescens lipase）等。2001 年，IBM Almaden 研究实验室 Nederberg 等报道了包括叔胺、三级膦和氮杂环卡宾等一系列的亲核有机试剂催化丙交酯开环聚合反应，通过优化选择合适的催化剂种类和聚合反应条件，可以实现丙交酯的活性聚合。具有立体选择性的开环聚合反应的催化剂也已经开发出来。含有大配体的手性铝催化剂可催化丙交酯的立体选择性聚合，如催化内消旋丙交酯产生间规立构的 PLA、催化外消旋丙交酯产生立体嵌段全规立构的 PLA。

聚乳酸的缩聚法和开环聚合法具有各自的优点和缺点，聚乳酸的工业生产策略是两种方法的结合。缩聚方法可以用来聚合乳酸，从而获得低相对分子质量聚乳酸；随后，在催化步骤中的高温和低压条件下促进聚乳酸的裂解，这导致环状二聚体（丙交酯）的合成；纯化的环状二聚体经过开环聚合，形成高分子质量（$< 10^6$Da）的聚乳酸。NatureWorks 公司通过无溶剂工艺生产 14 万 t/a 的相对分子质量为 1.22×10^4Da 的聚乳酸。此外，丰田（岛津公司）通过熔融缩

聚和开环聚合方法相结合，生产分子质量为 2.89×10^5Da 的聚乳酸，生产能力为 100t/a。此外，一些公司，如 PURAC 生物材料公司（荷兰）、Hycail 公司（荷兰）、Cereplast 公司（美国）和 Ingenta-Fisher 公司（德国）等，生产少量的聚乳酸，Jamshidian 和同事对此进行了核实。最后，值得一提的是，最终应用决定了具体方法的选择。例如，通过开环聚合方法获得的具有高相对分子质量的聚乳酸将适合于包装应用，而通常通过缩聚方法获得的低相对分子质量使得聚乳酸适合于优选高生物降解性的医疗应用。

1.2.2.4 聚乳酸的性能

PLA 可表现出 2 种立体结构：全规立构和间规立构。具有全规立体结构的 PLLA 和 PDLA 均为热塑性结晶高分子聚合物，结晶度高达 40%，但材料硬而脆，不利于加工。可以通过嵌入不同比例的 PDLA、PLLA 或者 meso- 丙交酯，在一定程度上改变聚合物的立构规整性，从而改变聚合物物理性能。在无定形的 PDLLA 中，PDLA 和 PLLA 在 PLA 链中随机排列，破坏了结构的规整性，在结晶性结构中引起了缺陷，降低了材料的结晶能力，因而是非晶型的透明材料。目前出售的低光学纯度的 PLA 商品，一般都是 L- 丙交酯、D- 丙交酯和 meso- 丙交酯的无规共聚物，光学纯度会影响 PLA 的各种性能，光学异构的 PLLA 和 PDLA 之间，由于它们的强相互作用会发生立体复合，形成 PLA 立体复合物（sc-PLA），sc-PLA 的性能与 PLLA 及 PDLA 有显著的不同。表 1-4 列举了不同立构的 PLA 一些物理性能。高光学纯度的 PLLA 或 PDLA 的熔点（T_m）为 175 ～ 180℃，而平衡熔点（T_m^0）约为 207℃。通常由于 PLLA 或 PDLA 光学纯度不够高，或是 PLLA 或 PDLA 的结晶不够完善，致使其熔融温度区间为 130 ～ 180℃，或者成为无定型材料。100% 结晶 PLLA 的熔融焓为 93.6J/g。

表 1-4 不同立体构型的聚乳酸的物理性能

项目	PLLA 或 PDLA	PDLLA	sc-PLA
密度 /（g/cm^3）	1.25 ～ 1.30	1.2 ～ 1.3	1.21 ～ 1.34
T_g/℃	60 ～ 65	43 ～ 58	65 ～ 72
T_m/℃	180		200 ～ 240
ΔH_m（结晶度 =100%）/（J/g）	93.6		142

（续）

项目	PLLA 或 PDLA	PDLLA	sc-PLA
结晶度（%）	10 ～ 40		
断裂伸长率（%）	2 ～ 10	5 ～ 10	2.6
拉伸强度 /MPa	50 ～ 70	40 ～ 53	53
弹性模量 /GPa	3 ～ 4	1.9	
弯曲强度 /MPa	100 ～ 120	84 ～ 88	
弯曲模量 /GPa	4 ～ 5		
降解时间（自然环境）/ 月	36 ～ 60	3 ～ 6	
溶解度（25℃）/（cal/cm^3）$^{\frac{1}{2}}$	19 ～ 20.5	21.2	
比旋光度 $[\alpha]_D^{25}$（氯仿）/（°）	-156		
水蒸气透过率（25℃）/ [g/（m^2 · d）]	80 ～ 172		
溶解性	溶于二噁烷、乙腈 / 氯仿、二氯甲烷、1,1,2- 三氯乙烷、二氯乙酸、乙酸乙酯；热的乙苯、甲苯、丙酮、四氢呋喃；结晶的 PLA 不溶于丙酮、乙酸乙酯、四氢呋喃	溶于二噁烷、乙腈 / 氯仿、二氯甲烷、1,1,2- 三氯乙烷、二氯乙酸、乙酸乙酯；热的乙苯、甲苯、丙酮、四氢呋喃	溶于六氟异丙醇

与大部分热塑性聚合物相比，PLA 具有更好的降解性能。PLA 的降解首先通过主链上的 C—O 水解，然后在酶的作用下进一步降解，最终生成无害的二氧化碳和水。由于 PLA 具有降解性，人们担心其使用寿命。实际上，PLA 的降解速度比较缓和；更为重要的是，PLA 的降解总是在先行水解之后才可能酶解。依照聚合物的初始相对分子质量、形态、结晶度等，PLA 降解速度可从几星期到几个月甚至是几年。但如果与微生物和复合有机废料混合埋入地下，它的降解速度会加快。因此它是一种理想的生物降解材料，特别适宜于 2 ～ 3 年的短期用途的产品。

影响 PLA 降解速度的因素主要有结晶度、玻璃化转变温度、相对分子质量和介质的 pH 值等。Fukuzaki 等研究指出，水先渗入 PLA 的无定形区，导致酯键断裂，当大部分无定形区已降解时，才由晶区边缘向晶区中心逐步降解。晶区降解速度很慢，因此结晶度大小对降解速度有很大的影响。玻璃化转变温度低于水解温度则水解加快。相对分子质量越小及其分布越宽的PLA降解速度越快，这是因为相对分子质量越大，聚合物的结构越紧密，内部的酯键越不容易断裂，并且相对分子质量越大，降解所得的链段越长，不易溶于水中，产生的 H^+ 越少，使pH值下降缓慢。酸或碱都能催化PLA水解，因此，介质的pH值也是影响PLA降解速率的重要因素。

PLA是可降解的脂肪族聚酯，在人体和自然环境中都是可以完全降解的，并且降解最终产物为 CO_2 和 H_2O，对人体和自然环境的负面影响很低。常见的PLA降解途径主要是自然环境下的水解和生物分解以及加工过程中的热降解。

（1）PLA的环境降解　PLA的环境降解包括水解和生物分解两个过程。降解的最初阶段，在自然环境或堆肥环境下，首先PLA发生水解作用。PLA的水解主要是吸附的水分子进攻羰基双键，使酯键断裂而导致相对分子质量的下降，如图1-6所示。当PLA因水解而摩尔质量降至40kg/mol以下时，可在各种微生物和酶的作用下通过新陈代谢作用，转化成 CO_2 和 H_2O，而使降解过程得以完成。PLA的降解速率，除受其相对分子质量和结晶度等因素影响之外，其所处的化学环境对其降解速率也有很大影响，主要包括湿度、温度、pH值和氧浓度等。

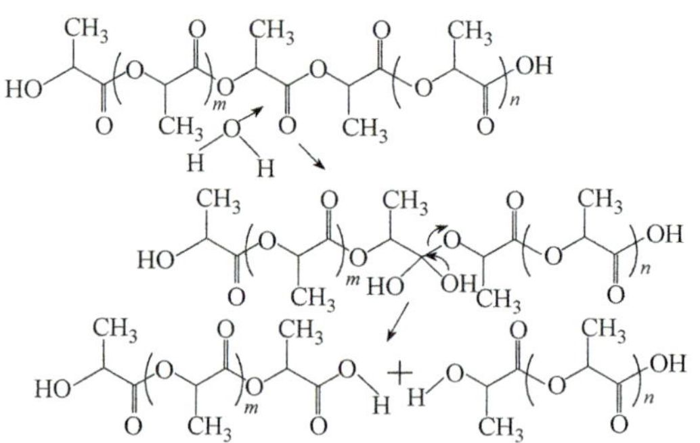

图1-6　聚乳酸的水解反应

聚乳酸跟天然的生物分解性聚合物棉和绢一样，并不会在使用过程中分解。PLA的分解受温度和湿度的影响很大。PLA在水中开始分解所需的时间和温度的关系总结如表1-5所示。常温（25℃）下，水解开始于半年以后，生物分解开始则需要将近一年。在初期的分解中，微生物几乎不起什么作用，这也是PLA的一个重要特征。

表 1-5　水中聚乳酸的水解 / 生物分解开始的时间与温度的关系

温度 /℃	水解开始的时间	生物分解开始的时间
4	64 个月	123 个月
13	25 个月	48 个月
25	6 个月	11.4 个月
30	4.4 个月	8.5 个月
50	1.5 个月	2.9 个月
60	8.5 天	16 天
70	1.8 天	3.5 天

但是，在堆肥的高温（60 ～ 70℃）、高湿（相对湿度 50% ～ 60%）环境下，分解将快速进行。图 1-7 中显示了 PLA 在 60℃的堆肥中的分解推移情况。首先开始的是水解。所用 PLA 的初始平均摩尔质量是 70kg/mol，摩尔质量变成 20kg/mol 时开始变脆，10kg/mol 时就变得粉碎。同时开始生物分解成乳酸和乳酸低聚物，放出 CO_2。两个阶段分解是 PLA 产品的重要特征。因此，对 PLA 产品来说，最好的处理方法是进行堆肥。

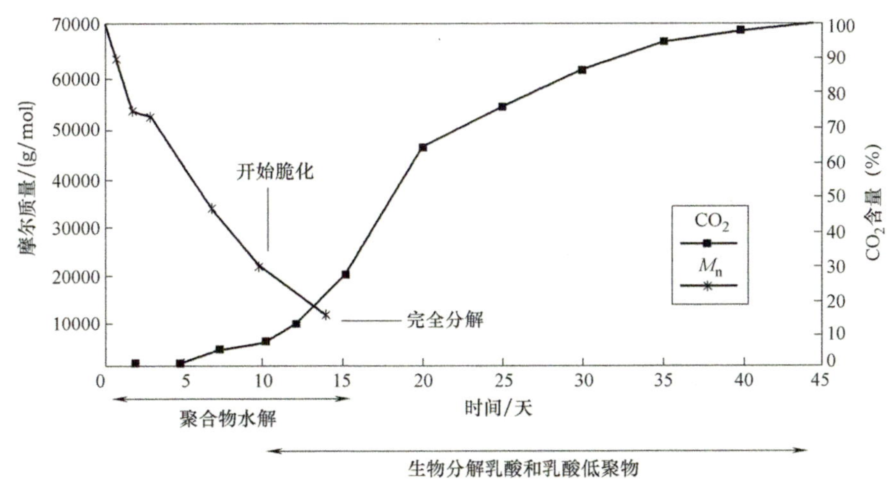

图 1-7　60℃堆肥化条件下 PLA 的降解时间

（2）PLA 的热降解　PLA 是由酯键连接的脂肪族聚酯，在其成型加工过程中，PLA 的分子链由于受热和应力的作用或在高温下受微量水分、酸和碱等杂质及氧的作用而发生降解或发生分子结构的改变等化学变化，从而影响聚合物的最终性能，如力学性能。PLA 在成型热加工过程中的降解反应包括热降解反应、热水解反应、热氧化降解反应和酯交换反应等，其中热降解是 PLA 降解的主要反应。排除水分、聚乳酸单体、低聚物和残余催化剂等加速 PLA 热分解的影响因素后，低温下，PLA 热降解反应是由于端羟基（—OH）而引发的“反咬”；在较高温度下，PLA 热降解主要是酯键的存在而导致的主链任意断裂。PLA 在热加工过程中的热降解导致相对分子质量降低，造成材料力学性能的下降，可通过严格干燥、纯化和封端基以及添加热稳定剂等都可以抑制热降解，提高其热稳定性。

1.2.2.5　聚乳酸的改性

（1）改善耐冲击性、韧性　在为数不多的绿色塑料中，柔韧性的材料被要求有较好的耐久性和强度，刚硬性的材料则要求有耐冲击性和柔韧性。其中来源于生物质的 PLA 是一种刚硬性的材料，若赋予其一定的耐冲击性和柔韧性后，用途将十分广泛，几乎可以跟聚烯烃、PET 和 PS 一样得到大范围的应用。PLA 是一种半结晶性的聚合物，通常的改性剂大部分由于迁移析出现象的存在导致改性效果无法持久，而且会影响 PLA 的透明度。改性剂也要求来源于生物资源并具有生物分解性能。改性剂分布于 PLA 基质中，形成“海 - 岛”结构。改性剂用来吸收冲击以达到提高耐冲击性的效果。图 1-8 为加入改性剂的聚乳酸的电镜照片。

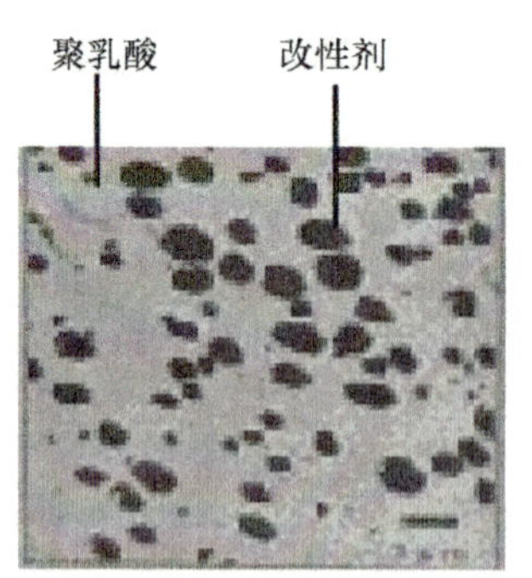

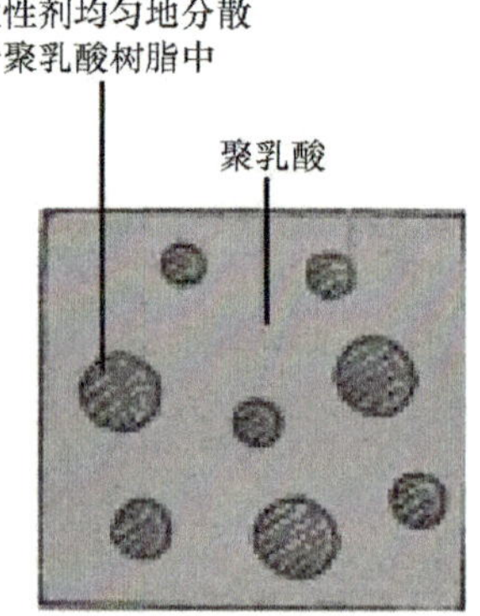

图 1-8　加入改性剂的聚乳酸的电镜照片

耐冲击改性、增韧改性已经在 PLA 的薄膜和片材上使用。在片材领域，已经有既保持透明性又有高耐冲击性的 PLA 树脂投入使用，其耐冲击性与聚苯乙烯相同。高耐冲击性的 PLA 树脂的耐屈折强度可达几千次以上，能够满足实际应用的需要。在拉伸薄膜领域，已经获得了跟双向拉伸聚丙烯（OPP）相当的柔韧性，可以使用到包装材料中。人们还在继续进行柔韧性改善的研究，以求达到 PE 的程度。而成型加工方面，要求在缩短成型时间的同时，得到耐久性和强度。PLA 的耐冲击性改善和柔韧性提高已经取得了长足的进步，工业化步伐加快。不同改性剂得到聚乳酸的物理性能见表 1-6。

表 1-6 不同改性剂得到聚乳酸的物理性能

项目	PLA	A-PET	OPS
杜邦冲击值 /J	0.1	0.4	1.7
雾度 /（%）	2	1 ～ 3	1 ～ 2
拉伸强度 /MPa	60	82	65
断裂伸长率 /（%）	5	4	65
1% 正割模量 /GPa	2.9	2.9	1.7
埃尔门多夫撕裂强度 /（kN/m）	0.8	0.9	7.8
MTI 耐折强度	70	10	＞2 000

（2）提高耐热性、耐久性　大部分生物基聚合物的主要成分是脂肪族聚酯，但是一般的脂肪族聚酯耐热性和耐久性不足，无法广泛应用。PLA 虽然熔点约 178℃和玻璃转化温度约 60℃，但是实际使用中的耐热温度在 60℃以下，而且在超过 60℃的高温高湿环境下会加速水解，所以长期使用时的耐久性明显不足。

PLA 产品的耐热性在 60℃以下，是因为结晶化速度太慢，导致实际成型过程中没有完成结晶化。加入层状硅酸盐（黏土矿物）形成黏土/聚乳酸的纳米复合物后，成功地将结晶化速度提高了 100 倍左右，获得了耐热 100℃以上的产品。

另一方面，跟同为聚酯的 PET 相比，PLA 还存在容易水解的问题。因此 PLA 多用于商品寿命在常温下只有 3 ～ 5 年的产品上。但是，现在日本有关公司也拥有了可以抑制 PLA 水解速度的技术，所以 PLA 也可以用在耐久性要求高的电子产品、机器外壳和汽车内装材等方面。利用无机填充材料对 PLA 进行共混改性见图 1-9。

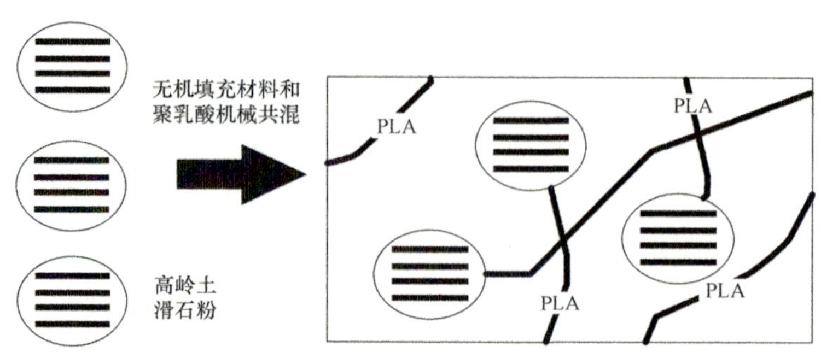

图 1-9　利用无机填充材料对 PLA 进行共混改性

（3）提高熔体强度　PLA 由于分子链中长支链少、相对分子质量低，熔体强度特别低，应变硬化不足，造成了加工困难。例如在吹膜过程中，熔体强度低造成膜泡不稳定，易破裂；在热成型过程中，由于 PLA 硬而脆，熔体强度很低，成型过程只能在很窄的温度范围内进行，如果温度太低，片材虽软化但没有完全熔融，导致成型制品的形状不能与模具形状精确相同；如果温度过高，片材的尺寸不稳定，在重力的作用下将过分下垂，最终导致成型制品壁厚不均甚至会使片材撕裂。此外，由于 PLA 熔体强度低，发泡成型十分困难，很难得到高倍率的发泡成型体。在发泡过程中，泡孔的增长和泡孔壁的稳定结构与聚合物熔体的流变学性质十分相关，具体表现为聚合物熔体应当有足够强的应变硬化行为来抵御泡孔增长过程中的张力，降低泡孔壁破裂的可能性。

PLA 一般通过以下几个方面来提高其熔体强度：一是提高其平均相对分子质量，即通过延长反应时间得到高相对分子质量 PLA，然而反应时间的延长造成了生产效率的降低，并且较长的热历史使 PLA 降解而变色，因此，实际工业生产中的 PLA 摩尔质量上限为 5.0×10^5 g/mol；二是在其分子中引入长支链结构，即在PLA生产过程中加入多官能团单体或通过交联、表面改性等改变PLA分子结构。所以在 PLA 分子中引入长支链结构是提高其熔体强度的主要方法。

PLA 的支链结构通常可由聚合过程和反应加工两种途径获得。在聚合过程中，直接加入多官能团共聚单体，发生扩链和支化反应。作为扩链剂或支化剂的多官能团单体至少要有两个或两个以上官能团能够与 PLA 的端羧基或端羟基反应，包括异氰酸盐、酸酐、邻苯类、环氧和二胺类化合物等。另一类方法便是通过反应加工的方法在熔融状态下进行支化反应，其中最简便的方法就是在反应加工过程中加入自由基引发剂，通常是有机过氧化物，这种方法可以成功引入长支链。此外，还可以通过加入其他多官能团化合物，采用射线辐照技术及纳米技术等提高 PLA 支化度和相对分子质量，从而实现 PLA 熔体强度的提高。图 1-10 为利用多官能团化合物制备支化 PLA 共聚物原理图。

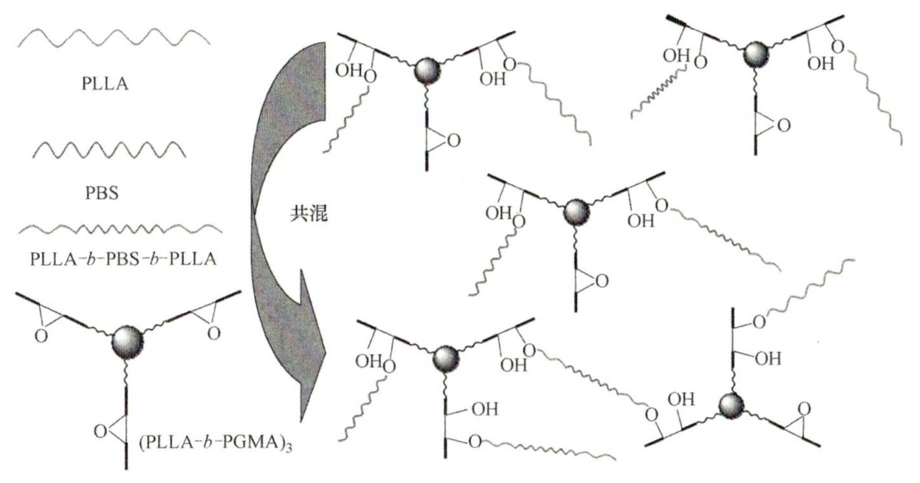

图 1-10　利用多官能团化合物制备支化 PLA 共聚物

（4）提高阻燃性　聚乳酸和其他大多高分子材料一样，属于易燃材料，PLA 的阻燃性能只有 UL 94HB 级，极限氧指数（LOI）为 21%，燃烧时只形成一层勉强可见的碳化层，然后很快液化、滴下并燃烧。为了克服这些缺陷，拓宽其在航空、电子电器、汽车等领域的应用，对 PLA 阻燃改性的研究已成为关注的热点。

PLA 的阻燃改性可以通过加入反应型阻燃剂或添加型阻燃剂两种方法来实现。反应型阻燃剂工艺复杂、添加量较大，势必会降低 PLA 的力学性能。而添加型阻燃剂价格较低、简单易行，通常采用添加型阻燃剂来达到提高 PLA 阻燃性能的目的。PLA 的阻燃改性剂包括卤系、磷系、氮系、膨胀型、无机阻燃剂、纳米粉体及两种或多种阻燃剂的协效体系等。阻燃剂在一定程度上解决了一些领域对阻燃的要求，但是在实际应用中也暴露了不少问题。目前在塑料中使用的无卤阻燃剂中，磷系阻燃剂毒性低，可以产生较好的阻燃效果；硅系阻燃剂具有很多优点，但其价格普遍较高，通常只是选择性采用；无机阻燃剂虽有优良的阻燃和抑烟性能，但因添加量大而使塑料成型的加工性能和力学性能下降。目前，应用于 PLA 的阻燃剂研究最多的是膨胀型阻燃体系和纳米粉体。通过不同阻燃剂的协效作用提高阻燃剂的效率，改善 PLA 的阻燃性取得了一些有意义的成果，但是相关的应用研究还比较浅显，尤其是复合体系的阻燃机理还不清楚。从阻燃效率的角度出发，开发高效阻燃 PLA 仍然需要进一步研究，从而为 PLA 的应用开辟更广阔的前景。

同时，一些聚合物阻燃的新思路也正渐渐受到重视。现在使用的无卤阻燃剂的阻燃机理大部分是在聚合物表面形成一层含各种元素的炭质保护层，炭质保护层是在消耗掉一部分可燃气体后形成的，它覆盖于未燃材料表面起到隔热和隔氧的作用，从而阻止材料的进一步分解、氧化、燃烧。因此，需要增加复合材料在燃烧过程中的成炭倾向，据此可以考虑：在聚合物分子中导入一些能够在受热或受热催化下脱去小分子的链段，这样在高温下聚合物大分子之间就可以相互交联生成具有网状结构的物质，提高材料的热稳定性和成炭性。

1.2.2.6 聚乳酸/生物降解聚合物共混物

（1）聚乳酸/淀粉共混物　聚乳酸/淀粉共混物的早期研究工作为利用天然淀粉降低聚乳酸材料的成本并提高其生物降解性。聚乳酸/淀粉复合材料最早由 Jacobsen 和 Fritz 于 1996 年制备。虽然以干淀粉作为填料能够提高复合材料强度，但是由于淀粉颗粒的半结晶结构，当其用量高于 10%（质量分数）时，复合材料的性能受到显著影响。为了改善天然淀粉的性质并实现疏水性聚乳酸和亲水性淀粉之间的高度相容性，在体系中引入了各种增塑剂和添加剂。通常，增塑剂是含有极性基团的小分子化合物。这些极性基团能够使淀粉羟基之间的氢键断裂，使生淀粉中的半结晶结构变成均匀的无定形结构。制备 PLA 改性淀粉共混物的主要目的是制造廉价、高性能、可生物降解的聚合物复合材料，但是 PLA 和改性淀粉共混过程中存在的主要问题是相容性差，会破坏最终产物的性能。通过添加增容剂可改善共混物各组分间的相容性，然而相容性提高后共混物的高刚性限制了其作为食品包装膜的适用性，通常需要同时添加增塑剂来平衡共混物的各种性能。

（2）聚乳酸/生物聚酯混合物

①聚己内酯（PCL）。由于 PCL 玻璃化转变温度较低，将其与聚乳酸共混以期改善纯聚乳酸的脆性，并通过改变共混物组分来调控 PLA/PCL 的拉伸性能和

热性能。添加 PCL 对聚乳酸韧性改善不大，且大量添加后会影响共混物的模量和拉伸强度。添加少量低相对分子质量 PCL 并适当延长共混时间能够提高 PLA/PCL 共混物的拉伸强度和韧性。采用异氰酸酯（LTI）作为增容剂提高 PLA/PCL 共混物的冲击性能，该共混物展示出更好的相容性和力学性能（强度和断裂伸长率）。Semba 等通过在共混过程中加入 DCP 来诱导 PCL 和 PLA 反应，以提高复合材料组分间的相互作用，成功将 PLA 断裂伸长率由 10% 提高到 150%。添加 DCP 可以诱导 PLA 和 PCL 相之间的酯交换反应，从而产生良好的界面黏附性，改善力学性能。Wang 等利用 TPP 作为偶联剂实现 PLA 和 PCL 的反应性增容，将聚乳酸的断裂伸长率提高至 120%。

②聚丁二酸丁二醇酯（PBS）。PBS 是著名的可生物降解脂肪族共聚酯，具有良好的熔融加工性、可生物降解性和耐热性等优点。PBS 可用于改善聚乳酸的熔融加工性和韧性。Park 和 Im 将 PLA 和 PBS 在 180℃条件下通过双螺杆共混，发现 PBS 能够有效地提高 PLA 的结晶速率，并且共聚物显示出单一的 T_g，表明其非晶相的相容性。随着 PBS 用量的增加，T_g 的变化并不会太大以至于不满足 Fox 方程或 Gordon Tylor 方程。Yokohara 和 Yamaguchi 使用流变学测量来评估共聚物的相容性，得到了相似的结论。Bhatia 等通过双螺杆挤出机制备 PLA/PBS 共混物，等比共混产物在低频下显示出强烈的剪切稀化行为，而其他配比共混物表现为牛顿流体。低于 20%（质量分数）PBS 的共混物黏度介于纯 PLA 和纯 PBS 之间，表明共混物较高的相容性。含有少量 PBS 的共聚物断面微观形貌也显示了 PBS 在 PLA 基体中均匀细致的分散。但其力学性能并不突出，拉伸强度较低且韧性较差。因而，Harada 等使用 LTI、Persenaire 等使用 PLA-g-MA 和 PBS-g-MA、Chen 等使用含环氧基团的有机黏土（双功能化有机黏土，TFC）作为反应型增容剂来提高 PLA 和 PBS 的相容性，从而提高共混物的力学性能。LTI 中的异氰酸酯基团、PLA 和 PBS 的马来酸酐接枝物中的马来酸酐以及 TFC 的环氧官能团都能与 PLA 和 PBS 的末端羟基或羧基之间发生反应，能够提高 PLA 和 PBS 之间的界面结合，从而提升共混物的力学性能。

PLA 与 PCL 共混最显著的优点就是能够提高 PLA 的弹性、韧性和强度，并且能够通过优化两相之间的界面结合来进行调控，但是对于薄膜的透明度等物理性质却很少有研究。事实上，共聚物的透明度由共聚物的可混合程度和结晶行为控制。因此，对于需要高透明度和提升力学性能的综合应用，PLA/PBS 共混物的最佳加工条件值得更多关注。

③聚丁二酸己二酸丁二醇酯（PBSA）。PBSA 是由丁二酸丁二醇己二酸无规共聚物制备的可生物降解脂肪族聚酯。由于其高断裂伸长率和低黏度，可以使用 PBSA 来增强 PLA 的韧性和可注射性。Lee 等首先尝试使用双螺杆挤出机在 180℃条件下制备不同配比的 PLA/PBSA 共混物，并研究了其流变学、力学性能和微观形态。PLA 与 PBSA 的相容性较差，共混物的拉伸强度和韧性较差。10% ～ 20%（质量分数）PBSA 填充 PLA 的冲击强度有所提高，表明 PBSA 可用作抗冲改性剂。生物降解测试的结果表明，随着 PBSA 用量的增加，混合物的生物降解性得到改善。这种混合物的改善的生物降解性归因于不相容混合物中的额外空间，使得细菌和真菌容易降解混合物，并且发生更多的氧气消耗。Ojijo 等利用密炼机在 185℃制备了 PLA 含量 0 ～ 100%（质量分数）的 PLA/PBSA 共混物，研究了不相容的 PLA/PBSA 共混物界面和性质之间的相关性。共混物的相态取决于各自组分的含量，PLA 含量为 50%（质量分数）时共混物呈现双连续相。Eslami 和 Kamal 利用双螺杆挤出机制备了 PLA/PBSA 共混物，并研究了其拉伸流变学和相态分布。应变速率＞ $0.5s^{-1}$ 时，共聚物发生应变硬化行为。由于 PBSA 自身较强的应变硬化能力，共混物应变硬化能力随 PBSA 含量的增大而增强。Ojijo 等利用 TPP 作为偶联剂实现 PLA 和 PBSA 的反应性增容，将 2%（质量分数）TPP 先与 PLA 进行共混，再与 PBSA 共混，总共混时间固定在 12min。在 PLA/PBSA 共混物［70%（质量分数）PLA］中加入 2%（质量分数）TPP 不仅改善了共混物的相容性和拉伸性能，而且还有助于提高其冲击强度。PLA 和 PBSA 链末端的羟基官能团与 TPP 反应实现界面扩链反应，聚合物的扩链反应在相界面处形成韧带状原纤维，从而增强界面粘合。由于 TPP 自身热稳定性较低，采用 TPP 增容共混物的热稳定较未增容共混物的热稳定性差。因此，为提高共混物的韧性、强度和热稳定性等性能，应该慎重选择增容剂。

④聚己二酸/对苯二甲酸丁二酯（PBAT）。PBAT 是己二酸丁二醇酯（PBA）和对苯二甲酸丁二醇酯（PBT）的共混物，兼具 PBA 和 PBT 的特性，既有较好的延展性和断裂伸长率，也有较好的耐热性和冲击性能；此外，还具有优良的生物降解性，是目前生物降解塑料研究中非常活跃和市场应用很好的降解材

料之一。Jiang 等利用双螺杆挤出机制备了 PLA/PBAT 共混物。将 PLA 与少量 PBAT［＜ 20%（质量分数）］共混可以改善 PLA 的延展性而不影响其强度。通过掺入 PBAT，PLA 的断裂模式从完全脆性变为韧性。然而，由于 PLA 和 PBAT 的完全相分离，PLA 的冲击强度仅在一定程度上得到改善。

Gu 等使用双螺杆挤出机制备了 PBAT 含量小于 30%（质量分数）的 PLA/PBAT 共混物并研究了其熔体流变性能。尽管 PLA/PBAT 共混物显示出复杂的流变行为，但是 PBAT 的掺入改善了熔体加工性，PLA/PBAT 熔体剪切变稀趋势较纯 PLA 更明显。Signori 及其同事在氮气氛下在 200℃下制备 PLA/PBAT 共混物并研究了其在真实土壤条件下的生物降解行为，并与纯组分（PLA 和 PBAT）进行了比较。PLA/PBAT 共混物的降解速率比单一聚合物（PLA 和 PBAT）的降解速率慢。

为了改善 PLA 和 PBAT 的相容性，可以在体系中引入甲基丙烯酸缩水甘油酯（GMA）、过氧化二异丙苯（DCP）、钛酸四丁酯（TBT）等增容剂。GMA 用作反应性处理剂以增强两种聚合物之间的界面粘合，其中 GMA 的环氧官能团可与 PLA 和 PBAT 中的—OH 和—COOH 末端基团反应。使用 DCP 作为自由基引发剂，在 PLA/PBAT 共混物中实现原位增容，为改善共聚物的拉伸强度、延展性和冲击强度提供了简单的方法。林等在反应挤出过程中使用钛酸四丁酯（TBT）促进 PLA 和 PBAT 之间的酯交换反应，以提高二者的相容性，进而改善共混物的力学性能。

⑤聚羟基烷酸酯（PHA）。PHA 是由碳水化合物和脂质经细菌发酵天然产生的聚酯。细菌发酵的产物根据条件、细菌类型和基础材料不同而不同。因此，可以获得不同的聚合物，例如聚 β- 羟基丁酸酯（PHB），聚 β- 羟基戊酸酯（PHV），聚（β- 羟基丁酸酯 /β- 羟基己酸酯）（PHBH）和聚（β- 羟基丁酸酯 /β- 羟基戊酸酯）共聚物（PHBV）。因为 PHA 具有良好的生物相容性能、生物可降解性和塑料的热加工性能，所以它可作为生物医用材料和生物可降解包装材料，已经成为近年来生物材料领域最为活跃的研究热点。考虑到 PLA 的局限性，主要是通过将 PLA 与 PHA 聚合物共混来提高 PLA 的生物相容性和生物降解性。另一方面，由于 PLA 的高热稳定性，与纯 PHA 相比，PLA/PHA 共混物通常表现出更高的热稳定性。因此，与纯聚乳酸相比，PLA/PHA 共混物具有更高的热加工性，并且

与纯聚乳酸相比具有更高的生物相容性和生物降解性。He 等研究了 PLA/PHBV 共混物制成的医用缝合纤维的可加工性和体内降解性。该共混物的生物相容性与纯 PHBV 相当。然而，由于共混物中两种聚合物之间的界面黏合性低，共混物纤维的力学性能低于由 PHBV 制造的纤维的力学性能。可以使用反应性环氧树脂作为双功能增容剂增强 PLA 和 PHBV 的相容性共混物，改善 PHBH 在 PLA 基体中的分布，增强混合物的韧性。此外，与纯 PHBH 和不相容的共混物相比，相容的共混物显示出更高的热稳定性，这可以改善其加工性能。

通常，聚乳酸与 PHA 的共混物具有高生物降解性和生物相容性，适于医学应用。就力学性能和热性能而言，与纯聚乳酸相比，该共混物的强度提高通常伴随着韧性变差和热稳定性变差。尽管使用各种增容剂成功地增强了 PLA/PHA 共混物的热稳定性，但韧性差仍然是主要缺点，因此应该更加关注解决这一问题。

1.2.2.7 聚乳酸的成型加工

（1）注射成型加工　PLA 可以用普通的塑料注射模具设备加工成各种制品，如：杯、碟、饭盒、碗、刀、叉、筷子、瓶、桶、盆、牙刷、衣服挂、安全帽等。加工用 PLA 要求树脂的相对分子质量不能太大，熔体黏度要小，否则加工温度高。注射模具加工 PLA 的物理性能和加工性能列入表 1-7 中。

表 1-7　注射模具加工 PLA 的物理性能和加工性能

性能	指标
密度 /（g/cm^3）	1.21
熔体流动速率（190℃，2.16kg）/（g/10min）	10 ～ 30
透光性	透明
拉伸强度 /MPa	48
断裂伸长率（%）	2.5
冲击强度 /（J/m）	0.16
弯曲强度 /MPa	83
弯曲模量 /MPa	3 828

PLA 加工的首要问题是 PLA 颗粒物料的干燥。如果 PLA 中水分含量高，在加工过程中 PLA 会发生水解，导致相对分子质量下降，影响制品的力学强度和拉伸模量。出厂后在存储过程中 PLA 中的水分含量要小于 0.025%。PLA 颗粒需

要储存在干燥的条件下，一般要密封保存直到使用。加工过程中 PLA 的水分含量要求小于 0.01%，因此使用前需要进一步干燥。PLA 颗粒树脂中水含量在一定的干燥温度下随时间变化的曲线如图 1-11 所示。PLA 在 100℃需要干燥 3h 以上才可使用。无定形 PLA 必须在 50℃以下干燥，因为其更容易发生降解。

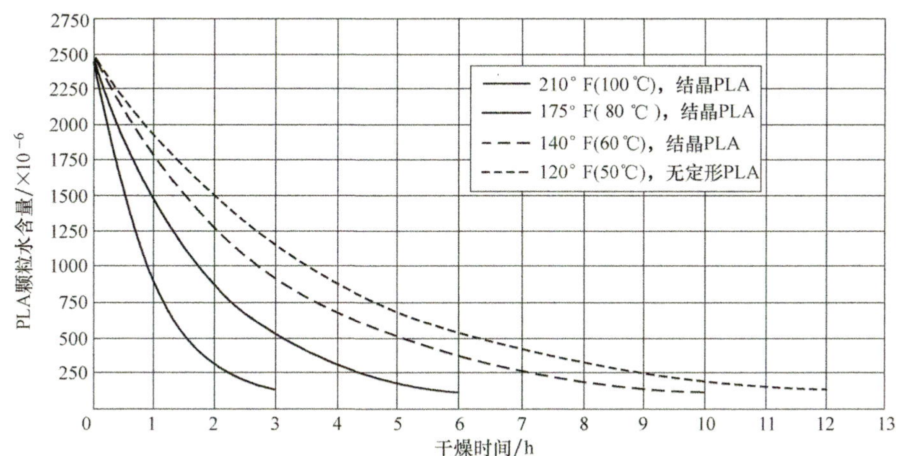

图 1-11 PLA 颗粒干燥时间和水含量曲线

PLA 的加工温度控制见表 1-8。注射模具加工用 PLA 通常要求熔融温度不要太高，否则熔融黏度太高，需要提高加工温度，而高温下 PLA 容易裂解，导致分子量和力学性能的降低。PLA 熔点一般控制在 145 ～ 175℃。控制的方法是调节 PLA 的光学纯度，即在 L-LA 单体中加入少量的 D-LA 或 meso-LA 单体，这样可以控制 PLA 的结晶性，也就是控制 PLA 的熔点。另外可以采用加入增塑剂的方法，降低 PLA 熔点。例如，日本岛津注射模具用 PLA 的熔点为 145 ～ 155℃，美国 Cargill-Dow 公司的 PLA 熔点为 120 ～ 170℃。

表 1-8 PLA 加工温度控制参数

熔融温度 /℃	195 ～ 200
供料口温度 /℃	20 ～ 30
供料段温度（结晶球颗粒）/℃	160 ～ 170
供料段温度（非晶球颗粒）/℃	145 ～ 155
挤压段温度（1 段）/℃	195 ～ 205
计量段温度（2 段）/℃	205 ～ 210

（续）

模头温度（3 段）/℃	205 ～ 210
模具温度 /℃	20 ～ 30
螺杆速度 /（r/min）	100 ～ 175
回压力 / MPa	0.35 ～ 0.70
模具胀缩	±0.001

（2）挤出纺丝加工　纺丝用 PLA 通常要求其相对分子质量相对较高，数均摩尔质量一般在 100kg/mol 左右，熔体流动速率小，这样纺出来的丝强度和模量都高。纺丝用 PLA 的物理性能和力学性能列入表 1-9 中。

表 1-9　纺丝用 PLA 的物理性能和力学性能

密度 /（g/cm^3）	1.25
熔体流动速率 /（g/10min）（190℃，2.16kg）	4 ～ 8
透光性	透明
拉伸强度 /MPa	53
断裂伸长率（%）	6.0
冲击强度 /（J/m）	0.33
弯曲强度 /MPa	60
弯曲模量 /GPa	3.5

PLA 纺丝可采用普通单螺杆挤出、本体连续熔融纺丝的方法，螺杆的长径比为 24∶1，喷嘴的直径为 0.1 ～ 0.8mm，小单丝旦数（＜ 3DPF）时，典型直径选用 0.2 ～ 0.3mm；高单丝旦数时，选用 0.4 ～ 0.8mm。PLA 的纺丝速度可以控制在很宽的范围，典型速度为 100 ～ 1 000m/min。通常高速纺丝会导致低的牵伸比。PLA 的最佳牵伸温度在玻璃化温度 T_g（60 ～ 65℃）以上，预牵伸的最佳温度为 65 ～ 80℃，牵伸速度也将影响牵伸温度，牵伸速度快，牵伸温度高。牵伸温度过高会导致纤维单丝不良的结晶形态，造成纤维力学性能大幅下降。牵伸比是由 PLA 的相对分子质量和光学纯度决定的。通常牵伸比为 1.5 ～ 5，典型牵伸比为 3.5，最佳牵伸比将根据不同加工条件而调整。要得到低收缩的（收缩率＜ 10%，在沸水中）PLA 纤维，既要纺丝速度快（3 000 ～ 6 000m/min），又要牵伸温度高（100 ～ 130℃）。

（3）挤出薄膜 / 膜加工　PLA 膜的透光性和光泽性可以与 PET 相比，优于 PE；硬度高，拉伸强度和拉伸模量高，与 PET 相当；耐弯曲和抗折叠，气体阻隔性强，抗脂肪溶解和耐油性好。PLA 亲水性强，与 PE 相比，具有非常好的印刷性，可广泛应用于工农业各种产品的包装薄膜和包装袋。

PLA 膜是采用螺杆挤出膜拉伸的方法制备的。单螺杆挤出机的长径比为 24∶1 ～ 30∶1，压缩比为 2.5∶1 ～ 3∶1。拉伸倍率对薄膜的性能有显著影响，纵向及横向拉伸倍率设定为 2.0 ～ 3.5。在其他工艺条件不变时，拉伸倍率越大，拉伸强度就越大，断裂拉伸应变越小。纵向拉伸倍率不变时，增加横向拉伸倍率会使纵向拉伸强度有所降低，而纵向断裂拉伸应变会轻微上升。

（4）3D 打印成型　3D 打印又称增材制造，它是一种以数字模型文件为基础，运用粉末状金属或塑料等可粘合材料，通过逐层打印的方式来构造物体的技术。经过三十余年的发展，3D 打印技术已衍生出多种成型方法，目前应用较广的是熔融沉积成型 3D 打印机。PLA 作为 3D 打印材料具有安全环保、节能、收缩率小及可降解的优势，是主要的熔融沉积类 3D 打印材料。3D 打印材料在使用前需制备成直径 1.75mm 或 3.00mm 的丝材，因此，PLA 材料需经过熔融加工成丝，才可供 3D 打印机使用。在加工过程中，挤出环节最为关键，关系到丝束直径均匀性及最终的打印效果，挤出过程一般是在单螺杆挤出机中进行，材料经口模挤出后，在温水浴中进行初冷，保证材料尺寸稳定，然后在冷水浴中冷却定型，最后进行收卷、干燥等环节，得到如图 1-12 所示的 3D 打印丝束产品。

图 1-12　PLA 3D 打印丝束产品

PLA 丝束在 3D 打印过程中，沉积角度、打印层厚度对样品的力学性能有一定影响。研究显示，沉积角度 45° 的样品，其力学性能（如拉伸强度、断裂伸长率、弯曲强度、冲击强度）均高于沉积角度 0° 的样品。固定沉积角度为 45°，打印层厚度为 0.2mm 样品的弯曲强度和冲击强度均高于打印层厚度 0.1mm 样品。同时，填充率越高，样品的综合力学性能越优，打印耗时越长。

（5）发泡成型　PLA 发泡材料具有无毒、生物来源的特性，可应用于汽车、包装、组织工程等多个领域。PLA 的主要发泡方法包括釜压法、挤出法和注塑法。

釜压发泡成型方法分为三个过程：首先，在低于玻璃化转变温度的条件下将发泡剂气体溶解扩散进入 PLA 基体中；随后，调节温度调控 PLA 的流变性能；最后，通过快速释压使气体从基体中分离出来，形成泡体结构。与挤出发泡法和注塑发泡法相比，釜压法发泡和 PLA 后加工成型可以生产几何形状特别复杂的 PLA 发泡制品，并且釜压法可以制备出高发泡倍率的 PLA 可发性颗粒（EPLA）。与发泡聚苯乙烯（EPS）进行对比，如表 1-10 所示，两者大部分性能较为接近，EPLA 的压缩强度略低。

表 1-10　EPS 和 EPLA 产品主要性能对比

样品	密度 / (kg/m^3)	热阻 / (m^2·K/W)	热导率 / [W/（m·K）]	压缩模量 /MPa	压缩强度 /MPa	压缩 10% 时的应力 /MPa	剪切模量 /MPa
EPLA	100			20.9	0.45	0.60	8.0
	60			11.3	0.25	0.33	5.4
	35			5.3	0.12	0.16	3.7
	25	0.69	0.035	2.9	0.07	0.10	3.0
EPS	25	0.68	0.035	5.3	0.12	0.16	3.2

连续挤出发泡法是一种高效、易于量产的方法，主要用于生产 PLA 发泡片材、板材或管材等。挤出发泡时，首先将物理发泡剂注入挤出机中，与 PLA 熔体进行共混，形成稳定的 PLA- 气体均相体系，此时发泡剂的注入量需保持在溶解度以内；随后，在挤出机内通过调节工艺参数使均相体系处于热力学不稳定状态；最后，在模头附近利用快速压力降的方法使气体和熔体分相，泡孔开始成核。气泡在离开挤出机模头后开始生长、稳定或破裂，形成发泡材料。典型的挤出发泡

生产如图 1-13 所示。PLA 可在传统的聚苯乙烯发泡板（XPS）设备上成型，但是 PLA 的加工温度和冷却定型温度相差较大，所以在后定型装置的设计上需要更高效的冷却系统和更长的冷却距离。

图 1-13　PLA 挤出发泡成型示意图

1—自动干燥上料机　2—喂料系统　3—挤出机　4—管模模头　5—管模定型装置
6—管模发泡片切割　7—牵引设备　8—切割设备　9—收集码垛设备

注塑发泡法利用注塑机高锁模力，将聚合物熔体和发泡剂混合后填充至模腔内，快速释压为泡孔成核提供巨大的压力降。通过注塑发泡得到具有固态表层 / 发泡芯层结构特征的发泡材料产品，可以应用于汽车和组织工程等领域。注塑发泡具有许多独特优点，比如材料利用率高、尺寸稳定性好、生产周期短、能耗更低等。在注塑发泡工艺中，通常使用超临界氮气（N_2）作为发泡气体。N_2 成核能力好，对聚合物熔体有增塑作用，可以实现低温注塑发泡成型，尤其适用于 PLA 这类对温度敏感的材料。采用 MuCell 技术可以制备高发泡密度、低孔隙率的微孔发泡材料。

1.2.3　聚羟基烷酸酯

聚羟基烷酸酯（PHA）是一类以天然植物淀粉为原料，利用微生物发酵工程技术生产的生物聚酯的总称。

聚羟基烷酸酯的主要品种有聚 β- 羟基丁酸酯（PHB）、聚 β- 羟基戊酸酯（PHV），以及它们的共聚物 —— 聚 β- 羟基丁酸 -β- 羟基戊酸酯等。聚羟基烷酸酯既具有完全生物分解性、生物相容性、憎水性、良好的阻透性、压电性、非线性光学活性等独特的性质，又具有石油化工树脂的热塑加工性，可运用注塑、挤出吹塑、挤出流延、挤出中空成型、压缩模塑等工艺方法进行加工，制造成型制品、薄膜和容器，也可以和其他材料复合，应用遍及高档包装材料、可被人体吸收的药物缓释材料、植入型生物材料等包装、医药卫生、农业用膜等各个应用领域。

像植物用淀粉贮藏糖分一样，自然界中许多微生物都使用一种叫作 PHA 的脂肪族聚酯来贮藏能量，也是微生物的营养物质。这种聚酯在微生物陷入饥饿状态时，可以被微生物体内的分解酶分解成能量，相当于动物的脂肪。图 1-14 是电子显微镜下在体内积蓄了干燥重量占 86%（白色部分）的脂肪的微生物的照片。

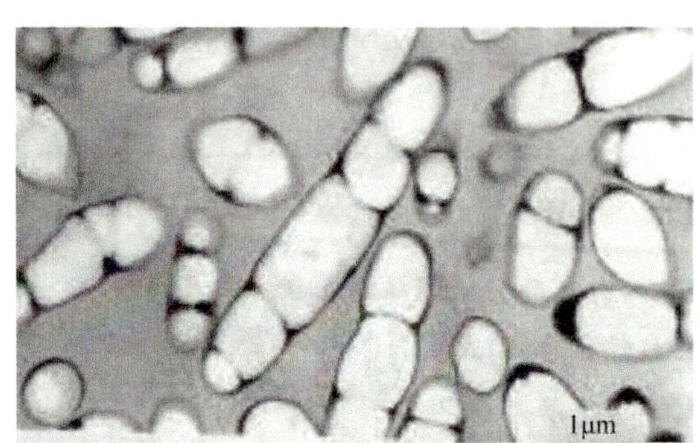

图 1-14　电子显微镜下微生物的照片

与石油化工树脂的合成过程相比，微生物发酵合成生物聚酯具有以下优点：①合成工艺简单。微生物在生长过程中积累 PHA 而无须再次聚合，生产过程中几乎没有污染（废水已能处理并达到国家规定的排放标准）。②通过改变碳源和培养过程中的控制条件，可制备不同结构的 PHA，满足各种功能需要。

目前，PHA 的研究内容主要包括两大方向：①降低 PHA 产业化成本、提高其加工性能技术的研究。如采用基因工程菌、转基因植物来生产 PHA；通过与其他完全生物分解材料共混改性以提高其性能。②对带有特殊官能团如乙烯基、氰基、苯基、F、Cl 等的中长链聚羟基烷酸酯合成菌株和工艺的研究。

可以相信，随着研究的深入，PHA 大规模产业化及特种功能化 PHA 生产的进程将大大加快，这类生物聚酯在完全分解材料大家族中将占有重要的一席，并对节约资源、保护环境起到重大作用。

1.2.3.1　聚羟基烷酸酯的生物合成

微生物代谢的多样性决定了合成 PHA 的路线也不尽相同，基质的变化也会使其合成路线出现差异。

在真养产碱杆菌和多数微生物中，合成聚羟基丁酸酯的酶主要包括三种酶：催化两个乙酰 CoA 中 C—C 结合的 β- 酮基硫酯酶（乙酰 CoA 乙酰转移酶）；依赖 NADPH，催化立体选择性反应，从乙酰乙酰 CoA 产生 D（-）-β- 羟基丁酰 CoA 的乙酰乙酰辅酶 A 还原酶；将 D（-）-β- 羟基丁酰 CoA 通过酯键连接成聚酯的 PHB 合成酶。其合成路径可简化如下：

$$H_3C-\overset{O}{\overset{\|}{C}}-SCoA+H_3C-\overset{O}{\overset{\|}{C}}-SCoA \xrightarrow{\beta\text{- 酮硫酯酶}} H_3C-\overset{O}{\overset{\|}{C}}-CH_2-\overset{O}{\overset{\|}{C}}-SCoA$$

$$\downarrow \text{乙酰乙酰辅酶 A 还原酶}$$

$$\left[O-\underset{CH_3}{\underset{|}{CH}}-CH_2-\overset{O}{\overset{\|}{C}}\right]_n-O-\underset{CH_3}{\underset{|}{CH}}-CH_2-\overset{O}{\overset{\|}{C}}- \xleftarrow{\text{PHB 合成酶}} HO-\underset{CH_3}{\underset{|}{CH}}-CH_2-\overset{O}{\overset{\|}{C}}-SCoA$$

聚 β- 羟基丁酸 -β- 羟基戊酸酯共聚物的生物合成也由上述三种酶催化，主要是因为这些酶的专一性不太强。硫酯酶可催化各种羧酸根与 CoA 的结合，而即使乙酰 CoA 换成了丙酰 CoA，β- 酮硫酯酶还能催化它的缩合反应。此时缩合产物为丙酰乙酰 CoA，这就是 PHBV 中羟基戊酸单元的前身。同时，乙酰乙酰 CoA 还原酶可以利用 $NADPH_2$ 供给的氢来还原各种脂肪酰硫酯，如下式所示：

$$R-\overset{O}{\overset{\|}{C}}-CH_2-\overset{O}{\overset{\|}{C}}-SCoA + NADPH_2 \xrightarrow{\text{还原酶}} R-\overset{OH}{\overset{|}{CH}}-CH_2-\overset{O}{\overset{\|}{C}}-SCoA + NADP$$

最后，无论单体中的 R 是 CH_3—或 C_2H_5—，聚合酶皆能催化其合成，当 R 是 C_2H_5—时，合成的就是 PHBV，其通式如下：

$$HO-\overset{R}{\overset{|}{CH}}-CH_2-\overset{O}{\overset{\|}{C}}-SCoA + HO\left(\overset{R}{\overset{|}{CH}}-CH_2-\overset{O}{\overset{\|}{C}}-O\right)_n-H \xrightarrow{\text{聚合酶}}$$

$$HO-\overset{R}{\overset{|}{CH}}-CH_2-\overset{O}{\overset{\|}{C}}-O\left(\overset{R}{\overset{|}{CH}}-CH_2-\overset{O}{\overset{\|}{C}}-O\right)_nH + CoASH$$

在营养平衡条件下，细胞中的乙酰 CoA 按正常途径进入三羧酸循环，生成高浓度的游离 CoA，抑制了 PHB 合成的关键调控酶 —— 乙酰 CoA 乙酰转移酶的活性，最终抑制了 PHB 的合成。当营养失衡而碳源过剩时，NADH 氧化酶活性降低，NADH 逐渐增多从而抑制了柠檬酸合成酶及异柠檬酸脱氢酶的活性，阻断了三羧酸循环。未被利用的乙酰 CoA 积累到一定浓度，CoA 对乙酰 CoA 乙酰转移酶的抑制就被克服，乙酰 CoA 即可在该酶的作用下缩合成乙酰 CoA 并启动了 PHB 的合成。

1.2.3.2 聚羟基烷酸酯的合成工艺

目前 PHA 的合成都是采用生物发酵法完成的。发酵合成法是在具有微生物生长的适宜温度、pH 值、氧浓度和其他条件的生物反应器中，并在特定碳源存在下进行微生物发酵培养，经过一定时间后，将培养液放入萃取提取罐中，用有机溶剂萃取，再用各种方法分离除去微生物内的非 PHA 成分，进而制得产品聚酯的方法。其中，关键的过程包括菌种在特定营养介质中发酵和从发酵产物中提取产品两个过程。

（1）制糖　首先，将淀粉和水制成浆液，加入酶及 $CaCl_2$，在适宜条件下液化、糖化，获得用于发酵合成中必需的碳源——葡萄糖液。

（2）发酵　以聚羟基丁酸酯的发酵为例，其过程可用两步表示法：第一步，在适当的培养基中高密度全组分营养介质上培育菌种；第二步，在限磷、限氮、限氧条件下控制发酵使细胞逐步积累 PHA 繁殖微生物。

（3）提取　PHA 的提取是获得最终产品的关键步骤之一，有时甚至是决定性的步骤。从目前聚羟基烷酸酯族材料已投入工业化生产的聚 β- 羟基丁酸酯/聚 β- 羟基丁酸 -β- 羟基戊酸酯）（PHB/PHBV）来看，造成成本高的因素是分离提取成本和原料成本。原料成本可以通过扩大产量、提高技术指标来降低，而降低提取成本的关键常常取决于工艺方法。目前，从细胞中提取 PHB/PHBV 的方法主要有溶剂萃取法、酶法、化学试剂法、机械法和其他提取方法。

①溶剂萃取法。溶剂萃取法研究时间最长，应用较广。其原理是利用 PHA 可溶解于某些有机溶剂的特性而将其从细胞中萃取分离出来。主要使用的溶剂有：1,2- 二氯乙烷、三氯甲烷、四氢呋喃及其衍生物等。经典方法为：采用高速离心机从发酵液中获得湿菌体，加入萃取剂回流，经高速离心分离后，将萃取液倒入沉淀剂（甲醇或乙醇 + 水，正己烷等）中，PHB/PHBV 就会沉淀出来，离心分离、洗涤烘干即为产品。英国 ICI 公司曾使用过甲醇回流除去脂类和磷脂，再用氯仿或二氯甲烷提取，冷却沉淀 PHB 最后真空干燥的方法。

溶剂萃取法操作较容易，步骤少，最大的益处是该方法不会使 PHB/PHBV 降解，而且产品的纯度高、相对分子质量大。但由于 PHB/PHBV 在溶剂中的溶解度较小，如 PHBV（HV 含量约 8%）在氯仿中的含量达到 5.4% 时，溶液已发黏，为使下一步的分离过程更容易些，就必须大量增加溶剂用量，这不仅会造成回收成本的大幅度上升，也给生产车间带来了安全隐患，并造成环境污染。

②酶法。酶法可避免大量使用有机溶剂，工艺过程几乎没有污染，但酶作用的条件较苛刻，操作步骤较多，影响收率。ICI 公司曾使用过类似工艺。清华大学陈国强教授团队发明的一种方法（已申请国家发明专利，专利申请号为

98100266.8）比纯粹的酶法有了很大的进步，主要步骤包括：用阴离子表面活性剂在碱性条件下处理湿菌体并离心提取其内含的PHA；用蛋白酶处理获得的PHA；离心收集并洗涤干燥所得的PHA。该发明利用较廉价的原料，反应条件温和，生产设备较少，但该法须采用高速离心机分离收集菌体和PHA颗粒，这可能会给大规模产业化时的设备选型带来困难。

③化学试剂法。化学试剂法是利用氧化剂、表面活性剂、螯合剂或其复合的作用，将细胞中的非PHB/PHBV杂质转变成可溶于水的成分而与提取物分离的方法。主要的化学试剂包括$NH_3 \cdot H_2O$、NaOH、NaClO、H_2O_2、SDS和EDTA等。这些化学试剂有的可以络合细胞膜上的钙镁离子；有的可与细胞壁上的脂类发生皂化反应；有的可与细胞中的非PHA成分发生氧化还原反应，使其降解成可溶于水的小分子；还有的可包裹细胞中的脂类和蛋白质并形成溶于水的胶束，从而较容易地使细胞壁破裂，释放出PHA。由于化学试剂法简单、成本较低，因此成为各国科学家竞相研究的方向。

中国科学院微生物研究所翁维琦团队在这方面取得了较为显著的成就，其提取工艺已申请了国家发明专利（专利申请号：00109156.5）。该专利技术的主要特征是：在以真养产碱杆菌发酵生产PHB的发酵液中，直接加入表面活性剂、NaClO和变形剂，改变了PHB颗粒的聚集状态，通过普通三足式离心机即可分离提取PHB，再经洗涤烘干后，可得纯度大于95%、相对分子质量4×10^5以上的PHB颗粒，提取收率约为80%。

采用NaClO的方法，虽然工艺简单、成本低、收率较高，但PHB相对分子质量的下降非常大，且由于其废水根本无法采用生化方法处理，因此该工艺不太可能应用于大规模生产。

④机械法。机械法是采用高压匀浆机破坏细胞壁的肽聚糖结构，释放出PHA的方法。该法与化学试剂法协同使用可大大降低试剂的用量，减少对环境的污染，但该法并未解决破壁后PHA的分离问题，因此必须辅以后续处理工艺。

⑤其他提取方法。目前，为了提高生产效率，世界各国的科学家正在努力开发各种提取方法。例如：中国科学院成都生物研究所的陈一平等研究了激光破壁的方法，并对波长、功率、菌体浓度、照射时间等参数进行了优化；Dennis等采用$CaCl_2$盐溶液从基因工程菌细胞裂解液中絮凝出PHB颗粒；维也纳大学的Lubitz与Dennis等合作，试图在重组大肠杆菌中引入热敏性噬菌体溶解基因，如成功，细胞将非常容易释放出PHA颗粒，大大简化PHA的分离工艺。

各类破壁提取方法都有其独特的机理和效能，但都存在着一定的缺陷。因此发展机械、物理、化学、生物等多种方法结合的去除菌体中非 PHA 杂质提纯 PHA 的方法，将是今后研究的方向。

（4）合成工艺条件　微生物合成工艺条件包括使用的菌种（微生物）、碳源、温度、溶氧浓度、pH 值，以及环境气体等因素，这些因素都对生产过程和产率产生影响。

①微生物的影响。微生物合成 PHA 的首要条件是要选择能够产生 PHA 的菌种，即微生物。这类微生物分布极广，包括了光能和化学能自养及异养菌共计 90 个属中的 300 多种，除上述曾经提到过的产碱杆菌属外，主要还包括：假单胞菌属（*Pseudomonas*）、甲基营养菌属（*Methylotrophs*）、芽孢杆菌属（*Bacillus*）、固氮菌属（*Azotobacter*）和红螺菌属（*Rhodospirillum*）等。能用于 PHA 微生物合成的菌种详见表 1-11。

表 1-11　合成聚羟基烷酸酯的微生物

微生物名称	微生物名称	微生物名称
Acinetobacter	*Haemophilus*	*Protomonas extorquens*
Actinomycetes	*Halobacterium*	*Pseudomonas*
Alcaligenes	*Hyphomicrobium*	*Pseudomonas oleovorans*
Alcaligenes latus	*Lamprocystis*	*Rhizobium*
Aphanothece	*Lampropedia*	*Rhodobacter*
Aquaspirillum	*Leptothrix*	*Rhodospirillum*
Azospirillum	*Methylobacterium*	*Rhodospirillum rubrum*
Azotobacter	*Methylocystis*	*Sphaerotilus*
Bacillus	*Methylosinus*	*Spirillum*
Beggiatoa	*Methylotrophs*	*Spirulina*
Beijerinckia	*Micrococcus*	*Streptomyces*
Caulobacter	*Microcoleus*	*Syntrophomonas*
Chlorofrexeus	*Microcystis*	*Thiobacillus*
Chlorogloea	*Moraxella*	*Thiocapsa*
Chromatium	*Mycoplana*	*Thiocystis*
Chromobacterium	*Nitrobacter*	*Thiodictyon*
Clostridium	*Nitrococcus*	*Thiopedia*
Derxia	*Nocardia*	*Thiosphaera*
Ectothiorhodospira	*Oceanospirillum*	*Vibrio*
Escherichia	*Paracoccus*	*Xanthobacter*
Ferrobacillus	*Photobacterium*	*Zoogloea*
Gamphosphaeria		

不同的微生物能产生的 PHA 的品种和得率是不同的，所以，微生物品种的选取是微生物合成 PHA 的关键。真养产碱杆菌在一定的条件下积累聚羟基丁酸酯可达细胞干重（Cell Dry Weight，CDW）的 90% 以上。

②碳源的影响。碳源是微生物合成 PHA 的另一个重要工艺条件，通常用于 PHA 发酵的碳源有葡萄糖、有机酸、醇、石油、二氧化碳等。

采用不同种类和比例的微生物和碳源，可获得不同种类均聚或共聚等不同品种的生物聚酯。真养产碱杆菌能利用葡萄糖和丙酸或戊酸合成聚 β- 羟基丁酸 -β- 羟基丁酸酯共聚物；大多数的假单胞菌能利用烷烃作为碳源合成 PHA，如食油假单胞菌（*Pseudomonas oleovorans*）能利用辛烷合成聚 β- 羟基辛酸酯；也能分别利用中等链长的单一烷醇或烷酸作为唯一碳源产生不同链长羟基烷酸的二元或三元共聚物。甲基营养菌能以相对价廉的甲烷和甲醇为碳源积累聚 β- 羟基丁酸酯，如 *Protomonas extorquens* 菌以甲醇为碳源在反应器中培养 170h，细胞干重达 223g/L，PHB 占其中的 64%。固氮菌属中产生聚 β- 羟基丁酸酯最有效的是以糖蜜为碳源的肥大产碱杆菌（*Alcaligenes latus*）。深红红螺菌（*Rhodospirillum rubrum*）可利用 4- 戊烯酸作碳源合成 PHA。在多数情况下，微生物是利用糖加丙酸或戊酸产生 P（β-HB-*co*-HV）的，并可通过调节两者的流量来控制共聚物中 HB 和 HV 的比例。但丙酸或戊酸价格较高，且对细菌有一定的毒性，在生产中使用时必须严格控制其在培养液中的浓度。

③ pH 值。每种微生物都有一个可以生长的 pH 值范围，但通常有一个最适 pH 值。培养基的 pH 值会影响基质的离子化程度，从而影响微生物对其的利用；不合适的 pH 值会对微生物体内的一些酶产生抑制作用，阻碍细胞的新陈代谢，进而影响细胞的生长和目标产物的积累。通过 pH 计可以在线检测发酵液的 pH 值，适时调节流加的酸或碱的流量可以方便地控制发酵液的 pH 值。以真养产碱杆菌生产 PHB 为例，其最适 pH 值为 6.8 ～ 7.2，通过调节流加的液氨的流量，很容易控制发酵液的 pH 值。液氨还可作为微生物的氮源。采用在线检测的 pH 计可以实现发酵过程中 pH 值的自动控制，以稳定发酵。

④温度。温度是影响微生物细胞生长的主要环境因素之一。与 pH 值同样，各种微生物都有适合于其生长的最适温度。细胞的新陈代谢对温度非常敏感。温度升高，细胞内的化学与酶反应加快，生长就比较迅猛，但另一方面也会造成细胞的提前衰老，反映在发酵过程中就会发现后期的细胞活力下降非常快。温度也会影响到发酵液的理化性质，如溶解氧浓度、黏度等。工业上采用在发酵罐内加

装冷却管，在发酵过程中通入冷却水的方法来控制。

⑤溶氧浓度。好氧微生物在深层发酵过程中需要从外界不断地供应氧气以维持其呼吸代谢和产物的合成。氧气的作用是作为葡萄糖完全氧化的电子受体。

菌种不同，菌体的需氧量存在很大差异，每种菌都存在着最适溶解氧浓度和临界溶解氧浓度。发酵罐中细胞的最适溶解氧浓度必须通过实验来确定，溶解氧过高或过低都会影响细胞的生长。工业上一般通过在线显示的溶氧仪显示实际的溶解氧浓度，通过调节搅拌转速、风量、温度等手段来实现对发酵液中溶解氧浓度的控制。在 PHB 的生产过程中，可以通过检测溶解氧来判断细胞的活力并作为是否决定放罐的参数之一。

⑥其他因素的影响（如设备等）。其他因素如设备对发酵的影响也很大，包括高径比、搅拌转速、搅拌叶的形式和大小、通风管的形式和大小等，这些必须通过实验才可确定。此外，空气过滤系统、工人的操作水平也非常重要。

1.2.3.3 聚羟基烷酸酯的分解机理

研究 PHA 的分解机理非常重要，它可以间接地指明产品的应用方向和最终的处理方法。下面以聚羟基烷酸酯族材料中最简单的聚 β- 羟基丁酸酯（PHB）的分解为例来简述其机理。

（1）胞内分解　PHB 在细胞内的分解是一个以营养条件为变化依据的循环过程，当营养失衡又有碳源存在时，细胞就会大量积累 PHB，而当营养重新平衡时，PHB 又会被分解。通过对真养产碱杆菌、拜氏固氮菌株的研究，发现 PHB 分子链的分解是以外端即羟基端开始的，且链越长作用越快。在 PHB 的代谢中，最关键的酶是 β- 酮硫酯酶，它是一个双向调控酶，既参与合成又参与分解。当其催化合成时可被高浓度的 CoA 抑制，由乙酰 CoA 激活；相反，催化分解时，为 CoA 激活，被乙酰乙酰 CoA 抑制。

（2）胞外分解　胞外分解包括无菌条件下的水解和环境中的分解。

PHB 的水解（不排除其植入人体后诱导其产生生物分解酶酶解的可能性）对其作为生物医用材料的应用（如手术缝线、骨针、骨板、药物缓释载体等）非常重要。聚 β- 羟基丁酸 -β- 羟基戊酸酯（PHBV）共聚物在模拟生理条件下的分解速率与其中的羟基戊酸酯（HV）含量有关，这为定制各种不同分解速率制品以满足临床需要指明了方向。与聚乳酸的水解完全不同，PHBV 的水解是从表面开始逐渐往内进入，而聚乳酸却是内外同时水解。PHBV 的这一特性使其制品湿性强度的维持时间大大高于聚乳酸等其他完全分解生物医用材料。

PHB在环境中的分解主要为酶分解。目前，已发现在土壤中有几百种微生物，包括细菌、放线菌和霉菌都能分泌胞外解聚酶分解PHB，如粪产碱杆菌（*Alcaligenes faecalis*）、勒氏假单胞杆菌（*Pseudomonas lemoignei*）、得氏假单胞杆菌（*Pseudomonas delafieldii*）、青霉菌（*Penicillium*）等。不同的菌株的分解性具有一定的差异，有的是诱导型酶，有的是组成型酶。通常情况下，PHB出现在环境中后，经过一定的迟滞期，微生物生成的PHB解聚酶会逐渐增多，活力升高，分解速率也会明显加快。

Y. Doi等的研究认为：在一定范围内，PHB的分解速度与温度相关，其分解分成两个阶段：相对分子质量下降至13 000左右；开始分解腐蚀。PHB的厌氧分解比有氧分解快且产物也不相同。如真养产碱杆菌在厌氧条件下，主要产物是乙酸和3-羟基丁酸，乙酰辅酶A转变成ATP；而在有氧情况下，乙酰辅酶A完全分解成二氧化碳和水，产生12个ATP。实验表明，有较长支链的PHA在环境中的分解速率比PHB要慢，这可能是因为长支链的重复单元增加了PHA的疏水性，抑制或阻碍了微生物在聚合物体表面的生长。据此，可以通过改变重复单元、立体构象等来控制聚合物的生物分解速率。PHB在不同环境条件下的生物分解见表1-12。

表1-12　PHB在不同环境条件下的生物分解

环境条件	1mm厚膜消失所需时间/周	分解速度/（μm/周）	50μm厚膜消失所需时间/周	分解速度/（μm/周）
厌氧活性污泥	6	170	0.5	100
河口堆积物	40	25	5	10
土壤（25℃）	75	13	10	5
海水（25℃）	350	2.5	50	1
好氧活性污泥	60	17	7	7

1.2.3.4　聚羟基烷酸酯的性能

主要讨论聚β-羟基丁酸酯（PHB）和聚β-羟基丁酸-β-羟基戊酸酯（PHBV）的性能。

（1）热稳定性　PHB熔体的热稳定性很差，在它的熔点之上长时间放置就会降解产生丁烯酸。在挤出造粒及成型过程中，应尽量降低加工温度、缩短停留时间。PHB的共聚物由于熔点降低，拓宽了它们的加工温度窗口，故加工热稳定性比 PHB 要好，但由于热稳定性仍较差，制品在模具中不宜长久停留，所以，在模具中欲使制品形成具有高结晶度的完善晶体是不现实的。

PHA 的降解过程主要是断链，导致相对分子质量降低。所以，用热失重方法分析 PHA 的热稳定性并不是十分科学的。PHBV（其中 HV 摩尔分数为 8%）在 175℃下 TGA 实验未检测到失重，表明无挥发物产生。

FTIR 及 ^{1}H-NMR 研究结果表明，在 240℃热处理时降解产物中含有双键和羰基碎片。降解主要发生在酯基处的链切断，导致了丁烯酸的形成，如图 1-15 所示。

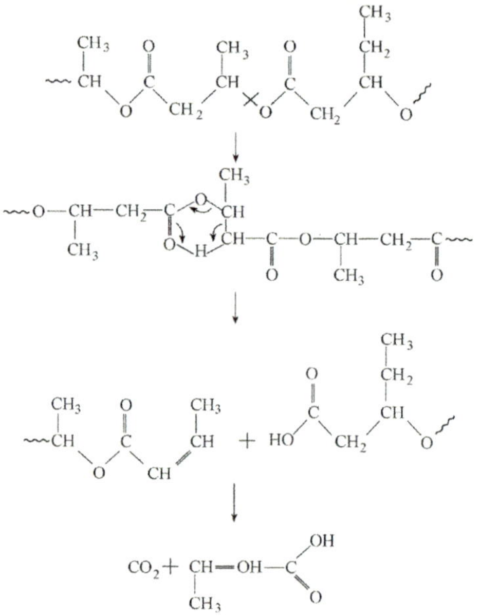

图 1-15 PHB 热降解机理

（2）结晶性 PHBV 无规共聚物 X 射线衍射分析首先由 Bluhm 和 Kunioka 等完成。PHB 和 PHV 均为斜方晶系，PHB 晶胞的 a=0.576nm，b=1.320nm，c=0.596nm。PHV 的相应值则为 0.932nm、1.002nm 和 0.556nm，均是两个分子通过一个晶胞。

由于 PHB/PHBV 的结晶度较高，球晶的尺寸较大，因此造成球晶同非晶边界处产生大的应力、裂口，进而使材料性能变差。同时其结晶速度又很慢，高温下加工成型的制品在室温下放置 600h 才会结晶完全。PHBV 的玻璃化转变温度均在 6℃以下，这两个因素共同作用使得 PHBV 加工成型速度很慢，在吹膜过程中，常常由于制品发黏而无法将膜分开。结晶速度慢带来的另一个问题是材料性质随放置时间的延长而变差。例如，凝胶纺丝的 PHBV 纤维其初生态纤维性能很好，经放置则变脆。PHB/PHBV 如此慢的结晶速率起因于十分低的成核密度。在加工成型过程中迅速冷却，发生结晶，然后在室温条件下储存则会发生二次结晶。这将使其变脆，结晶度随储存时间呈对数增加，从而使屈服强度增大，冲击强度则显著降低。

（3）玻璃化转变温度　高聚物玻璃化转变温度可以用 DSC 或动态力学性能谱测定。测得 PHB 的 T_g 为 279K（6℃），PHV 的 T_g 为 257K（-16℃），可以用 Fox 方程来计算具有任何组成的 PHBV 的玻璃化温度 T_g：

$$1/T_g\text{（PHBV）}=w_1/T_{g1}\text{（PHB）}+w_2/T_{g2}\text{（PHV）}$$

式中，w_1 和 w_2 分别是 PHB 和 PHV 的质量分数，角标 1 和 2 分别代表 PHB 和 PHV。

非晶高聚物玻璃化转变温度是一个非常重要的参数，它决定了非晶高聚物处于玻璃态、皮革态（转变态）和橡胶态的温度区域。但是，对于 PHB/PHBV 这种高结晶性聚合物而言，即使它们在室温（已远高于它们的 $T_g=6$℃）也仍然很脆，并不表现出类似橡胶的弹性行为。

（4）力学性能　宁波天安生物材料有限公司生产的 PHB/PHBV 的主要力学性能检测值如表 1-13 所示。如前所述，PHB 和 PHBV 的性能与成型条件及放置时间有关，此外，PHBV 的性能随 HV 的含量而变化。

表 1-13　PHBV（HV 摩尔分数为 8%）和 PHB 的主要力学性能

项目	PHBV	PHB
拉伸模量 /MPa	720	1 300
屈服强度 /MPa	26	30
断裂伸长率（%）	16	6
冲击强度 /（J/m）	30	18
弯曲强度 /MPa	40	55
弯曲模量 /MPa	1 950	2 240

1.2.3.5　聚羟基烷酸酯的改性

PHA 中研究最多的、已投入工业化生产的是聚 β- 羟基丁酸酯（PHB）和聚 β- 羟基丁酸 -β- 羟基戊酸酯共聚物（PHBV）。从细胞中提取的 PHB 的结晶度高达 60% ～ 80%，因此非常脆，断裂伸长率很低，易裂解（加热超过熔点 10℃就会发生物分解），加工窗口非常窄，因此 PHB 基本上不是一种实用的材料。PHB 与聚丙烯的性质相近，如表 1-14 所示。

表 1-14　PHB 与 PP 的性质比较

性质	PHB	PP
熔点 /℃	171 ～ 182	171 ～ 186
玻璃化温度 T_g/℃	5 ～ 10	-15
结晶度（%）	60 ～ 80	65 ～ 70
密度 /（g/cm^3）	1.23 ～ 1.25	0.905 ～ 0.94
相对分子质量 M_w/×10^5	1 ～ 8	2.2 ～ 7
相对分子质量分布 /×10^5	2.2 ～ 3	5 ～ 12
弯曲模量 /GPa	3.5 ～ 4	1.7
拉伸强度 /MPa	40	39
断裂伸长率（%）	6 ～ 8	400
透氧性 /［cm^3/（m^2 · atm · d）］	45	1 700
抗紫外线照射	好	差
抗溶剂性	差	好
生物分解性	好	差

PHBV 与 PHB 不同，随着组分中 HV 含量的提高，PHBV 的熔点降低，冲击强度提高，使其加工性能得以较大改善，如表 1-15 所示。从表 1-15 可以看出，PHBV 的韧性还是无法与 PE、PP 等通用树脂相比。为提高 PHB/PHBV 材料的各种加工性能，降低成本，国内外的许多学者在对其改性方面进行了大量的研究和实验，方法主要有两种：共聚和共混，分别可获得它们的共聚物和共混物。

表 1-15　PHB、PHBV 与几种通用树脂性质的比较

物理性质	PHB	PHBV		PP	PET	HDPE
		10%HV	20%HV			
熔点 /℃	177	150	135	170	262	135
拉伸强度 /MPa	40	25	20	34.5	56	29
拉伸模量 /GPa	3.5	1.2	0.8	1.72	2.2	0.94
断裂伸长率（%）	3	20	100	400	7 300	
冲击强度 /（J/m）	35	100	300	45	3 400	32

（1）共聚改性　合成3-羟基丁酸酯和其他羟基烷酸酯共聚物，如4-羟基丁酸酯及一些中长链烷酸酯类共聚物等，仍是采用生物合成方法得到的共聚酯。这些共聚酯中共聚单体的种类、含量可以通过不同的菌种及生物发酵过程中供给不同的碳源来调节。这类PHA共聚物的玻璃化温度 T_g 随单体中烷基链长增加而降低，可以得到结晶度很低且呈高无序的非晶态PHA共聚物。甚至有些共聚物在室温为发黏的橡胶态物质、液态物质。这是由于共聚物中长链烷基的内增塑作用及分子结构的高度无序性造成的。

除HB、HV及4-羟基丁酸酯以外，还有许多单体用于合成中长链的PHA共聚物，如聚3-羟基丁酸-3-羟基-4-甲基戊酸酯共聚物（PHBMV）。当PHA中含有聚3-羟基戊酸-3-羟基-4-甲基戊酸酯共聚物烷基支链时，其加工性能远优于PHB和PHBV，很容易加工成膜，具有较低的 T_m、低的结晶度、良好的熔体流变性能、改进的刚度，并且断裂伸长率增加。支链增加了共聚物流体动力学体积，导致链间缠结密度的增加。

为改善PHB及PHBV加工性能还可在侧链引入官能化基团，在主链或侧链改变亚甲基数目。通过改变共聚物的组成，可得到具有不同性能的PHA，可制得从高结晶度刚性塑料到橡胶弹性体的各类高分子材料。

针对PHB的质脆缺点，人们进行了多方面的研究。目前最有效的方法是采用羟基戊酸酯（HV）进行内增塑，在PHB中加入共聚组分HV生成无规共聚物PHBV，既改善了力学性能，又提高了在热加工过程中的热稳定性，这是已获得工业应用的共聚改性方法。在PHB中加入共聚组分HV，可有效降低PHB熔点，从而显著改善了热塑加工性，玻璃化转变温度也随HV含量的提高而有所降低，同时使共聚物刚性降低，韧性、抗冲击性和热稳定性提高。这些性能的提高可能是由于HB与HV的单元链节结构上的差异，共聚物不能形成相同类型的晶体，从而降低了聚合物的结晶度。

PHBV的分子结构如下所示，其性能随HV含量的变化而变化，HV含量则可以通过提供碳源来控制。随着 y/x 比值的增加，聚合物的热力学性能和加工方法也发生了变化。熔融温度随HV含量增加而下降，在HV摩尔分数为28%时达到最小值84℃，而后又随HV含量增加而增加，达到105～108℃。

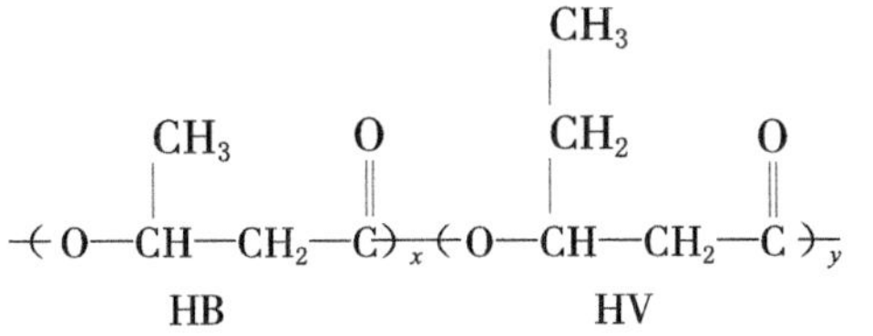

$$
\underbrace{\left[\mathrm{O-\overset{\overset{\large CH_3}{|}}{C}H-CH_2-\overset{\overset{\large O}{\|}}{C}}\right]_x}_{\mathrm{HB}}\underbrace{\left[\mathrm{O-\overset{\overset{\overset{\large CH_3}{|}}{\overset{\large CH_2}{|}}}{C}H-CH_2-\overset{\overset{\large O}{\|}}{C}}\right]_y}_{\mathrm{HV}}
$$

并且随 HV 含量的变化，PHBV 的柔顺性也随着发生变化。当 HV 含量高时，共聚物软而韧，类似于 PE；当 HV 含量中等时，具有良好的韧性，类似于 PP；而当 HV 含量低时，共聚物硬而脆，类似于不增塑的 PVC。表 1-16 列出了不同 HV 含量的 PHBV 材料的力学性能。

表 1-16 HV 含量对 PHBV 力学性能的影响（25℃）

摩尔分数（%）		屈服应力 /MPa	拉伸强度 /MPa	断裂伸长率（%）
HB	HV			
100	0		43	6
97	3	34	28	45
90	10	28	24	242
84	16	19	26	444
56	44		10	511

在众多生物降解高分子材料中，PHBV 属于聚羟基烷酸酯类，由微生物合成，其原料来源十分丰富，各种植物的残骸经发酵、分离均可制备 PHBV，而无须消耗石油能源，也不需要复杂的聚合工艺设备，这就为其大规模的工业化生产奠定了基础；PHBV 可完全生物降解，不会对环境造成危害，且其性能与通用树脂相当，因此是通用树脂的最佳替代品，这也是 PHBV 发展潜力之所在，所以 PHBV 是一种应用前景和发展前景都很广阔的生物降解高分子材料，是生物材料领域中颇具吸引力的课题之一。

（2）共混改性　通过 PHB、PHBV 同另外一些生物分解高分子、增塑剂、低相对分子质量物质及其他合成高分子共混，制备共混物，可以达到改善材料性能的目的。为降低 PHB/PHBV 的成本可采用淀粉共混。PHB 同聚己内酯（PCL）共混，可以改善 PHB 的韧性。此外，还有 PHBV 同聚乳酸、聚醋酸乙烯酯、聚乙烯醇、聚甲基丙烯酸甲酯、乙烯/醋酸乙烯酯共聚物等进行改性。

这些共混物在不同程度上改善了 PHB 和 PHBV 的加工性能、结晶性能、力学性能或使其成本降低。但是，由于这些共混物存在一些缺点和问题，迄今尚未形成工业化产品，只是处于研究阶段。自 1999 年以来，中国科学院长春应用化学研究所同宁波天安生物材料有限公司开展合作，用一类合成的、完全生物分解的材料 PX 聚酯增韧 PHB 及 PHBV，使它们的性能得到显著改善，所制得的薄膜主要力学性能如表 1-17 所示。

表 1-17　PHB 同 PX 聚酯共混物薄膜的性能

项目	纵向	横向
屈服强度 /MPa	29.5	32.0
断裂伸长率（%）	428	460
拉伸强度 /MPa	24.3	19.9
拉伸模量 /MPa	1 230	1 363

图 1-16 是共混物拉伸破坏断面扫描电子显微镜图像。虽然，两者是不相容的，有各自的独立相区，但是组分间仍有较强的相互作用，所以，表现出较好的力学性能，是一种很有应用前景的、完全可生物降解的高分子材料。

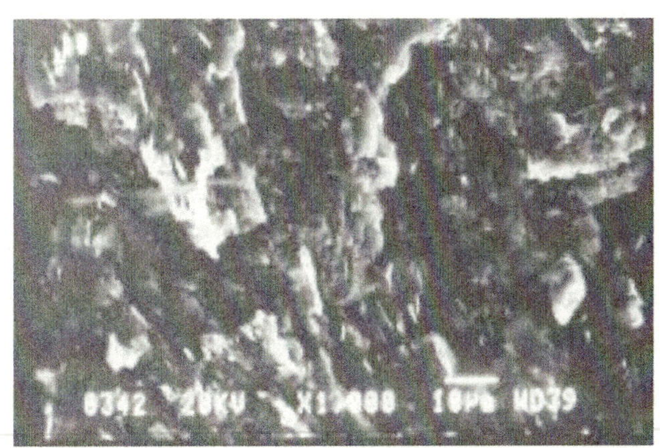

图 1-16　PX 聚酯和 PHBV 共混物扫描电子显微镜图像

北京工商大学利用溶液共混对 PHBV 共混改性进行了研究。

① PHBV 与 Ecoflex® 共混。为了改善 PHBV 的成膜性差和脆性的问题，采用了将 PHBV 与 Ecoflex® 可生物降解材料进行溶液共混的方法。Ecoflex® 是巴斯夫（BASF）公司已工业化生产的一种脂肪/芳香共聚酯，是以己二酸、对苯二甲酸和 1,4- 丁二醇为单体合成的完全可生物降解的聚酯，具有优异的成膜性能，所制成的薄膜具有优异的拉伸性能和柔韧性。

经多次实验证明，当 Ecoflex® 含量较低时，成膜性不好，成膜表面凹凸不平。随着 Ecoflex® 含量的增加（高达 40%），膜的表观形状得到改善，成膜性能好，光泽度好。混合膜的透光率低于纯 Ecoflex® 膜和纯 PHBV 膜（分别为 91.0% 和 89.6%）。然而，随着 Ecoflex® 含量的增加，共混膜的透光率有一定程度的提高，特别是在达到 40% 后，透光率大幅提高，达到 81.2% 以上，如图 1-17 所示。

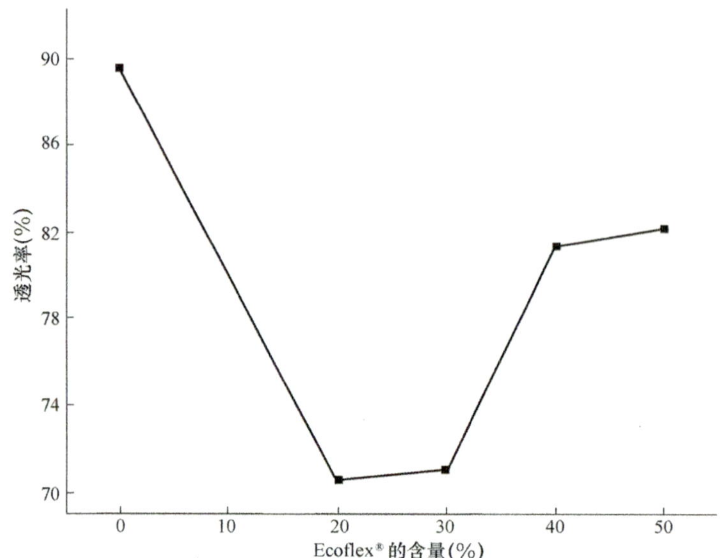

图 1-17　Ecoflex® 含量对共混膜透光率的影响

对薄膜进行力学性能测试，结果是随着 Ecoflex® 含量增大，共混膜的拉伸强度逐渐下降，当添加了 50% 时，几乎下降了一半（13.5 ～ 6.8MPa），如图 1-18a 所示。但它对薄膜的增韧作用很明显，特别是当添加量超过 40% 后，薄膜的断裂伸长率大幅增长，当含 50% 时达到了 75.1%，是纯 PHBV 膜的 15 倍以上，如图 1-18b 所示。

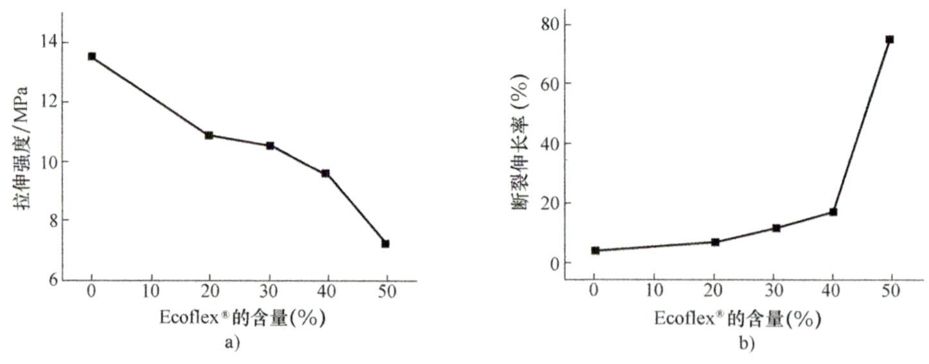

图 1-18　Ecoflex® 含量对共混膜力学性能的影响

用扫描电镜观察不同 Ecoflex® 含量的 PHBV/Ecoflex® 共混物薄膜表面的微观形貌。Ecoflex® 含量为 20% 存在明显的空洞，薄膜的致密性较差，如图 1-19a 所示。

Ecoflex® 含量为 40% 的共混物薄膜表面致密性增强，如图 1-19b 所示。Ecoflex® 含量达到 50% 时，共混物薄膜表面呈现出均匀、致密、平整的微观形态，如图 1-19c 所示。

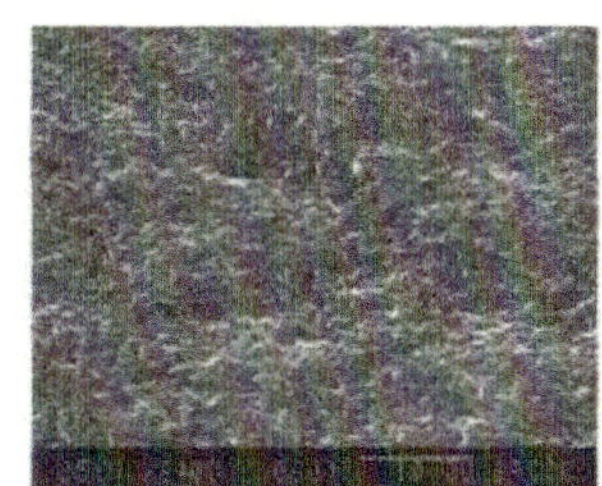

图 1-19　PHBV/Ecoflex® 共混膜电镜照片

a）Ecoflex® 含量 20%　b）Ecoflex® 含量 40%　c）Ecoflex® 含量 50%

PHBV/Ecoflex® 共混物呈部分相容的分散体系。Ecoflex® 含量为 20% 的共混物体系，共混物薄膜呈现出单相连续的形态结构，PHBV 为连续相，Ecoflex® 构成分散相。薄膜性能主要取决于 PHBV 的性能，呈现出硬而脆的力学性能。Ecoflex® 含量为 40% 的共混物体系，共混物薄膜呈现出两相交错的互锁形态结构，该分散状态两相界面面积较大。Ecoflex® 含量为 50% 的 PHBV/Ecoflex® 共混体系出现了相反转，Ecoflex® 为连续相，PHBV 构成分散相，这样制成的薄膜性能主要取决于 Ecoflex® 的性能，薄膜韧性提高。

②与双酚 A（BPA）溶液共混。双酚 A 是 2,2- 二（4- 羟基苯基）丙烷的俗称，又被称为二酚基丙烷。双酚 A 分子链上有一个—OH 基团，是强质子供体，很容易与某些原子形成氢键。因此，我们选择 BPA 对 PHBV 进行修饰，希望它能起到交联剂的作用，提高 PHBV 的性能。当双酚 A 添加量不高时，可以成膜；但当双酚 A 含量在 40% 时，脱膜困难，成膜性能降低，成膜表面出现白色、混合不均现象。当 BPA 添加量小于 20% 时，对 PHBV 的透明度影响不大，但透光率仍高达 85.4%。然而，随着 BPA 添加量的进一步增加，共混膜的透光率急剧下降，添加量为 30%，透光率为 61.7%。

在 PHBV/BPA 共混体系中，随 BPA 质量分数的增大，薄膜的韧性变得更好，断裂伸长率增加，添加量为 30% 时断裂伸长率达到 19.1%，超过纯 PHBV 膜的 4 倍，如图 1-20 所示。但是，添加量为 30% 时，复合膜的强度呈下降趋势，拉伸强度仅为 4.6MPa。考虑到综合性能，BPA 的添加量应为 20%。

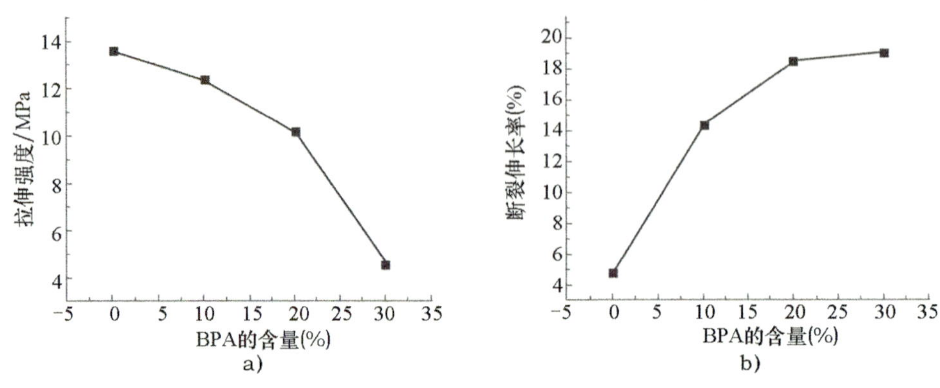

图 1-20 BPA 含量对共混膜力学性能的影响

③与羟丙基交联改性淀粉的共混改性。使用羟丙基交联改性淀粉与 PHBV 共混可以保留 PHBV 薄膜的生物降解性，并且有研究表明，加入淀粉还可以促进其生物降解。PHBV/ 淀粉共混膜表观形态如图 1-21 所示。

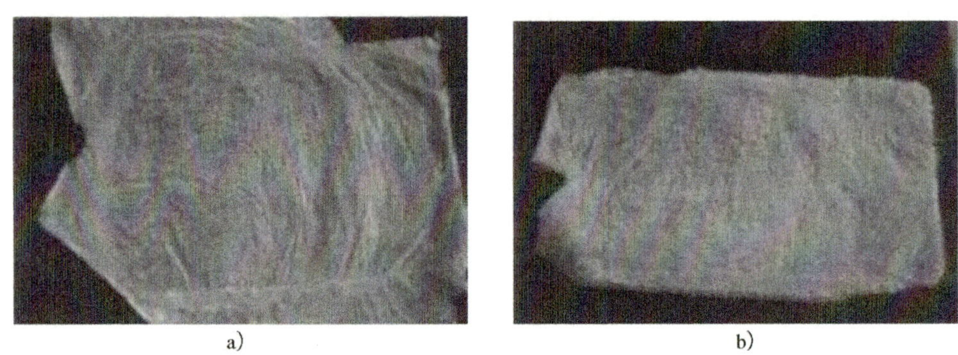
a) b)

图 1-21 PHBV/ 淀粉共混膜表观形态

a）改性淀粉含量 20% b）改性淀粉含量 40%

电镜观察 PHBV/淀粉共混膜显微结构如图 1-22 所示。从图 1-22 可以看出，淀粉 /PHBV 共混膜表面并不光滑，有白色条纹，这可能是由于改性后的淀粉颗粒不溶于溶剂，少量颗粒分散在表面所致。随着改性淀粉含量的增加，薄膜的光学和力学性能明显下降。这是由于淀粉和 PHBV 的不相容性。当改性淀粉含量较低（如 20%）时，改性淀粉相分散在 PHBV 相中，形成岛状结构，但分散不均匀。随着改性淀粉含量的增加，淀粉颗粒团聚形成大大小小的团块，从 PHBV 相中分离出来。不相容是导致材料力学性能和光学性能下降的主要原因。

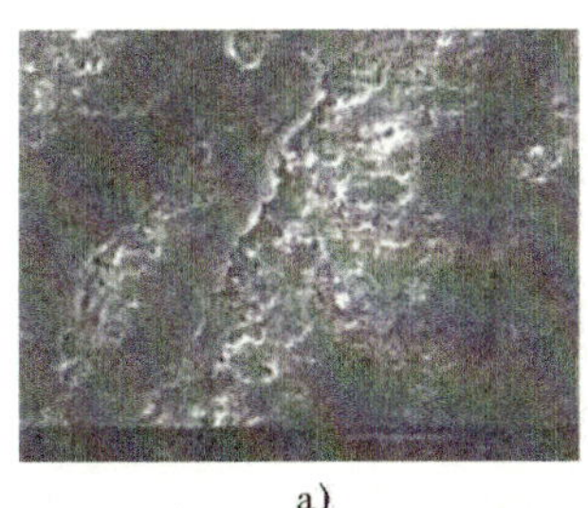
a)

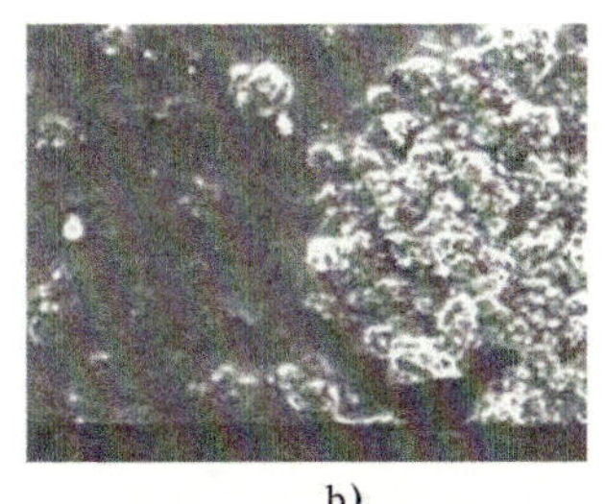
b)

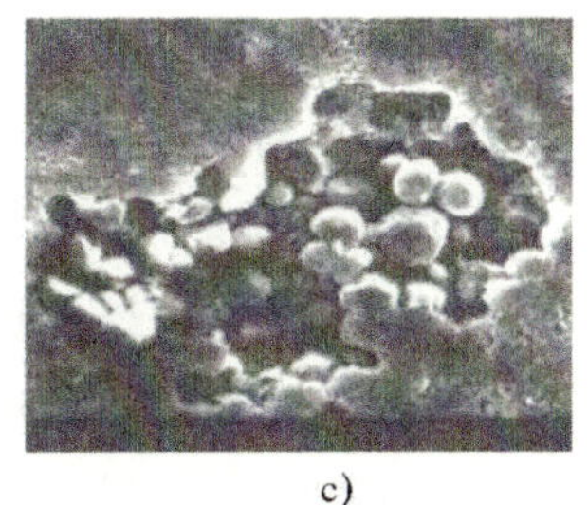
c)

图 1-22 PHBV/ 淀粉共混膜电镜照片

a）淀粉含量 20% b）淀粉含量 40% c）淀粉含量 60%

④各种改性物质对 PHBV 改性效果的比较。将 PHBV/Ecoflex®、PHBV/ 双酚 A（BPA）、PHBV/ 淀粉三种共混体系的改性效果进行比较，选择各种共混体系的最佳配方进行力学性能的比较，如图 1-23 所示。在图中，配方一：纯 PHBV；配方二：含 50%Ecoflex®；配方三：含 20% BPA；配方四：含 20% 改性淀粉。

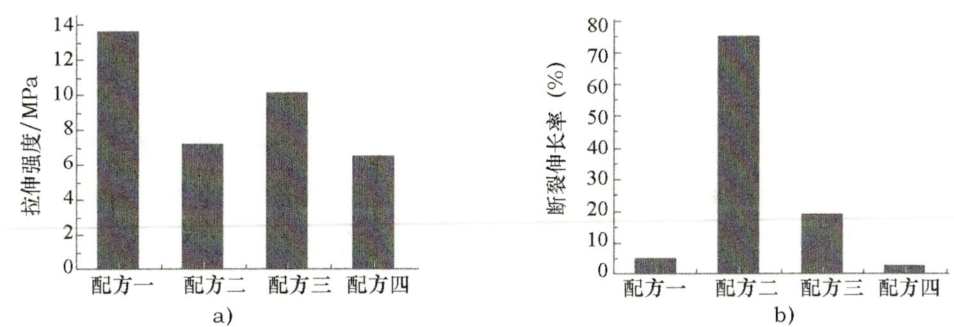

图 1-23 共混薄膜拉伸强度和断裂伸长率的对比

a）拉伸强度 b）断裂伸长率

从图 1-23 可以看出，Ecoflex® 对 PHBV 具有明显的增韧改性效果。双酚 A 在低浓度时也能改变 PHBV，但随着改性物质含量的增加，拉伸强度降低，增韧范围也不如 Ecoflex® 高。而改性淀粉由于与 PHBV 的不相容性，对 PHBV 没有改性作用，从而降低了其光学和力学性能，只能降低其成本。因此，为了使共混物的性能保持在可接受的范围内，在共混过程中必须控制共混物如 Ecoflex® 和 BPA 的含量。

（3）添加剂改性 通过添加各种添加剂可以改善 PHB/PHBV 的各种性能，特别是加工性能。

1）通过热稳定剂的研究提高其加工稳定性。

2）通过高效成核剂及其对结晶形态、结晶动力学的影响研究，加快其结晶速度，降低其球晶尺寸，进而改进其力学性能。

3）通过共聚物结构研究降低其熔点，进而拓宽其加工温度窗口。

4）与上述基本问题相关的加工条件、加工技术的优化。

受阻酚类和胺类抗氧剂可以有效地捕获降解和分解过程中所产生的自由基，从而防止自由基所引发的大分子进一步降解，因此，它们对增加 PHA 的热稳定性是有效的。通过大量的实验，研究人员找到了可明显提高 PHB/PHBV 热稳定性的稳定剂 MA 和 MB。表 1-18 是 PHBV 分别加有 1%MA 和 0.5%MB 的热重分析结果。

表 1-18　PHBV 的热分解温度（试样中 HV 摩尔分数为 6.6%）

试样	T_d/℃	T（95wt%）/℃	T（peak）/℃
PHBV	264.7	247.5	277.3
PHBV+1%（质量分数）MA	269.7	259.2	284.1
PHBV+0.5%（质量分数）MB	266.4	259.5	282.7

可见这两种物质对于提高 PHBV 的热分解温度 T_d，特别对于提高失重到原始重量 95%（质量分数）时的温度及热分解峰的温度均有较好效果。如前所述，PHA 的降解主要是大分子断链而不是以生成挥发物为主，因此，用热失重法分析和表征其加工热稳定性不是很科学，但是可以用观察熔体样品在 Brabender 密炼机中转动力矩随混合时间变化规律的方法来定性地判断它们的大分子断链过程。在相同混合条件下，加有稳定剂样品的转动力矩明显偏高，表明其熔体黏度和相对分子质量较大。

为了加快 PHB/PHBV 加工成型过程中的结晶速率，降低球晶尺寸，进而改善其性能，加入成核剂是最有效的办法。

使用成核剂时必须考虑以下几个因素：

1）粒子尺寸应该足够小，尺寸过大的粒子起不到成核剂的作用。

2）成核剂应在 PHBV 中良好分散，防止其在混合过程中发生聚集。因为这种聚集的成核剂能使材料的均匀性变差，产生应力集中区域，从而使性能变差。

3）有些成核剂会使 PHBV 着色，降低其透明性，这对于膜和注射成型制品尤为重要。

4）成核剂的环境友好特性及毒性在某些应用领域是必须考虑的。

成核剂的主要作用是增加 PHBV 结晶成核密度，增大结晶速率，降低球晶尺寸。由于成核剂的效果可用结晶动力学来评价，因此，PHBV 结晶动力学研究也就成为 PHBV 加工过程中的一个重要课题。

常用的成核剂有：滑石粉，超细云母，碳酸钙，氯化铝，元素周期表中Ⅰ、Ⅱ族元素的羧酸盐，带有芳香环基的磷酸盐，环己磷酸和硬脂酸锌，稀土化合物，二氧化钛，黏土，短玻璃纤维等。非熔融态的 PHB 也可作为 PHA 的成核剂。有研究组从中选择了 5 种物质进行实验。表 1-19 是 5 种成核剂对 PHBV 结晶行为的影响。PHBV 中 HV 摩尔分数为 6%。成核剂用量除 B 为 5%（质量分数）而外，其余的均为 1%（质量分数）。可见，5 种成核剂对 PHBV 均有成核作用。它们使 PHBV 从熔体以 10℃/min 降温时的结晶峰温度 T_c 升高，T（onset）值升高，ΔT 减小。进一步分析可将 5 种成核剂分为两组，第一组含 A 和 B 混合物，第二组含 C 和 D。第一组成核剂使 PHBV 的 T_c 值从 84℃上升到 105 ～ 112℃，提高了 21 ～ 28℃，ΔT 值从 26.2℃下降到 12.0 ～ 13.8℃。对于加有 1%（质量分数）A 的 PHBV 熔体冷却过程中在 1.2min 内即可完成结晶，而没有成核剂的 PHBV 要在 2.8min 内才能完成。

表 1-19　成核剂对 PHBV 熔体结晶参数的影响（冷却速度为 10℃ /min）

成核剂	T_c/℃	T（onset）/℃	ΔT/℃	ΔH_c/（J/g）
A	109	115.2	12.1	63.4
B	105	113.3	13.8	62.8
C	95	106.6	19.6	60.1
D	94	105.2	20.3	60.3
E	112	117.8	12.0	63.7
无（纯 PHBV）	84	100.4	26.2	58.4

表 1-20 列出了 5 种试样等温熔体结晶动力学参数。这些参数是从等温结晶动力学 Avrami 方程得到：

$$\alpha = 1-\exp(-Zt^n)$$

式中，α 是等温结晶条件下，时间 t 时 PHBV 达到的相对结晶度；n 是同球晶生长及成核方式有关的指数；Z 是同成核及球晶生长有关的结晶速度常数。将上式线性化，则有：

$$\lg[-\ln(1-\alpha)] = n\lg t + \lg Z$$

表 1-20　成核剂对 PHBV 等温结晶动力学参数的影响

项目	T_c/℃	n	Z/min^{-n}	K_g/K^2	σ_e/（J/m^2）
PHBV	98	2.2	4.6×10^{-1}	5.3	0.037
	100	2.1	2.3×10^{-1}		
	104	2.2	1.2×10^{-1}		
	106	2.0	1.1×10^{-1}		
	108	2.2	7.7×10^{-2}		
PHBV-D	102	2.4	9.5×10^{-2}	4.6	0.032
	104	2.5	7.2×10^{-2}		
	106	2.7	3.3×10^{-2}		
	108	2.6	2.0×10^{-2}		
	110	2.5	1.8×10^{-2}		
PHBV-C	102	2.1	1.9×10^{-1}	4.0	0.028
	104	2.1	1.0×10^{-1}		
	106	2.4	6.2×10^{-2}		
	108	2.5	4.7×10^{-2}		
	110	2.8	1.8×10^{-2}		
PHBV-B	112	2.2	2.7×10^{-1}	3.9	0.027
	114	2.8	6.4×10^{-2}		
	116	2.9	4.9×10^{-2}		
	118	2.9	2.0×10^{-2}		
	120	2.8	1.4×10^{-2}		
PHBV-A	118	2.1	3.0×10^{-1}	3.4	0.024
	120	2.4	1.6×10^{-1}		
	122	2.4	1.1×10^{-1}		
	124	2.6	4.3×10^{-2}		
	126	2.8	1.1×10^{-2}		

PHBV 即使在更大的过冷度（108℃）下结晶，其结晶速度常数 Z 也要比在较高过冷度下（118℃）结晶的 PHBV-A 体系小一个数量级。其原因是成核剂 A 有效地降低了 PHBV 的成核自由能 σ_e。在制品加工过程中，物料从熔体冷却结晶过程主要受成核过程控制。

1.2.3.6 聚羟基烷酸酯的成型

聚羟基烷酸酯的成型主要讨论聚 β- 羟基丁酸酯 / 聚 β- 羟基丁酸 -β- 羟基戊酸酯）（PHB/PHBV）的成型。

高聚物结晶动力学理论是以高聚物折叠链结晶、成核及沿着径向生长成球晶为基础。球晶的径向生长速率 G 同结晶温度 T_c 以及过冷度 ΔT 的关系式如下：

$$G=G^0\exp\left[-\frac{U^*}{R(T_c-T_\infty)}\right]\exp\left[-\frac{k_g}{T_c f\Delta T}\right]$$

式中，G^0 为常数，U^* 是高聚物分子链段运动迁移活化能，R 是气体常数，T_∞是高聚物分子链段运动完全冻结的温度，通常 $T_\infty=T_g-50℃$，f 为温度校正因子，$f=2T_c/(T_m^0+T_c)$。这种温度校正对于高过冷度下的结晶现象的描述是十分必要的，k_g 是与能量及结晶生长区域有关的常数。

高聚物的结晶须在 T_∞（$T_\infty=T_g-50℃$）和T_m^0之间才能进行。当 $T_c=T_\infty$时，分子链运动完全被冻结，不能折叠，因而不能结晶；当 $T_c=T_m^0$ 时，过冷度 $\Delta T=0$，温度达到其平衡熔点，即使能形成结晶也随之而熔化。

当 PHA 试样在高过冷度下，即在低 T_c 一侧是固体状态下结晶，其球晶径向生长速率 G 随 T_c 值增加而增大，受分子链运动热活化控制，式中的 U^* 起主导作用，然后 G 值达到极大值，它们对应的温度标记为 T_{max}。右侧 G^0 值则随 T_c 的升高而降低，主要受成核过程控制，高聚物是从熔体结晶。通过以上分析可以确定，PHA 在从熔体加工成型过程中，使其结晶速度最快的温度应选择在 T_{max}。

对 PHA 制品成型后进行结晶处理的另一个优点是所得到的产品性能稳定，随放置时间延长性能下降的幅度减小，进而达到改善其性能的目的。在诸多性能中，抗冲击性能和断裂伸长率尤为敏感。表 1-21 是 HV 摩尔分数为 10% 的 PHBV，M_w=477000，M_w/M_n=3.12，含 1%（质量分数）的稳定剂 A，分别用方法 1、方法 2 和方法 3 结晶处理 1h，断裂伸长率随放置时间衰减情况。

表 1-21 PHBV 断裂伸长率（相对值）随放置时间的变化

结晶处理方法	立即测试	一天	一周	一个月
未处理	1	0.105	0.054	0.044
方法 1		0.175	0.113	0.118
方法 2		0.567	0.152	0.121
方法 3		0.466	0.367	0.134

结晶处理对冲击性能稳定性更为明显。例如，HV 摩尔分数为 8% 的 PHBV，经结晶处理 20min，放置一个月后其冲击强度仍为初始值的 76.25%，而未经处理样品仅为初始值的 31.25%。

1.2.4 生物基聚酯

1.2.4.1 生物基聚酯的合成

生物基聚酯的生物基成分为二元醇，与二元酸进行酯化反应生成生物基聚酯。生物基二元醇可由葡萄糖、蔗糖等发酵制备。例如，甘蔗等农作物发酵得到生物乙醇，经催化脱水成乙烯，再氧化成环氧乙烷，然后水解成生物基的乙二醇（BioMEG），BioMEG 与对苯二甲酸进行酯化反应生成 BioPET；由葡萄糖发酵可以制备 1,3- 丙二醇，再与对苯二甲酸酯化聚合成 BioPTT。无论原料是生物基的还是石化基的，乙烯进一步转化为这些聚合物的过程都是一样的，产物也是相同的聚合物，与石化产品一致。巴西和印度生产的甘蔗乙醇都被用于制备 BioPET，而只有巴西的乙醇用于生产 BioHDPE。

乙烯与氧气、二氧化碳、氩气和甲烷或氮气混合稀释，将气体混合物通入管状催化反应器制备环氧乙烷（EO）。该反应过程放出大量的热，反应温度由反应产生的蒸汽和汽包内的压力来控制。产物 EO 用水冲洗，副产物二氧化碳被分离并输回反应器回路，EO 被蒸汽分离并以浓缩水溶液回收，采用多效蒸发器系统进行除水。乙二醇被干燥、冷却后送到蒸馏装置进行分离纯化，在蒸馏装置中，MEG 与较重的二甘醇（DEG）和三甘醇（TEG）分离。

生产 BioPET 所需 BioMEG 的加料量为 27.7%，另一种单体是由对二甲苯和乙酸合成的纯化对苯二甲酸。目前还没有商业化的生物基对二甲苯生产线，现在的二甲苯主要是炼油厂对富含芳香族的馏分进行溶剂萃取和分馏蒸馏得到的。对苯二甲酸与 BioMEG 直接酯化熔融聚合成无定形 PET，再次聚合成固态产物才能用于生产塑料瓶。

1.2.4.2 生物基聚酯的性能和改性方法

与 BioPE 类似，生物基聚酯虽然是生物基塑料，但是并不能进行生物降解。其结构与性能和石油基聚酯并无区别，并且可以采用相同的加工设备和方法，最终产品的性能也是一致的。利用 BioMEG 合成得到的生物基聚酯的重均相对分子质量一般为几十万，相对分子质量分布为 2 左右，与石油基聚酯是完全相同的。生物基聚酯的弹性模量可达 700MPa，拉伸强度约为 50MPa，断裂伸长率高于 160%。BioPTT 的玻璃化转变温度为 42.6℃，熔融温度为 227.6℃，BioPTT 的热稳定性体现在在 364℃时失重量为 5%，与石油基 PTT 相同，因而，生物基聚酯可以代替石油基聚酯，应用于纤维、织物、热塑性工程塑料、电子连接器和排线。例如，由于 PTT 不仅具有聚酯的基本特性而且还具有优良的抗污性和弹性，常用作地毯纤维，也可用于其他纺织品、薄膜。

生物基聚酯的改性方法主要有化学改性和物理改性。化学改性主要是在聚酯中引入癸二酸、脂肪酸、对乙酰苯甲酸等，例如，在 PTT 分子结构中引入三亚甲基间苯二酸、对乙酰苯甲酸、乙二醇来提高 PTT 的力学性能和热性能。物理改性方法与 BioPE 类似，将生物基聚酯与结晶或无定形热塑性工程塑料以及热塑性弹性体共混来提升材料性能。

1.2.4.3 生物基聚对苯二甲酸乙二酯

近年来，BioPET 技术取得了新进展：使用非粮食生物质资源合成生物基对二甲苯（PX），进而制备 100%BioPET 技术已进入了商业化生产阶段。可口可乐、亨氏公司的饮料与食品包装以及医用、卫生保健和纺织品的需求正是催生 BioPET 产品快速进入市场的最直接的推动力。BioPET 生产技术被认为是足以改变聚合物纤维材料现状、影响力极为深远的一项技术。它涉及 PET 及其纤维技术的进步和市场的拓展，具有替代传统 PET 材料，而无须改变或调整现有聚合设备、深度加工工艺和消费习惯的优势。

目前已进入市场的生物基 PET 是使用生物基乙二醇（EG）和石油基对苯二甲酸（TPA）制得，其生物组分占 30%（再生碳含量 20%）。100% 生物基 PET 更受到业内的青睐。生物基 PET 和生物基 PEF 的不寻常的增长态势是基于其有效融入传统 PET 工业的技术特点。

近年来国内的多家大学、科研院所及企业开展了生物基化学品的研究，并在诸如聚乳酸（PLA）、聚羟基烷酸酯（PHA）等生物材料的研究开发方面取得了不小的进步，但多数研究课题还仅是基于原有特定技术方向的延伸。总体上看，国内从事生物化学品研究的企业不多，工程化能力薄弱，尚没有见到生物基 PET 及生物基 PEF 工业化研究的相关报道。

（1）BioPET 的合成

①生物基二元醇的制备技术。多元醇（Polyols）亦称糖醇，包括山梨醇（Sorbitol）、木糖醇（Xylitol）、甘露醇（Mannitol）、麦芽糖醇（Maltitol）、赤藓糖醇（Erythritol）、乳糖醇（Lactitol）、异麦芽酮糖醇（Isomalt）等。大部

分多元醇最突出的特征是它们与蔗糖有相似的化学性质和物理性质，但比蔗糖热值低，而且在大多数情况下不致龋齿，所以被广泛应用于食品和药品。

生物多元醇可以通过传统的生物水解获得，如纤维素水解生成葡萄糖，氢化生成山梨醇，以及从富含植物脂肪或动物脂肪的脂肪酸甘油酯水解生成甘油（三元醇）。这些多元醇可以进一步转化为燃料和化学品。最近，学者在这方面进行了一系列的研究，特别是以 Dumesic 等的工作为代表，发现山梨醇、甘油等多元醇可以有效催化氢、液态烃燃料和化学品的合成。与目前广泛应用的热解、气化、生物发酵等生物转化技术相比，基于多元醇的这些工艺在能源资源利用效率、工艺绿色化等方面具有明显优势。

目前，我国乙二醇的生产主要集中在大型石化企业。石油路线的合成方法主要有常压催化水解法和加压水解法。然而，由于石油资源的不断开发，可利用的石油资源逐渐减少，沿石油路线合成乙二醇会对环境造成一定的污染。因此，一些研究人员已经开始探索可再生和环境友好的乙二醇生产路线。徐周文以玉米为原料，研究了制备多组分二元醇的方法。采用玉米→淀粉→山梨醇→加氢裂化→多组分混合醇→玉米乙二醇截断精馏的工艺成功制备了玉米乙二醇。该方法操作简单，可用于工业生产。2005 年，大成集团建立了 2 万 t/a 发酵、转化为糖醇、加氢催化裂化的中试生产线。在此基础上创新开发了 20 万 t/a 的工业示范厂房。自然界中的碳水化合物，无论是淀粉基多糖作物，如玉米、小麦、马铃薯、甘薯、甜菜等高产作物，还是单糖或多糖作物，如甜高粱、菊芋、木薯等，都可以作为生物乙二醇原料。最新研究结果表明，第一代玉米发酵的生物基化乙二醇转化为第二代玉米秸秆发酵的生物基化乙二醇。该工艺大大提高了生物乙二醇开发的可行性，生物乙二醇的含量也从 97% 提高到 99%。

利用玉米资源生产纤维一直有两条成熟的工业路线：一是以美国杜邦公司为代表的，通过生物发酵工艺制备 1,3- 丙二醇，然后 PTA 聚合 PTT；二是以美国嘉吉公司和陶氏化学的合资公司 CDP 为代表的，通过生物发酵生产聚乳酸（PLA），然后制备聚乳酸纤维。然而，中国长春大成集团成功开拓了世界上第三条以玉米为资源生产纤维的工业化路线，并将通过生物发酵和化工氢化裂解方法制备的乙二醇正式定名为生物基乙二醇，终于打破了利用玉米资源生产纤维的“非 A 即 B”的模式。

② BioPET 的聚合工艺。BioPET 是以对苯二甲酸二甲酯（DMT）、精制对苯二甲酸（PTA）和生物基 MEG 为原料合成的聚酯。与 PET 类似，其合成工艺

为直接酯化法。直接酯化的主要原料是PTA和生物基MEG。聚合过程主要分为PTA和MEG酯化、预缩聚和最终聚合三个阶段，与石油基PET的聚合过程基本相似。因为生物基MEG含有其他多元醇，以及少量的醛类物质，必须在聚合过程中对工艺进行调整。生物基聚酯的聚合时间比石油基聚酯的反应时间长，缩聚反应所需的真空度也更高。

BioPET聚合过程比较复杂，需要更高效的催化体系。目前，最适合的催化剂是钛催化剂和锑催化剂。然而，由于生物乙二醇中存在其他成分，这些催化剂仍会产生一些副作用，从而降低产品的性能。因此，用于BioPET聚合的催化剂需要进一步改进。由于复合催化剂在聚酯合成中得到了日益广泛的应用，复合催化剂将成为聚酯合成的主要催化剂。通过各种复配技术合成各种金属配合物、无机化合物和有机化合物，形成各种复合催化剂，从而开发出反应活性高、性能优良的合成聚酯产品。

（2）BioPET的加工　BioPET一般用作纤维，其加工工艺与石油基PET的加工方法基本一致。

①切片的干燥技术。湿切片在纺纱前应进行干燥和除湿处理，以保证其可纺性和良好的产品质量。BioPET结晶温度比PET低15℃左右，结晶速率比PET高。因此，在干燥过程中，切片结晶迅速，表面软化温度升高，其预结晶温度在70～80℃，干燥温度为120～140℃，干燥时间取决于设备情况。干切片中水分含量（质量分数）控制在$30\times10^{-6}\sim40\times10^{-6}$，否则，BioPET在熔融纺丝过程中发生水解，断头增加，毛丝增多。

②纤维纺丝技术。

纺丝技术：BioPET属芳香酯系列，分子结构与石油基PET基本相同，且其熔点为254℃与石油基PET（265℃）接近，因而BioPET的纺丝成形和卷绕均可以采用现有的PET设备，无需对设备进行大规模的技术改造。但是，BioPET也有一些不同于石油基PET的性能，需要逐步探索更为先进的纺丝工艺。

纺丝温度：BioPET的熔点比石油基PET低10℃左右，因此纺丝熔融温度要适当降低至265～280℃。若纺丝温度高于280℃，BioPET在纺丝过程中易发生热降解，使产品断头增加。此外，BioPET切片经干燥或预结晶之后，其结晶度高于石油基PET切片，热塑性加工时螺杆挤压机各区温度要依据熔体流变特性做适当调整，使熔体更趋于稳定、均匀，提高纤维质量。

纺丝组件：纺丝组件内过滤介质的比例要根据组件压力的变化进行适当调

整。压力过高，漏头率提高，不经济；压力过低，过滤及熔体均化效果差，影响纺丝质量。喷丝板可以采用石油基 PET 喷丝板，但是为了提高纤维的稳定性，可以适当增大喷丝孔的长径比。

冷却成形：与石油基 PET 相比，在相同纺速下，BioPET 的结晶诱导期和形成球晶的时间短，结晶温度低，结晶速率大，因而在熔体冷却成形时，要适当调整侧吹风温度、湿度和给油嘴位置，使纤维保持均匀、稳定的结构和纺程张力，提高成丝质量，便于后加工。

纺丝油剂：已经过实际生产证明可以用石油基 PET 纺丝油剂作为 BioPET 纺丝油剂，纺丝过程取得良好的效果。

（3）BioPET 纤维产品性能　与石油基 PET 相比，BioPET 纤维具有更高的亲水性、更好的染色性能和更好的抗静电性。

①纤维的形态结构。BioPET 纤维的表面形态结构基本上均与石油基 PET 纤维相似，呈光滑条状，且光反射、折射较强，纤维光泽较强；表面有空隙，有一定的导湿、透气及保暖性；可制成各种不同截面形态的纤维产品，如三叶形、三角形等异形纤维，还能增加纤维抱合力，改善光亮度。

②纤维的物理性能、化学性能。

力学性能：BioPET 纤维的弹性回复率和热收缩高于石油基 PET 纤维。BioPET 纤维伸长率为 35% ~ 42%，高于石油基 PET 的伸长率（30% ~ 38%）；BioPET 纤维比强度较低，为 58cN/dtex，但二者拉伸强度基本一致。

染色性能：BioPET 纤维的玻璃化温度比石油基 PET 纤维的低 5 ~ 15℃。BioPET 纤维较低的玻璃化转变温度使其可常压染色，而石油基 PET 纤维玻璃化转变温度更高且结构也更紧密，染料分子不易进入纤维内部，需在高温高压下用分散染料染色。因而，与石油基 PET 相比，BioPET 纤维具有更好的上染率以及更高的色牢度。

亲水及抗静电性能：BioPET 的聚合原料中含有少量的山梨醇，BioPET 中存在的山梨醇多羟基结构使 BioPET 呈现了更高的亲水性能，导致 BioPET 回潮率高于石油基 PET。BioPET 纤维抗静电性能较石油基 PET 更为优异，二者电阻率分别为 $10^5\Omega\cdot cm$ 和 $10^8\Omega\cdot cm$。

环保特性：材料的生物基物质含量可以按照美国 ASTM D6866-2010 标准方法进行测试。该方法的原理与碳定年原理相似。由于宇宙射线的作用，大气层中的 CO_2 含有放射性的同位素 ^{14}C，植物光合作用吸收 CO_2，随食物链进入动物以及其他生物体内，因此一切现代生物体内具有相同的 ^{14}C 浓度。而植物或动物死亡后，体内的 ^{14}C 不再与大气交换，遗体或化石中的 ^{14}C 浓度逐渐减少，直至 10 万年后所有的 ^{14}C 完全衰变成 ^{12}C。因此，生物基材料中 ^{14}C 含量相对较高，而从石油基材料则不含 ^{14}C。通过检测未知样品中放射性碳 ^{14}C 的相对含量与现代大气中 ^{14}C 的标准含量并进行比较，如果被检测材料是生物基材料和石油基材料（不含有放射性碳）的共混物，那么 ^{14}C 的含量即为生物基材料的含量。

1.2.4.4 生物基聚对苯二甲酸丙二醇酯

聚对苯二甲酸丙二醇酯（PTT）是继 PET（20 世纪 50 年代）和聚对苯二甲酸丁二醇酯（20 世纪 70 年代）之后新开发的一种非常具有发展前途的新型聚酯高分子材料。其聚合单体为对苯二甲酸（PTA）和 1,3- 丙二醇（1,3-PDO），PTT 聚合物结构如下：

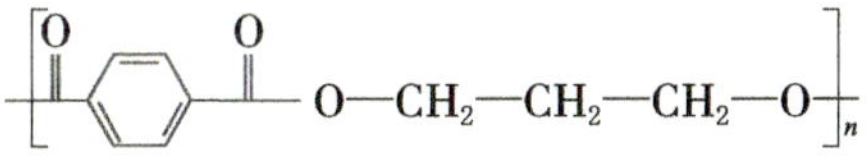

$$\left[\overset{O}{\overset{\|}{C}} - C_6H_4 - \overset{O}{\overset{\|}{C}} - O - CH_2 - CH_2 - CH_2 - O \right]_n$$

PTT 纤维具有特别优异的柔软性和回弹性，优良的抗折皱性和尺寸稳定性、耐候性、易染色性以及良好的屏障性能，且能经受 γ 射线消毒，并具有一定的抗水解稳定性，因而可以用于开发高级服饰和功能性织物；PTT 纤维具有与锦纶 66 相当的拉伸回复性和耐污性，具有优于锦纶的蓬松性、弹性、抗静电、耐磨性及低吸水性，因而十分适合做地毯纤维。PTT 长丝和短纤维已成为地面装饰材料领域中最具竞争力的材料。PTT 还具有尺寸稳定性高、电绝缘性好和耐化学品腐蚀等优异特性。PTT 既具有 PET 的高强度、高韧性和耐热性等优异的物理性能，又具有 PBT 熔体温度低、结晶快等优异的加工性能，结合了二者的优良性能，使其成为可逐渐替代 PET、PA6、PA66 等热塑性工程塑料的新型塑料。生物基 PTT 是以生物基 1,3-PDO 和 PTA 为单体聚合而成，其中生物基 1,3-PDO 是以甘油、葡萄糖或淀粉等为原料通过微生物发酵法生产的。BioPTT 纤维则是将 BioPTT 以与 PET 相近的熔融纺丝工艺制备而成的长丝或短纤维，呈现出上述优异的力学性能和化学性能。

（1）BioPTT 的合成

①生物基 1,3-PDO 的合成。合成 PTT 的关键单体之一为 1,3-PDO，其生产方法有环氧乙烷法、丙醛法、生物发酵法、酸氢化法、羟甲基法、山梨糖醇法等。目前，1,3-PDO 的工业化生产技术主要有德国 Degussa 公司的丙醛法，美国 Shell

公司的环氧乙烷法和美国 DuPont 公司的生物发酵法。

丙醛法是以丙烯为原料，经过氧化生成丙醛，所得丙醛在催化剂作用下与水进行双键水合制得 3- 羟基丙醛（3-HPA），随后在镍等催化剂作用下 3-HPA 加氢制得 1,3-PDO。该方法的技术难度相对较小，生产工艺较为成熟，但原料成本较高，经济效益低。

环氧乙烷法是以乙烯为原料，经氧化生成环氧乙烷，所得环氧乙烷在催化剂作用下与一氧化碳和氢气发生加氢甲酰化反应得到 3-HPA，随后在催化剂作用下加氢得到 1,3-PDO。相较于丙醛法，该方法成本低、技术先进且产品质量好，但技术难度较大，前期投资大，不利于大规模工业化生产。

生物发酵法是以甘油、葡萄糖或淀粉等为原料，在微生物催化剂作用下，在适当的条件下，发酵制得 1,3-PDO。该方法技术条件较为温和，且副产物少，原料来自天然的可再生资源，具有较大的发展潜力。其中，以甘油作为底物的工艺路线是在厌氧环境下，利用克雷伯氏菌、肺炎杆菌、丁酸梭状芽孢杆菌等多种菌类将甘油转化为 1,3-PDO。作为生物柴油发酵过程中的副产物，甘油产量随着生物柴油产业的迅速发展大大增加，使甘油底物生物基 1,3-PDO 的产业化具有一定的原料基础。该技术需要进一步提高终产物的浓度、转化效率、菌类的重复利用率等。对于甘油价格较高的国家如中国、美国等，采用甘油发酵法制备 1,3-PDO 的成本比化学合成法高，因此，需要积极寻求采用更廉价的碳源制备 1,3-PDO 的方法。以葡萄糖为碳源生产 1,3-PDO 方法普遍是先将葡萄糖转化为甘油，再利用相应微生物催化发酵甘油得到 1,3-PDO 的两步法，这主要是因为从自然界分离得到的菌种只能以甘油为碳源进行转化。DuPont 公司的专利最早提出以葡萄糖作为底物通过基因工程菌发酵一步法生产 1,3-PDO。20 世纪 90 年代末，DuPont 公司与 Genencor 公司利用基因改造重组技术，在大肠杆菌中插入取自酿酒酵母中将葡萄糖转化为甘油的基因以及取自柠檬酸杆菌和克雷伯氏菌中将甘油转化成 1,3-PDO 的基因，得到能够以葡萄糖为碳源进行转化的工程菌，开发了以葡萄糖为碳源的一步生产 1,3-PDO 的发酵方法，其工艺成本比化学合成法低 25%，使得生物基 PTT 纤维得以迅猛发展。

生物基 1,3-PDO 的 CO_2 排放量比石油基 1,3-PDO 低 56%，比石油气基 1,3-PDO 低 42%。生物基 1,3-PDO 非再生能源的消耗量比石油基低 42%，比石油气基低 38%。可见，生物发酵法制备 1,3-PDO 工艺能耗、碳排更低，更环保，更符合经济可持续发展的需要。

② BioPTT 的合成。PTT 的合成方法主要有对苯二甲酸二甲酯（DMT）酯交换法和对苯二甲酸（PTA）直接酯化法。

DMT 酯交换法生产 PTT 是在 140 ～ 220℃，催化剂四丁基钛或四丁氧基钛存在的条件下，将对苯二甲酸二甲酯（DMT）和 1,3-PDO 进行酯交换反应。反应后除去副产物甲醇，再将温度升至 270℃，压力降至 5kPa 进行缩聚反应获得 PTT。

PTA 直接酯化法生产 PTT 具体过程为：在 260 ～ 275℃、常压，钛催化剂存在的条件下，将 n（PTA）∶n（1,3-PDO）小于 1.4 的对苯二甲酸（PTA）和 1,3-PDO 直接进行酯化反应；经过 100 ～ 140min 的酯化反应，保持温度在 255 ～ 270℃的范围，将压力降至 10kPa 进行预聚合；反应 30 ～ 35min 后，将压力降至 0.2kPa 进行缩聚反应，缩聚时间为 160 ～ 210min，缩聚反应可以采用钛及锑化合物催化剂，最后得到 PTT。

自 1956 年美国 Amoco 公司开发 PTA 的精制方法后，PTA 价格降低，相比于 DMT 法，PTA 法生产成本低，流程简单，无须回收甲醇，对环境污染小，所以工业生产中多采用 PTA 法。

以生物质为原料制备 PTA 和 1,3-PDO，再将其中至少一种通过上述合成方法制备得到 PTT 树脂，然后经熔融纺丝制备得到的纤维均可称为 BioPTT 纤维。美国 Gevo、Draths 和 Anellotech 等公司均在进行生物法制备 PTA 的产业化研究，韩国 Huvis 公司也有同时采用生物基 PTA 和生物基 1,3-PDO 制备 BioPTT 纤维的报道，但现阶段生物基 PTT 纤维中的生物法成分仍以 1,3-PDO 为主。

（2）BioPTT 纤维发展概况　壳牌和杜邦两家公司是 PTT 生产的最大企业。壳牌公司的业务主要集中在向纤维生产厂家出售 PTT 聚合物以及发放 PTT 聚合技术生产许可证；而杜邦公司则以出售纤维产品为主。作为合成 PTT 的关键单体之一，1,3-PDO 是一种重要的化工原料，可作为有机溶剂应用于油墨、印染、涂料、润滑剂、抗冻剂等行业。壳牌公司的环氧乙烷法和杜邦公司的丙烯醛法是 1,3-PDO 的典型合成方法，这两种方法副产物多，工艺过程需要高温高压，且设备投资巨大。生物发酵法生产 1,3-PDO 具有条件温和、选择性高、原料可再生等优势，但是受原料和技术水平的影响，生物基 1,3-PDO 价格较石油基产品高。长期以来，1,3-PDO 售价是其他二元醇的十几倍甚至几十倍，直到 2008 年，基因改造工程菌等生物技术的突破使得 1,3-PDO 价格降低到 1.8 美元 /kg。

中国石油和中国石化两大集团投入较大人力、财力研究 1,3-PDO 的化学合成工艺，但生产技术和工业化水平与国外相比仍有较大差距。目前，我国聚酯迅速发展，生产能力已超过 2 000kt/a。为了满足市场需要，充分利用现有的聚酯生产装置生产新型聚酯弹性纤维 PTT，上海石化等公司都在积极开发 PTT 合成工艺。近年来，国内 1,3-PDO 制备和 PTT 合成技术呈现加速发展的态势，除山东邹平铭波化工公司、安徽绩溪立兴化工公司和上海试剂一厂等企业仍采用化学法进行生产外，湖南海纳百川生物工程有限公司、河南天冠集团以及黑龙江辰能生物等公司相继建设年产 500 ～ 20 000 吨级的工业装置，形成了具有自主知识产权的 1,3-PDO 生物发酵制备技术。

20 世纪 90 年代，国际上几家大公司相继在 1,3- 丙二醇合成新工艺上取得了突破，从而使 PTT 生产进入工业化开发阶段。随着工业化 PTT 装置建成投产，各纤维厂商纷纷加入 PTT 纤维制备技术开发行列。美国 DuPont 公司与 Genensor 公司合作开发出生物发酵法合成 1,3-PDO 的工业生产技术，并于 2000 年推出商品名为“Sorona”的 BioPTT 树脂。Sorona（BioPTT）聚合物中有 37% 的原料来自天然可再生资源，从而减少了 PTT 合成纤维对化石资源的依赖性。法国的 Metabaolic Explorer 公司以工业粗甘油为底物，通过发酵法制备出 1,3-PDO，利用其开发的提纯技术，所得产品纯度超过 99.5%，可直接用于 BioPTT 的合成。此外，日本旭化成公司也积极推进 PTT 纤维工业化生产技术的研发，该公司申请了上百件涉及原料、纺丝、机织、针织和染整等领域的关于纤维制造加工技术专利。旭化成公司开发了由 100%Corterra 聚合物纺丝制备的、商品名为“Solo”的生物基聚酯纤维。PTT 纤维作为韩国化纤行业重点生产品种，被韩国政府列入重点研发计划当中。SK 化学公司研发、生产、销售商标为 Es-pol 的衣料用原丝，晓星公司开发了商标为 Neo-pol 的地毯用 PTT 原丝，可隆、韩国合纤公司也批量生产商标为 Zispan PTT 纤维等。

为巩固在 PTT 纤维领域的领先地位，美国 DuPont 公司以出售 Sorona（PTT）聚合物、纤维及其制备技术的形式与韩国新韩工业、日本东丽公司和帝人公司等公司合作开发 PTT 纤维。其中东丽公司主要开发 BioPTT-PET 双组分纤维及共纺纤维，并在 2002 年与 DuPont 公司达成协议在亚洲销售采用 DuPont 公司技术生产的 PTT 纤维；韩国 Huvis 公司利用 DuPont 公司的技术将一套 PET 的生产线改造成为 10 000t/a 的 PTT 生产线。国内生物基 PTT 纤维的产业化始于 2000 年 7 月，方圆化纤公司获得 DuPont 公司授权，成为国内首家获得 PTT 纤维产品生产权的公司。随后，国内多家公司与 DuPont 公司展开合作共同开发 PTT 纤维及制品。

20 世纪 90 年代，清华大学、大连理工大学、华东理工大学、抚顺石化研究院等科研院所开始研究以甘油或葡萄糖为底物通过生物发酵制备 1,3-PDO。黑龙江辰能生物工程有限公司、河南天冠集团和湖南海纳百川生物工程公司相继采用清华大学的生物法制备 1,3-PDO 技术建立了发酵法制备 1,3-PDO 的工业化生产线。2011 年，江苏盛虹集团与清华大学合作，以生物柴油副产物甘油作为底物，建成 30 000t/a 的生物法 1,3-PDO 生产装置。2014 年，盛虹集团开发出具有自主知识产权的 BioPTT 及改性 BioPTT 关键设备及成套生产技术，成为全球第二家、国内首家集生物基 1,3-PDO 生产、BioPTT 聚合、纺丝、面料印染技术等 BioPTT 全产业链技术的公司，打破了国外的垄断。

目前，BioPTT 工业化生产的主要问题在于原料 1,3-PDO 的生物法生产。微生物发酵合成 1,3-PDO 受到复杂的代谢调控，代谢中间产物的致死性积累会威胁 1,3-PDO 的发酵安全和产率；国内一般采用克雷伯氏菌作为 1,3-PDO 发酵菌株，其具有能够进行好氧发酵的优点，但是克雷伯氏菌属于条件致病菌，因此克雷伯氏菌生物毒性研究和基因工程改造非常迫切；建立低能耗、低排放、高收率的下游提取工艺是降低 1,3-PDO 制备和 PTT 合成成本的必要条件，因而发展 1,3-PDO 发酵技术及其与对苯二甲酸高效共聚技术是促进聚酯工业发展的关键问题。

（3）BioPTT 的应用　BioPTT 的性能与石油基 PTT 完全一致，因而完全可以替代石油基 PTT 应用。由于 PTT 纤维既具有常规聚酯纤维的抗污性和抗静电性，同时又具有尼龙纤维的回弹性、蓬松性和染色性，特别适合用作地毯纤维。PTT 纤维初期主要用于地毯工业，后又逐步拓展到服饰和非织造布领域。PTT 面料具有手感柔软、回弹性好、耐磨、色泽鲜艳、抗紫外线、抗污、易护理等优点，可制成内衣、泳衣、袜类、紧身衣、运动服装等。PTT 短纤维（纯纤或混纤）可以通过针刺或水刺缠结技术制得 PTT 非织造布，也可以采用纺黏法或熔喷法直接制得 PTT 非织造布，可用于医疗无纺布、卫生巾、纸尿裤、建筑安全网、车内装饰品、家具坐垫等多个领域。目前，近 45% 的 PTT 纤维用于地毯工业，其余 50% 以上用于其他纺织领域。

1.2.4.5　生物基聚呋喃二甲酸酯

2,5- 呋喃二甲酸（2,5-FDCA）是一种典型的环状共轭双羟基的芳香化合物，结构如下图所示。2004 年，美国能源部首次给出了 12 种生物基平台化合物，2,5-FDCA 是其中唯一的芳香单体。2,5-FDCA 可取代石油基芳香化合物用来合成高性能聚酯材料，具有广阔的市场发展前景。

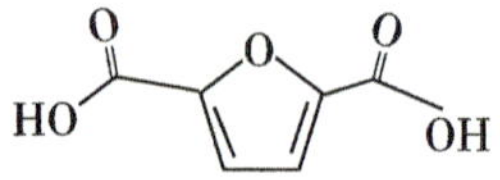

2,5-FDCA 的主要合成路线包括：经纤维素脱水、精馏后得到糠酸，在碱性条件下反应合成 2,5-FDCA 的糠酸路线；通过果糖脱水或葡萄糖异构化后脱水，经化学法或生物法，通过催化剂作用使 5- 羟甲基糠醛（HMF）中的醛基及羟甲基氧化成羧基，合成 2,5-FDCA 的 HMF 路线；由己糖（葡萄糖和半乳糖）氧化生成己糖二酸，脱水环化可得 2,5-FDCA 的己糖二酸路线；由二甘醇酸酯化得到的二甘醇酸二甲酯，与三聚乙二醛水合物缩合合成 2,5-FDCA 的二甘醇酸路线。

2,5-FDCA 与乙二醇或多元醇反应合成的聚酯称为 FDCA 基聚酯。20 世纪 40 年代，Drewitt 首先以 2,5- 呋喃二甲酸二甲酯（DMFDCA）和乙二醇（EG）为原料，经酯交换及缩聚反应制备出呋喃基聚酯 PEF。由于 PEF 表现出优异的气体阻隔性能，PEF 的合成与制备成为生物基聚酯高分子材料的重点研究方向。

PEF 的合成方法主要包括溶液缩聚法、酯化 - 熔融缩聚法、酯交换 - 熔融缩聚法、固相缩聚法和开环聚合法等。溶液缩聚法是 2,5-FDCA 与乙二醇在引发剂的作用下于适当溶剂中进行缩聚反应得到 PEF 的方法，该方法反应条件比较温和，副反应少，产品色泽浅，但所得产品相对分子质量偏低。酯化 - 熔融缩聚法是采用二元酸与二元醇经酯化反应制得双端羟烷基酯单体或低聚物，再经熔融缩聚合成聚酯的方法，该方法不使用溶剂，比较绿色环保，且工艺较为简单，但存在反应温度高而影响产品色泽的问题。酯交换 - 熔融缩聚法是指采用二元酸二酯与二元醇经酯交换反应制得双端羟烷基酯单体或低聚物，再经熔融缩聚合成聚酯的方法。该方法醇酯比和反应温度较低，反应较易进行，所得 PEF 色泽和结晶性较好，但存在相对分子质量难以提高的问题。固相缩聚法是指反应物原料在固体状态下的缩聚反应，通过将单体或相对分子质量较低的预聚体加热至玻璃化温度以上、熔点以下的温度，在真空或惰性气体的保护下，催化剂引发发生缩聚反应。该方法虽然能够提高 PEF 产物的相对分子质量，但聚合效率低，反应时间长，工艺相对繁琐，不利于工业化应用。开环聚合是指环状单体 σ 键断裂后开环、形成线型聚合物的反应。与熔融缩聚相比，该方法反应条件温和，副反应少，易得到相对分子质量较高的聚合物，但会残留部分无法聚合的环状单体。

2011 年，Avantium 公司在荷兰 Geleen 启动了 PEF 中试项目，开发了 YXY 技术（一种新型催化技术，见图 1-24）。该技术以可再生原料经过两步催化得到环境友好型材料产品，催化步骤包括：第一步，以碳水化合物为原料，在醇溶液中进行催化脱水，合成 5- 甲氧基甲基糠醛（MMF）；第二步，MMF 在乙酸溶液中催化氧化，生成 2,5-FDCA。经过评估，PEF 相比 PET 减少了 50% ～ 70% 的碳排放及不可再生能源使用。YXY 技术逐步的成熟和工业化，为全生物基聚酯 PEF 的产业研究奠定了良好的基础。

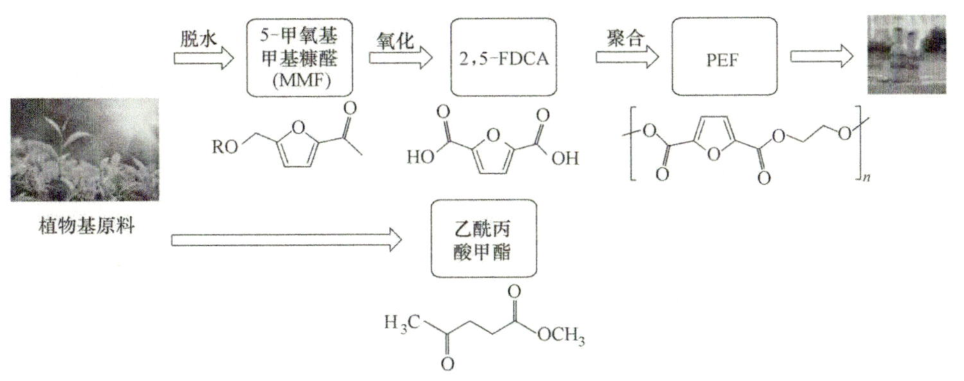

图 1-24　YXY 技术合成 PEF

大量研究表明，与 PET 极为相似的 PEF 具有更好的力学性能、阻隔性能以及较高的耐热性。王贤松等发现 PEF 对 CO_2、O_2、H_2O 的阻隔能力分别是 PET 的 2.3 ～ 19 倍、9.3 ～ 11 倍、2.1 ～ 2.8 倍，这说明在聚酯得到广泛应用的薄膜、包装领域，PEF 会比 PET 具有更好的保质保鲜性；PEF 与 PET 的弹性模量、拉伸强度等力学性能比较接近，但断裂伸长率较低、韧性较差，因此，解决 FDCA 基聚酯断裂伸长率过低的问题，同时维持原均聚物的力学性能或热学性能，具有重要研究意义。

1.2.4.6　生物基聚酯的发展现状

作为纺织工业中应用最广泛的合成纤维，PET 也广泛应用于制瓶和汽车轮胎行业。预计到 2024 年，全球 PET 的市值为 424 亿美元，年均复合增长率为 4%。随着各国对生物基材料研发的日益重视，各大企业纷纷建立用生物基 PET 代替石油基 PET 的发展目标。目前，欧盟和美国的公司正在开发三条有效代替石油基 PET 或 PET 衍生物的路线。

第一条是由 Synvina 公司及股东 BASF 和 Avantium 公司领导的 11 个欧盟工业伙伴联盟热衷推进的 PEF 路线，计划使用生物基原料而不是对二甲苯或乙二醇来合成 PET、PEF。PEF 比 PET 更容易生物降解，其机械强度（是纺织和轮胎应用的重要特性）和阻隔性能也优于 PET。PEF 的这些特性使其尤其适用于制作食品包装和包装瓶。作为 PEF 合成的关键单体，2,5- 呋喃二甲酸（2,5-FDCA）是从可完全再生的生物质已糖衍生物（如葡萄糖或果糖）脱水合成的中间体 5- 羟甲基糠醛（HMF）转化而成。HMF 转化有催化氧化或生物学两种途径，后者更复杂，尚无竞争力。Synvina 公司联合 BASF 公司在位于比利时安特卫普的联合装置中建造了一个 50kt/a 的生物基 2,5-FDCA 装置，该装置使用 Avantium 公司的 YXY 工艺，将果糖转化为 2,5-FDCA。2017 年 5 月，欧洲生物基础产业联合（BBI）向由 11 个工业联盟成员组成的“PEFerence”联合体提供了 2 500 万欧元，用于开发新一代 PEF。虽然在经济和技术上依然存在挑战，但是，如果 Synvina 公司及其合作伙伴能够成功地生产出成本相当于 PET 的 PEF 产品，则其很可能会完全替代 PET。

法国生物聚合物公司 Carbios 与 TechnipFMC 正在追求第二条可持续路线，通过使用酶将 PET 催化解聚，实现 PET 的循环利用。两家公司已经宣布推出 Carbios 公司的 PET 酶回收工艺工业开发项目。Carbios 公司已经成功地演示了在中型装置中将 PET 解聚为聚合级对苯二甲酸，该技术可用于从全球不断增长的塑料废料中回收对苯二甲酸用于生产 PET，实现 PET 分子级别的回收循环利用。

包括美国 Anellotech 公司在内的几家公司正在追求的第三条路线是将生物质催化转化为生产 PET 的基本原料 —— 对二甲苯（PX）。Anellotech 公司与其合作伙伴 Axens 和 IFPEN 公司共同开发了一种用于生产 PX 和其他单环芳香烃的流化床工艺（Bio-TCat）。2017 年第二季度，Anellotech 公司宣布其位于得克萨斯州 Silsbee 的单反应器型连续催化剂再生和转化中型装置成功放大。

中国科学院宁波材料技术与工程研究所在 BioPET 聚酯合成方面取得了新进展，通过以生物基芳香单体 2,5- 呋喃二甲酸与乙二醇共聚，采用熔融缩聚法，制备了一系列分子结构中呋喃环含量不同的生物基芳香聚酯 —— 聚呋喃二甲酸乙二醇酯（PEF）（又称生物基 PET），产物特性黏度控制在 0.75 ～ 0.98dL/g。由于生物基芳香聚酯 PEF 具有好的耐热性、强度、模量和阻隔性，其应用前景十分看好。目前已实现了 PEF 公斤级制备，特性黏度控制在 0.65 ～ 1.0dL/g，不同级别精确可控，并解决了呋喃聚酯颜色发黄的问题，制备出了无色透明聚酯。

1.2.5 生物基聚酰胺

聚酰胺（Polyamide，PA），俗称尼龙，是指分子主链中含有酰胺键（—NH—CO—）的一类聚合物。聚酰胺用作纤维时，被称作锦纶。

1936 年，W.H.Carothers 申请了第一个聚酰胺的专利；1939 年，杜邦公司宣布世界第一个聚酰胺品种 PA66 实现产业化。自产业化以来，PA 已被广泛用于纺织、汽车、电子电器、包装、体育产品等方面。生物基聚酰胺（BioPA）的研究紧跟石油基聚酰胺的研究，20 世纪 50 年代，法国 Arkema 公司以蓖麻油作为原料，合成商标为 Rilsan® 的全生物基聚酰胺 PA11，该材料适用于汽车行业、电子电器、耐压管道、运动器械、医药和食品包装、水处理等领域。聚酰胺按照原料来源可分为两类，一类是由氨基酸缩聚或者内酰胺开环聚合得到聚酰胺，也称为 AB 型聚酰胺；另一类是由二元酸和二元胺缩聚得到聚酰胺，也称为 AABB 型聚酰胺。

随着石油资源的日益匮乏，石油基聚酰胺的价格也与日俱增，而且石油基材料的生产和应用往往带来一定的环境问题，因此，BioPA 的研究日益受到研究人员和生产企业的重视。但 BioPA 的发展也面临着生物质的来源、生产过程的碳中和、生产过程中副产物的综合利用、生物基聚酰胺的性能等亟待解决的问题。目前，生物基聚酰胺的产量不足聚酰胺总量的 1%，但生物基聚酰胺的研究和产业化不仅吸引了杜邦、巴斯夫、阿科玛、DSM 等传统化工巨头的浓厚兴趣，而且催生了诸如 Rennovia 公司这种专注于研发生物质聚合物原料的公司。据 Rennovia 公司的预测，到 2022 年，全球生物基 PA66 的产量将达到 100 万 t，同时生物基聚酰胺的价格也将大幅度下降。

我国的生物基聚酰胺尤其是全生物基聚酰胺的研发和产业化同美国、欧洲、日本等发达国家和地区相比还存在一定差距，主要表现在技术不够成熟。虽然我国早在 20 世纪 60 年代就实现了生物基 PA1010 产业化，但其他生物基聚酰胺的研究和产业化进程缓慢。近年来，国外已经报道或者产业化了生物基 PA6、PA66、PA11、PA12、PA410 等常见聚酰胺品种。我国也应紧跟国际发展新形势，加强研究从动植物脂肪酸中提炼聚酰胺所需原料，并在生物催化、产品纯化等方面加大研发投入力度。

1.2.5.1 AB 型生物基聚酰胺

AB 型聚酰胺可由氨基酸缩聚或者内酰胺开环聚合得到。相应的，AB 型生物基聚酰胺的合成路线可分为两条：其一为由生物质原料得到氨基酸，再经缩聚制得聚酰胺；其二为由生物质原料得到内酰胺，经开环聚合得到聚酰胺。目前的研究主要集中在第一条合成路线，第二条路线尚未见报道。

（1）基于直链氨基酸的 AB 型生物基聚酰胺　生物基 PA11 的合成技术是 AB 型全生物基聚酰胺中最为成熟的，而且是公认的第一个实现产业化的生物基聚酰胺。图 1-25 为由蓖麻油制备 ω- 十一氨基酸的步骤，以蓖麻油为原料，经过裂解、醇解、高温裂解、水解、溴化、氨解等步骤制成 ω- 十一氨基酸。

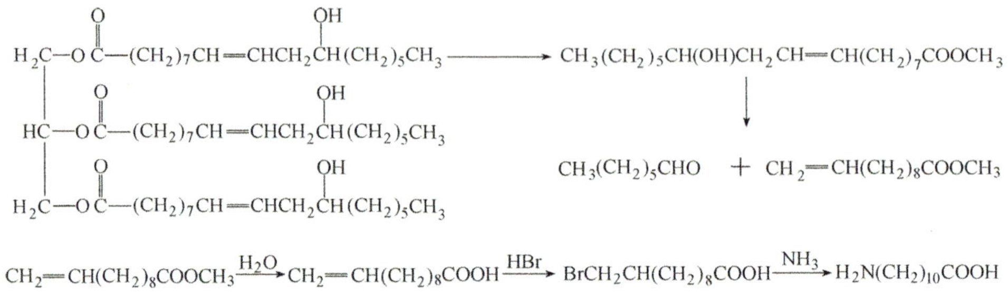

$$\text{H}_2\text{C—O—C(=O)—(CH}_2)_7\text{CH═CHCH}_2\text{CH(OH)(CH}_2)_5\text{CH}_3$$
$$\text{HC—O—C(=O)—(CH}_2)_7\text{CH═CHCH}_2\text{CH(OH)(CH}_2)_5\text{CH}_3$$
$$\text{H}_2\text{C—O—C(=O)—(CH}_2)_7\text{CH═CHCH}_2\text{CH(OH)(CH}_2)_5\text{CH}_3$$
$$\longrightarrow \text{CH}_3(\text{CH}_2)_5\text{CH(OH)CH}_2\text{CH═CH(CH}_2)_7\text{COOCH}_3 \longrightarrow \text{CH}_3(\text{CH}_2)_5\text{CHO} + \text{CH}_2\text{═CH(CH}_2)_8\text{COOCH}_3$$

$$\text{CH}_2\text{═CH(CH}_2)_8\text{COOCH}_3 \xrightarrow{H_2O} \text{CH}_2\text{═CH(CH}_2)_8\text{COOH} \xrightarrow{HBr} \text{BrCH}_2\text{CH(CH}_2)_8\text{COOH} \xrightarrow{NH_3} \text{H}_2\text{N(CH}_2)_{10}\text{COOH}$$

图 1-25　由蓖麻油制备 ω- 十一碳氨基酸的合成路线

PA11 不仅具有吸水率低、耐油性好、耐低温性能好和容易加工等优点，而且还具有优异的压电性能。通过对 PA11 的物理化学性能、晶型转变和压电性能的研究进展进行总结，张庆新等对 PA11 的压电性能与凝聚态结构的关系提出了不同的观点。

胡国胜等利用 PA1010、PA6、PE、EVA 对 PA11 进行了增韧改性，降低了 PA11 产品的价格，提高了 PA11 的综合性能。郭云霞综述了采用聚烯烃、橡胶、液晶高分子、树形大分子及无机刚性粒子等增强增韧改性 PA11 的研究成果。为了提高 PA11 的耐热性和力学性能，卞军等将 PA11 与热膨胀纳米石墨进行熔融共混，石墨片层以 20nm 的厚度均匀分散于 PA11 中，有效地提高了尼龙的综合性能。L.Martino 等利用 ω- 十一碳氨基酸、双（六亚甲基）三胺和 2,2,6,6- 四羧乙基环己酮采用一锅法制备了星型 PA11，结果表明聚合物的流变性能受支链的影响较大，可以通过自组装调节，兼顾物理性能和加工性能。

除了研究最多的 PA11，其他 AB 型生物基聚酰胺品种（如 PA9、PA4 等）也引起了很多关注。S.M.Aharoni 以油酸为原料，制备生物基聚酰胺 PA9。D.Jean-luc 以不饱和脂肪酸经过复分解反应和氧化反应制备 9- 氨基酸，然后将 9- 氨基酸聚合得到 PA9。S.J.Park 等以谷氨酸钠盐为底物，利用大肠杆菌发酵制备 γ- 氨基丁酸，γ- 氨基丁酸在氧化铝催化下得到 2- 吡咯烷酮。2- 吡咯烷酮在引发剂 CO_2 和催化剂 KOH 的作用下，开环聚合制得白色固体 PA4，但该反应需要在 80℃保持 1 ～ 5

天，生产周期过长。赵黎明等以谷氨酸为原料制备 γ- 氨基丁酸，在 200℃、1.5MPa 条件下，γ- 氨基丁酸反应制得生物基聚酰胺 PA4。该项目受国家“863”计划项目支持。D.Jean-luc 申请了利用单一的不饱和天然脂肪酸制备 PA4、PA5、PA6、PA7、PA8、PA9、PA10、PA11、PA13 和 PA15 等系列 AB 型尼龙的方法专利，该方法工艺流程主要包括以不饱和天然脂肪酸为底物进行发酵、醛化、氨化等得到 AB 型尼龙。

（2）基于含有支链的氨基酸的 AB 型生物基聚酰胺　由于支链的引入破坏了聚酰胺的链段规整性，同时降低了结晶度，因而含有支链的聚酰胺性能与直链聚酰胺不同，具有一定的特性。Miller 等以油酸为原料，经过腈化、氨化制备出如图 1-26 所示的 Ⅰ 和 Ⅱ 两种化合物，而后通过分别对二者进行聚合，得到新型 AB 型生物基聚酰胺 PA-Ⅰ 和聚酰胺 PA-Ⅱ。由于结构的不同，PA-Ⅰ 和 PA-Ⅱ 表现出不同的性能，PA-Ⅰ 是一种透明的硬质聚合物，有脆性；PA-Ⅱ 则是柔软的橡胶状聚合物，室温下缓慢流动。

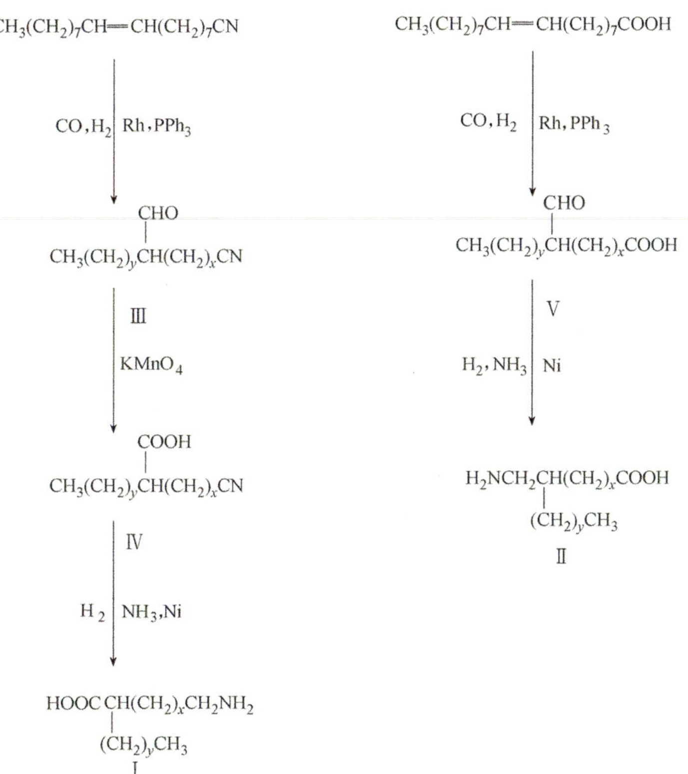

图 1-26　以油酸制备的 9- 烯 -18 腈制备 C19 烷基取代氨基酸的合成路线

M.Bueno 等则以 D- 葡萄糖为原料制备了含甲氧基侧基的立构规整 PA6。M.de G.García-Martín 等以异亚丙基 -D- 甘油醛为原料制备得到具有旋光性的取代 PA3。

1.2.5.2 AABB 型生物基聚酰胺

AABB 型生物基聚酰胺通常是由生物质原料得到的二元酸和非生物基二元胺经缩聚制得，或者由生物质原料制得的二元酸和二元胺经缩聚制得。

（1）基于生物基癸二酸的生物基聚酰胺研究现状　早在 1961 年，上海赛璐珞厂就已经实现以蓖麻油为原料制备生物基聚酰胺 PA1010 的产业化生产。蓖麻油经高温裂解后可以得到如图 1-27 所示编号为 1 ～ 6 的产物，其中产物 3 经过加工后可作为 PA11 的单体，产物 6 可用于制备基于癸二酸的聚酰胺，如 PA410、PA610、PA1010、PA10T 等。

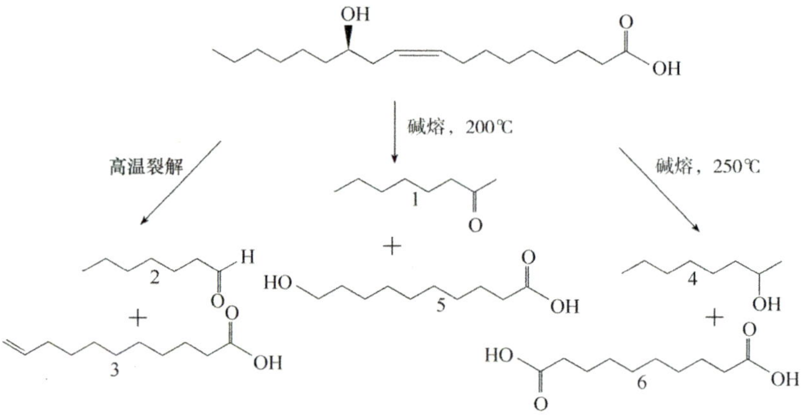

图 1-27　蓖麻油在不同条件下的裂解产物

癸二酸经过腈化、氨化等步骤可得到癸二胺，之后经过溶液成盐、熔融缩聚步骤可制得 PA1010。PA1010 的性能如表 1-22 所示。

表 1-22　生物基聚酰胺 PA1010 的性能

性能	试验结果	试验方法
密度 /（g/cm^3）	1.04	ASTM 1505-90
T_m /℃	204	ASTM 3418-82（88）
热变形温度（1.82MPa）/℃	54.5	ASTM 648-95
拉伸强度 /MPa	70	ASTM 638-94b

（续）

性能	试验结果	试验方法
断裂伸长率（%）	340	ASTM 638-94b
弯曲强度 /MPa	131	ASTM 790-92
冲击强度（20℃）/（J/m）	9.1	ASTM 256-93a
冲击强度（40℃）/（J/m）	5.7	
体积电阻 /Ω	5.9×10^{15}	ASTM 257-92
介电强度 /（kV/mm）	21.6	ASTM 149-93a

近年来，阿科玛公司位于法国的生产装置以蓖麻油为原料生产出尼龙（PA）1010产品。另外，阿科玛公司还收购了蓖麻油衍生物癸二酸生产商卡斯达（衡水）公司、用蓖麻油生产尼龙产品的翰普高分子材料（张家港）公司，以及一家从事蓖麻油生产的印度公司。这一系列从原材料到聚合物的全面整合，使得阿科玛公司成为全球生物基PA1010的最大供应商。

对PA1010的改性主要有：纳米改性、合金增韧、增强和阻燃等。

基于蓖麻油制癸二胺的另一AABB型代表聚酰胺为PA10T（T为terephthalic acid的缩写，下同），目前广州金发科技股份有限公司、瑞士EMS公司和法国Arkema公司是其主要的生产商。PA10T具有接近PA9T的物理力学性能，同时较低的熔点使其具有比PA6T更好的加工性能，其主要性能如表1-23所示。对PA10T的改性研究主要集中在共聚改性方面，如PA10T/PA6T共聚、PA10T/PA11共聚。

表1-23　几种耐热性聚酰胺的物理性能

名称	密度 /（g/m^3）	T_m/℃	T_g/℃	热变形温度 /℃	吸水率（%）（23℃，24h）	拉伸强度 /MPa	断裂伸长率（%）	弯曲模量 /GPa
PA10T	1.11	316	125	143	0.17	100.8		2.7
PA9T	1.14	308	126	143	0.17	92.0	20.0	2.6
PA6T	1.21	370	180		0.55			
PA46	1.18	295	78	220	1.8	102	50.0	3.2

（2）基于生物基丁二酸的生物基聚酰胺研究现状　生物质生产的丁二酸是一种重要的化工原料，已经有大量的产业化研究报道。荷兰 DSM 公司进一步以生物基丁二酸为中间体合成己二酸。同时，DSM 公司以淀粉为原料，以增加转录效率遗传修饰的鸟氨酸脱羧酶为催化剂，生物法合成丁二胺的研究也已取得阶段性成果，这些都为实现 100% 生物基 PA46 提供了可能。PA46 的熔点为 290℃，可以作为耐高温尼龙使用，30% 玻纤增强的 PA46 热变形温度和连续使用温度分别达到 290℃和 170℃。PA46 分子规整度高，酰胺键含量较高，因此结晶度高，结晶速度快，耐热性能好，能在 150℃下长期使用并能保持优良的力学性能，其储能模量高，在高温下蠕变较小。另外，DSM 公司以生物基丁二胺为原料生产出碳中和的 PA410 以及半芳香聚酰胺 PA4T 及其共聚物。

（3）基于生物基己二酸的生物基聚酰胺研究现状　韩丽等对葡萄糖，通由顺 - 粘康酸和 α- 酮己二酸制备己二酸的研究进行了总结，成本问题可能会限制该路线的工业化。J.B.J.H.Duuren 等利用葡萄糖经过发酵后得到顺 , 顺 - 己二烯二酸，加氢还原后得到己二酸。J.P.Lange 等，以纤维素为原料，经酸解得到乙酰丙酸，再氢化、脱水，生成 γ- 戊内酯，戊内酯经酯交换、加成、水解，得到己二酸。

美国 Rennovia Inc. 公司 T.R.Boussie 等以纤维素为原料催化氧化葡萄糖二酸，经过催化加氢得到己二酸，相应的商业化的生物基己二酸装置已于 2014 年开建，于 2018 年完成生产性运转。另外该公司 2013 年 4 月宣布利用自己独有的催化技术生产出了生物基己二胺，该技术生产的生物基己二胺的成本预计比石油基己二胺低 20% ～ 25%，并可减少 50% 的温室气体排放。由此可见，PA66 有望实现全生物基生产。

（4）基于生物基十三碳二酸的生物基聚酰胺研究现状　H.J.Nieschlag 在 20 世纪 70 年代利用植物油提取的芥酸（1,13- 十三碳二酸）为原料，经过腈化、氨化制得 α,ω- 十三碳二胺，成盐后熔融聚合得到 PA1313，与 PA11 和 PA12 相比，PA1313 具有较低密度、低熔点、低吸水率等特点。由芥酸生产 PA1313，聚合物的产率可达到 96%。S.Samanta 等以蓖麻油为原料，制备 1,13- 十三碳二胺，并首次合成生物基聚酰胺 PA136，该聚酰胺熔点为 206℃，玻璃化转变温度为 60℃，他们同时利用 1,13- 十三碳二胺制备生物基半芳香聚酰胺 PA13T，PA13T 的熔点和玻璃化转变温度分别为 263℃和 90℃。在 20 世纪 80 年代初，陈林峰等也报道了利用芥油酸制备 1,13- 十三碳二酸，但至今未见更多类似报道和该方法制备的 PA1313 产业化信息。

（5）其他 AABB 生物基聚酰胺研究现状　S.Kind 等用谷氨酸棒状菌发酵葡萄糖制得纯度为 99.8% 的 1,5- 戊二胺和蓖麻油制备的癸二酸进行缩聚，制备了全生物基聚酰胺 PA510，并指出，PA510 有望替代 PA6 和 PA66。通过 30% 玻纤增强聚酰胺的性能对比，发现 30% 玻纤增强的 PA510 的热变形温度较低，力学性能与同样比例玻纤增强的 PA6 和 PA66 性能接近。N.Kiyohiko 等经过酶催化下的脱羧反应，用赖氨酸为原料制备了 1,5- 戊二胺，并以此为原料制备了 PA56、PA510 等聚酰胺。M.Völkert 等利用赖氨酸经过发酵、调节 pH 值、提取、蒸馏等步骤制得 1,5- 戊二胺。以 1,5- 戊二胺为单体，可以合成一系列生物基聚酰胺，如 PA54、PA56、PA59、PA512、PA5T 等。Y.A.G.E.Hashim 以赖氨酸发酵制得的 1,5- 戊二胺和己二酸聚合得到 PA56，并通过熔融纺丝制得 PA56 纤维，与 PA6 纤维相比具有相同的染色性和耐磨性，回潮率较高。

F.Pardal 等利用油酸发酵生产的 9- 烯 -18 酸与不同的二胺经成盐缩聚制备如图 1-28 所示的五种生物基不饱和聚酰胺。通过与 PA618、PA1018、PADPX18 和 PA12 的对比，分析了双键、脂环以及苯环的对聚酰胺玻璃化转变温度、熔点和结晶温度的影响。

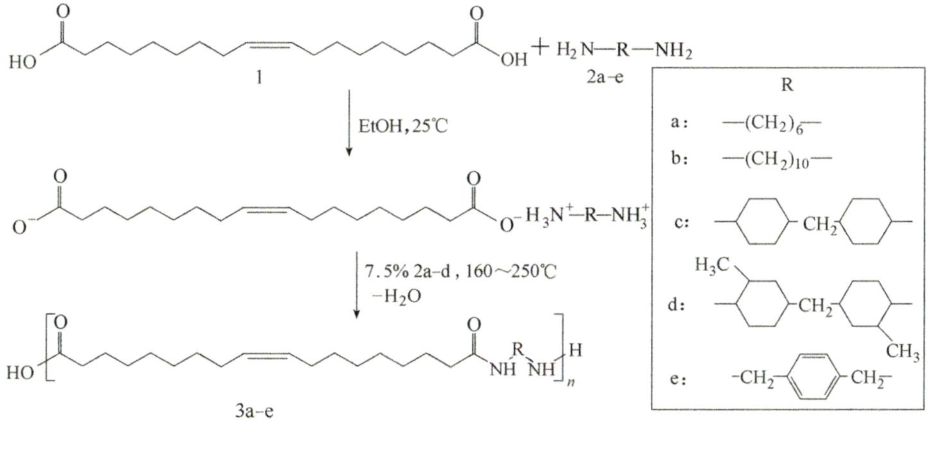

图 1-28　由 9- 烯 -18 酸制备聚酰胺反应过程

1.3 生物基材料应用概况

1.3.1 生物基材料在包装业的应用

1.3.1.1 天然生物基包装材料

（1）淀粉基包装材料　淀粉源自于植物体，在自然界中来源广泛，是一种可完全降解的物质，易于获得且成本低廉，被认为是最有开发利用前途的天然生物基材料，在包装材料中占有重要地位。由于淀粉的韧性差、强度低等特点，在实际的使用中通过在天然淀粉生物基材料基础上添加其他材料，组成生物基复合材料，使其符合特定的使用需求。利用淀粉良好的成膜性，可以将其制成食品保鲜膜。实验证明，淀粉保鲜膜具有优异的抗菌防腐、透气和透湿性能。同时，淀粉与 PLA、PCL 等共混，制成力学性能、热稳定性和延展性优异，并且能够完全降解的复合薄膜包装材料。

（2）纤维素生物基包装材料　纤维素主要来源于木材。因为纤维素具有高度结晶性，且不溶于水，所以纤维素不适合用于薄膜生产。但将纤维素溶解在氢氧化钠和二硫化碳的混合物中，可以制成玻璃纸膜，用于食品包装。使用纤维素作为基材，与淀粉、甲壳素、明胶等混合，制成的薄膜应用于食品、化妆品及日用品的包装。

（3）蛋白质生物基包装材料　目前，蛋白质生物基包装材料包括小麦蛋白、大豆蛋白、明胶、玉米蛋白、胶原蛋白、酪蛋白和乳清蛋白等。蛋白质膜具有低的氧渗透性。然而，由于大多数蛋白质具有亲水性，与塑料薄膜相比，蛋白质薄膜具有更高的水蒸气渗透性。玉米蛋白、酪蛋白和乳清蛋白等生物基材料在食品包装中得到广泛的运用，玉米醇溶蛋白和酪蛋白酸酯薄膜已商业化生产。

（4）壳聚糖包装材料　壳聚糖有良好的抑菌作用，且无毒无污染。壳聚糖基膜可分为可食性膜和涂膜，且因成膜透明性和阻氧性良好，所以常作为食品内包装材料广泛应用于食品保鲜。壳聚糖除了可以以单膜的形式用于食品保鲜外，还可与其他聚合物共混制备复合薄膜，例如用硼酸和三聚磷酸盐制备的壳聚糖/聚乙烯醇（CS/PVA）复合膜透明度良好，水蒸气阻隔性也大幅度提高。以壳聚糖、甲基纤维素和单甘酯为复合涂膜材料可将黄瓜的感官品质和硬度维持在一个良好的状态，且降低了黄瓜的失重率和呼吸强度。用壳聚糖改性聚丙烯薄膜并且制成壳聚糖/果胶多层包装延长了西红柿的保质期；将壳聚糖直接涂膜到用气调包装的鲜切莲藕上，有效抑制了鲜切莲藕的褐变程度且延长其保质期。此外，壳聚糖还可与聚羟基丁酸酯（PHB）、聚己内酯（PCL）、聚乳酸（PLA）、淀粉等物质共混制备复合膜，种种研究均体现出壳聚糖优良的成膜性。

1.3.1.2 合成生物基高分子包装材料

（1）聚乳酸　聚乳酸（PLA）是以乳酸为主要原料聚合而成，原材料来源充分且可再生，生产过程无污染。PLA 挤出片材经热成型加工后，在生鲜、色拉、食品等包装上开始得到应用，如小西红柿等水果透明盒子、鸡蛋盒等。日本松下电池工业公司将 PLA 片材用作生产电池的透明包装盒。PLA 的发泡制品已经应用于超市的许多生鲜、蔬菜的包装。PLA 的泡沫缓冲材料在电气、电子设备和精密机械的包装中也得到应用。美国 Blue Lake 包装公司采用 NatureWorks 生产的 PLA 原料制瓶，用于全天然有机果汁饮料，其透明度和阻氧性均优于 PE 瓶，且熔融指数适用于饮料的低温包装。

（2）生物基聚乙烯醇　聚乙烯醇是通过聚醋酸乙烯酯醇解后制得的。聚乙烯醇薄膜具有很多优异的性能和用途。例如，良好的水溶性，聚乙烯醇可溶于热水中，不需有机溶剂即可溶解，减少对环境的危害；非带电性，聚乙烯醇薄膜不会吸附空气中的尘埃且印刷适应性好，常作为印刷制袋用；气体阻隔性，阻氧性极好，因此常用于海鲜干货、名贵中药材、烟草及各种香料的包装；极好的透明度和光泽性，良好的商品展示性；良好的耐油性能，常用于油脂类食品的包装；聚乙烯醇薄膜具有较大的拉伸强度、撕裂强度和断裂伸长率，非常适合对大体积的、容易变形的纤维制品的包装。

（3）聚羟基烷酸酯　目前可以工业化生产的 PHA 产品包括 PHB、PHV、PHBV 等。20 世纪 90 年代被 P&G（宝洁）等公司开发为包装膜，主要用于购物袋、包装袋、堆肥袋等膜袋类制品，集装箱、纸张涂料等膜材料，手术服、医疗器械、尿布、女性卫生用品等卫生医疗用品，地毯等家居装饰材料，以及一次性器皿、化妆品容器等。PHA 在绿色包装中应用较多，PHA 单独或与合成塑料或淀粉组合均可得到性能优良的食品包装薄膜。将 PHB 与环氧乙烷、聚乙烯醇缩丁醛、聚乙烯醇、聚乙烯、醋酸丁酸纤维素、甲壳素以及壳聚糖进行共混改性后均可提高它的力学性能，同时也可提升 PHB 的商品使用价值。

（4）生物基二元酸二元醇共聚酯　Carothers 首次合成了 PBS 以来，1993 年，日本昭和公司首先研发了用异氰酸酯扩链制备高相对分子质量 PBS 技术，其公司所制备的 PBS 材料力学性能好，耐热接近 100℃，可用传统聚烯烃加工设备加工，产品名称 Bionolle。Fujimaki 报道，Bionolle 产品主要用于生产包装瓶和薄膜等，已批量生产投入市场。PBS系列聚酯具有出色的耐热性能，热变形温度接近100℃，改性后可超过100℃，满足日常用品的耐热需求，可用于制备冷热饮包装和餐盒；正是由于PBS具有良好的综合力学性能和优异的热塑性加工性能，这类材料已经广泛应用于一次性包装、餐具、化妆品瓶及药品瓶等包装领域。

（5）聚碳酸亚丙酯　聚碳酸亚丙酯是CO_2与环氧丙烷交替共聚合成的脂肪族碳酸多元醇酯，也是一种集诸多物理性质和化学性质于一身的可完全生物降解型高分子材料，例如良好的生物相容性、耐冲击性、半透明性、无毒无害性以及强疏水性。因其价格低廉，常被广泛用于制作黏合剂、固体电解质、阻隔材料、增塑剂以及新型包装材料。此外，聚碳酸亚丙酯还可与众多成本低廉、可再生的天然可降解物质如淀粉、纤维素、木质素等进行共混制备符合食品包装标准的复合材料。

（6）生物基聚己内酯　聚己内酯因在药物透过和持久稳定释放药物等方面的优良性能，在临床医学研究中表现出巨大的潜力。目前，聚己内酯应用到食品加工领域中的研究甚少，但可以将其与淀粉进行共混制备出价格低廉的垃圾袋。

（7）生物基聚酰胺　当前，美国、德国、意大利、荷兰、英国、日本等国在研究、开发生物基聚酰胺方面取得了突破与进展，以蓖麻油、葡萄糖、植物油等为原料，新产品不断问世，如PA11、PA1010、PA410、PA610、PA1012、PA10T、PA56等。我国近年来也在开发生物基聚酰胺方面取得了一定的进展，如上海凯赛公司开发的生物基聚酰胺PA56已实现产业化生产，PA56的拉膜级切片可应用于包装工业，如食品、医用及电子产品包装等。

（8）生物基聚乙烯　瑞士包装集团利乐公司（Tetra Pak）在包装材料中使用生物基低密度聚乙烯（LDPE），由巴西Braskem公司提供的生物基LDPE与纸质材料结合，可再生材料的质量分数增至82%，用于可口可乐的De Valle果汁饮料包装。此外，使用Braskem公司生产的绿色PE作为包装材料的公司还包括美国消费商品公司宝洁（P&G）、Johnson&Johnson公司、日本化妆品公司资生堂和日本丰田公司。

（9）生物基聚酯　饮料巨头可口可乐公司于2009年推出了含30%生物基PET的Plant Bottle包装瓶，并表示希望提高瓶子中的可再生物含量。还有不少行业巨头（如利乐、百事可乐、亨氏、达能、雀巢等）也已推出生物基PET、可降解PEF包装的产品。生物基材料在包装材料中的应用见图1-29。

图 1-29 生物基材料在包装材料中的应用

a）PLA 餐盒 b）可口可乐公司推出的含 30% 生物基 PET 的 Plant Bottle

c）淀粉基餐盘 d）PHA 购物袋

注：该图取自纸管家官网、可口可乐宣传照、鑫帕克官网、合肥丽霞官网。

1.3.2 生物基材料在农、林、渔、牧业中的应用

1.3.2.1 育苗钵、植树钵

使用育苗钵、植树钵是确保农作物早熟、高产、成活率的有效措施。育苗钵、植树钵不仅是一种农作物栽培的育苗设施，也是机械移植的关键性配套设施，在我国具有广泛的应用。目前使用的育苗钵和植树钵绝大多数是普通塑料制品，若废弃在环境中很难降解，形成环境污染；若进行回收再利用，对钵上附着的泥土和农药进行清洗所产生的水质污染很难处理，如果建立这类资源循环体系，那么单是清洗设备就要耗费庞大的资金。目前，废弃育苗钵、植树钵的处理方式以直接焚烧为主。而用生物降解材料来制造育苗钵和植树钵等，则能够从根本上解决上述问题。

实际使用生物降解塑料钵时，可以按植物种类不同来控制生物分解速度。生

物分解速度快的一般用于花和蔬菜等，只使用 1 ～ 3 个月，所以多用淀粉类生物分解材料制造。而 1 年以上的使用聚乳酸等材料制造，可用于树木栽培等。同时，研究人员还研制出了跟原本的土壤、气候条件下的生物分解速度无关，而是使用酶进行催化以使育苗钵快速回归土壤的方法。

有些生物分解材料制的钵采用废纸等作为原料，但是废纸中往往含有重金属和氯元素，看起来好像是自然的材料，但是还是有产生土壤污染和环境激素的危险性。相比之下，生物分解塑料钵采用的材料在满足可堆肥塑料中规定的安全性基准，能安全地回归土壤或进行堆肥化。图 1-30 为全降解育苗钵绿色循环图。

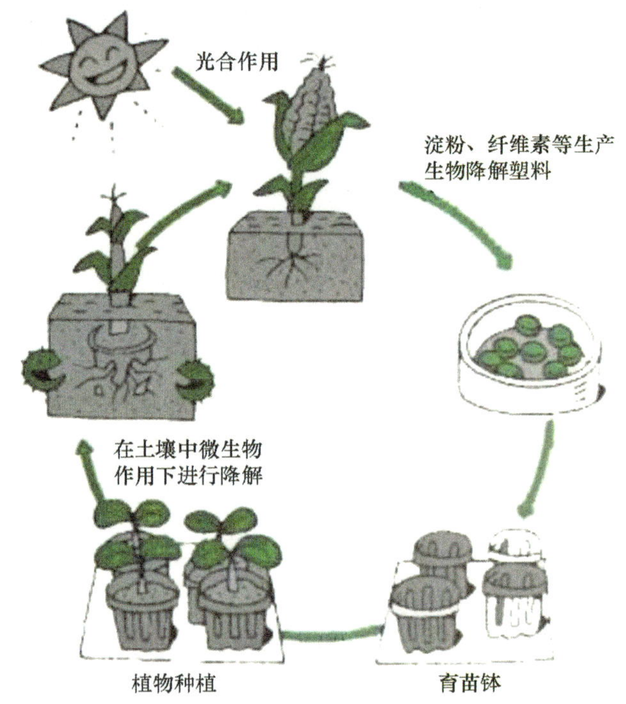

图 1-30　全降解育苗钵绿色循环图

1.3.2.2　地膜

农业上大量使用地膜来调节地温、保持水分、防治杂草、防止病虫害，从而提高农作物产量。随着聚乙烯薄膜的发明，这种方法得到了飞跃发展。尤其是在耕地面积少的国家，作为提早耕种、提高单位面积收成的手段和避免使用农药、除草剂等破坏环境的物质的手段。覆盖农膜已经成为农业生产中必不可少的技术手段，为我国农业增产增收做出了巨大贡献。

普通农用地膜主要以聚乙烯为原料，分为白膜、黑膜、透明膜等多种。随着农用地面覆盖薄膜用量的不断增大，同一块地膜使用年限越来越长，普通地膜在土壤中的残留量逐年增加，成为“土壤面污染源”，造成土壤板结退化，严重影响了土壤的肥力，进而影响了农业的可持续发展。同时，废弃的地膜也没有很好的利用方法，地膜使用后往往被丢弃在田间地头，形成了二次白色污染。而收集废弃地膜直接在野外焚烧则会带来二噁英污染的问题，因此必须作为工业废弃物进行处理。我国塑料地膜年用量达 140 万 t 左右，由于塑料薄膜在自然环境中难以分解，每年约有 2 亿亩（1 亩 =666.67m^2）土地遭污染。新型全生物降解农用地面覆盖薄膜的开发与推广已迫在眉睫。

2015 年，根据党中央、国务院关于加强生态文明建设、加快转变农业发展方式的部署要求，农业部围绕“一控两减三基本”目标，深入推进农业面源污染防治工作。在治理农田残膜污染方面，解决残膜易破碎、回收难的问题；实施地膜回收利用示范；启动实施可降解地膜对比试验，筛选应用效果好的可降解地膜用于示范推广。国家标准委批准了《聚乙烯吹塑农用地面覆盖薄膜》制修订计划，通过对传统塑料聚乙烯地膜增加厚度以加强残膜的回收工作，同时批准了《全生物降解农用地面覆盖薄膜》国家标准的制定计划，通过加强残膜回收和全生物降解农用地膜的应用，以解决残膜污染问题。

全生物降解农用地膜不仅具有普通地膜的功效，而且在完成使用功能后，能在土壤中微生物的作用下自行分解，最终变成水、二氧化碳或者甲烷，有利于土壤肥力的保持与提高，也不会对环境造成污染，能够有效地解决农用地膜残留带来的土壤肥力退化和地膜“白色污染”问题，对我国农村、农业的可持续发展具有重要意义。

生物降解材料制备的地膜虽然价格上要比普通型要贵一些，但是由于农作物收获后地膜能够直接在田地中分解消失，免去了之后的回收作业和处理费用，因此颇受好评。生物降解地膜可以根据收成时间不同调整生物分解速度，有从 1 ～ 6 个月不等的品种。现在，在我国西北为中心以及青岛等重点城市进行生物降解地膜示范推广，首先从春季作物（玉米、南瓜、马铃薯等）开始进行，延伸到了烟草、萝卜等非春季作物上。2013 年开始，青岛市开始进行全生物可降解地膜对比试验和示范推广，在马铃薯、花生等多种作物上开展全生物可降解地膜试验示范 40 多处，在国内首次报道了全生物可降解地膜对马铃薯的明显增产作用，设施马铃薯增产达 13% ～ 20%，大田马铃薯增产 5% ～ 7%，取得了明显的生态效益和经济效益。

全生物可降解地膜的应用为解决普通地膜对土壤环境的危害找到了有效途径，随着其应用规模的扩大必将兴起一场“绿色革命”，彻底解决普通地膜造成的污染问题，不断提升农业绿色可持续发展支撑能力，促进农业农村经济又好又快发展。PBAT 全降解地膜应用示例见图 1-31。

图 1-31　PBAT 全降解地膜应用示例

注：该图取自百度百科。

1.3.2.3　荒地、人工土丘的土壤改良和植被用的多功能管

含有肥料成分的生物分解管不但可以在绿化中用作通气排水管，还可以对表面的分解速度进行控制，成为兼具徐放型肥料功能的多功能管（植被管），用到荒地、斜坡的土壤改良和植被催生、园艺材料中。在圆筒中充入保水材料和生物材料后，还可以打入地下进行早期的土壤改良，植被环境恢复以后就回归自然界。再加上使用来源于植物的塑料，可以尽可能地减少在荒地绿化中使用石油资源。而且通过把需要的肥料定点缓慢放出，还可以降低过量使用肥料对土壤和河流的污染。

1.3.2.4　护岸工程、沙滩复原的土木材料

护岸工程、沙滩复原的土木材料，如泥沙袋等，以前用的是麻袋，但是近年来，便宜又牢固的化纤（PE、PP）产品成为主流。但是由于它残留在环境中不分解，在后处理中造成一些环境问题。因而，全降解生物基材料在农林、河岸、海洋土木材料中具有广阔的应用前景。虽然由于价格较高，暂时还不能像普通塑料泥沙袋一样得到广泛利用，但是也已经有许多应用案例。例如，2000 年，在日本儿岛湖岸环境整顿计划中作为湖岸施工用袋使用。在泥沙袋里放入芦苇的根茎，堆

在湖岸上用于进行绿化建设。芦苇生长茂盛起来以后，袋子就被分解掉而不会污染环境。同年在千海岸（千叶县稻毛海岸）的沙滩复原工程中也被采用。泥沙袋里装满沙子后在沙滩上排成数百米长的一线，上面再堆上沙子，自然放置着，袋子就会分解，最后复原成平浅的沙滩。全降解袋子还可以作为处理无机废弃物的道具。无机废弃物本身虽然是无害的，但是随意丢弃到海洋中会对海草等海底生物产生影响，将这些废弃物装入泥沙袋后定点投放到海洋中，用作人工鱼礁的建造材料。

1.3.2.5 保护河海环境的水产用绳、渔网、养殖网

最早，人们从事渔业所使用的绳子和网等是用麻等天然纤维制造的。随着化学纤维制备技术的发展，人们对渔具耐久性和成本要求的提高，人们普遍采用聚酯、尼龙、PE 等化学纤维代替天然纤维。渔网等物被风浪冲走或者被随意丢弃，很容易泄露，基本无法回收。尤其是渔网中的刺网，流出后危险性很高。这些渔网可能会卷入航行中的船舶的螺旋桨，或者威胁到水鸟和海洋哺乳动物等海洋生物的安全，破坏海底的生态环境。

采用全降解材料的渔网能够有效解决上述问题。实际对渔网的性能要求主要是强度和耐久性方面的，现在已经开发出了强度足以支持实际使用的产品，耐久性上也能够达到支持一个渔汛期的要求。另外，从市场性上来说，应该考虑不容易流出的固定网、拖网、卷网等的废弃和丢弃事项。水产用绳网等应用示例见图 1-32。

图 1-32 水产用绳网等应用示例

1.3.3 生物基材料在汽车工业中的应用

1.3.3.1 汽车内饰

随着生物基材料的发展以及环保的需要，许多汽车公司开始使用生物基材料

作为生产汽车内饰的材料。尤其是生物基生物降解塑料由于其环境友好的特性逐渐得到汽车厂商的青睐，并开始在新款汽车中使用。

美国福特汽车公司早在 2007 年便开始生产大豆油基聚氨酯泡沫并将其用于旗下的著名畅销车 —— 野马（mustang）的座椅制造上。目前这种泡沫材料已被推广到福特旗下的六款车型上。与此同时，福特公司正在考虑未来使用的各种新材料，如形状记忆聚合物，包括热塑性塑料和热固性材料在内的复合材料。它们采用天然纤维增强的树脂材料取代用于汽车玻璃的夹层玻璃或区域钢化玻璃，同时加大对 Mucell 技术的使用，以减少每个零部件所需的树脂材料。

日本丰田汽车公司采用聚乳酸/洋麻复合材料研制开发了汽车轮胎罩和车垫，该产品现已被用于丰田旗下的 Alphard 新能源商务车、Raum 商务车中。此外，丰田汽车还利用聚丙烯（PP）/PLA 改性材料制作汽车门板 、侧饰板等。德国劳士领公司和科比恩公司合作研发了 PLA 与玻璃纤维或木纤维的复合材料，应用于汽车功能组件和内饰件。此外奥迪 A4 行李舱盖、宝马 3 系车门衬板、雷诺 Twingo 汽车后窗台饰板等也曾用亚麻纤维增强的塑料制造。

1.3.3.2 汽车外饰材料、结构元件与功能件

通常情况下，汽车材料需要耐久性，因此生物基材料很难直接被用于汽车元件的制造。然而随着越来越多先进的生物基材料被投入市场，汽车公司将生物基材料也纳入到汽车结构元件和功能件的应用中。美国 RTP 公司研发出玻璃纤维（GF）/PLA 复合材料产品，应用于汽车的导流罩、遮阳罩、副保险杠、侧护板等零部件。欧盟 Ecoplast 项目研发出了以 PLA 和纳米黏土为原料制备的生物基塑料，专门用于汽车零部件的生产。

德国宝马汽车宣布，其旗下的中端轿车 —— 宝马 i3 的汽车外饰材料，包括保险杠、轮胎罩、进气格栅等均利用生物基材料进行制造。而宝马旗下的超级混合动力跑车 —— 宝马 i8 的部分新款车型，车身使用了碳纤维与生物基树脂的复合材料以及部分金属材料进行制造。该款车型较前代用钢铁车身的 i8，车身重量降低了 50% 以上，最高速度可达 250km/h，而油耗仅有 6.8L/100km，仅是传统跑车的 40%。

甚至完全用生物基材料制作汽车车身的汽车都已经面世。荷兰埃因霍温科技大学的学生团队设计出世界上第一辆结构部件都采用天然生物基材料制造的汽车。这辆汽车的底盘和车身没有使用传统金属或塑料，具有轻量化、小巧的特点。这辆城市汽车被称为 Dubbed Noah，拥有两个座位和一个宽敞的车尾行李

舱，结构部件的夹层板材由天然纤维和可再生耐热 LuminyPLA 级别的材料制成。Dubbed Noah 非常坚固，质量仅为 360kg，其电池续航能力为 240km，最高速度可达 110km/h，其所有部件均可回收。

1.3.3.3 汽车轮胎

目前全球橡胶总消耗在 2 000 万 t 以上，其中绝大部分都被用于制造轮胎。我国每年的轮胎产量接近 10 亿条，这使得国内天然橡胶和传统合成橡胶的用量非常紧张。另一方面，传统轮胎的耗能以及对环境的污染都极其严重，因此大量研究机构和轮胎企业将目光投向生物基橡胶，并且国内外均取得了重大突破。

美国杰能科和固特异两家公司于 2010 年宣布组建联合体，开发一体化发酵、回收、合成系统，系统性生产生物基异戊二烯，进而合成生物基异戊橡胶。阿米瑞斯公司和米其林公司也于 2011 年 9 月签署一项协议，合作开发可再生的异戊二烯。德国朗盛公司从巴西甘蔗中提取乙醇，再经脱水得到的生物基乙烯，以此为原料生产乙丙橡胶。该产品目前被用于制造朗盛公司旗下的新款绿色轮胎。

此外，日本可乐丽株式会社开发了一种基于生物基异戊二烯生产的液体橡胶，该橡胶可用于替代胎面胶配方中的加工油类增塑剂，有效地改善混炼胶的加工性能，不会发生迁移或者喷霜现象，并且能保持或者改善橡胶部件应有的力学性能和动态黏弹性，延长轮胎的使用寿命。

2017 年，沈阳化工大学、湘西老爹生物有限公司和沈阳三橡股份有限公司共同研发了利用杜仲胶生产的高速航空轮胎。大量基础研究和试验数据表明，添加天然杜仲胶的航空轮胎的撕裂强度、耐老化性能、耐疲劳性能、耐磨性及屈挠性能、动态生热等多项力学性能得到改善，其中屈挠性能改善尤为突出。

北京化工大学先进弹性体研究中心的张立群教授团队长期进行新型生物基橡胶的研发，并与国内外多家大型轮胎企业开发新型生物基绿色轮胎。早在 2012 年，张立群教授团队便成功在北京化工大学建立了 100t/a 的生物基聚氨酯弹性体生产线。2018 年，张立群教授团队又基于大分子组装技术，设计出了一种具有等长分子链、增强相通过化学交联实现自组装均匀分散的高强、高韧全有机弹性体材料——溶聚丁苯橡胶/生物基聚氨酯弹性体对比商业化的“绿色轮胎”，滚动阻力降低了 69.8%，抗湿滑性能提升了 13.2%，磨耗降低了 94.6%，实现了滚动阻力、抗湿滑性、磨耗性能（“魔三角”性能）的同步大幅度提升。

张立群教授又与山东玲珑轮胎有限公司合作，开发了新型蒲公英橡胶雪地胎、杜仲橡胶载重子午线轮胎和衣康酸酯生物合成橡胶半钢子午线轮胎，其中 PDBII 和 PDBIB 两批生物基衣康酸酯橡胶轮胎（见图 1-33）是国内外首次试制生物基合成橡胶绿色轮胎，其滚阻性能达到了欧盟标签法中的 B 级。

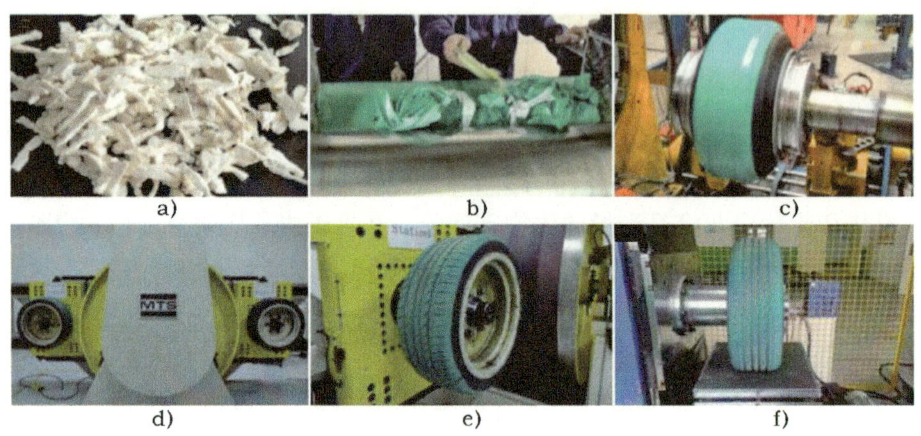

图 1-33　生物基轮胎的制备及滚阻测试过程演示

a）未填充橡胶　b）混炼胶制备　c）轮胎成型

d）轮胎滚阻测试　e）轮胎滚阻测试　f）刚度测试

1.3.4　生物基材料在纺织领域的应用

在纺织服装领域，大力发展生物基化学纤维是我国生物基材料产业发展的重要组成部分。生物基化学纤维具有绿色环保、原料可再生、亲和皮肤的特点，有助于缓解当前社会所面临的资源短缺、环境污染等问题。

我国生物质资源丰富，生产生物基化学纤维具有很好的发展前景，符合绿色、循环、可持续发展的战略。在“十二五”期间，我国就将生物产业列为七大战略性新兴产业之一，提出了“大力推进生物基纤维及其原料的开发”的目标。“十三五”化纤工业发展的重点任务是生物基纤维，到 2020 年，力争实现多种新型生物基纤维及原料技术的国产化，实现生物基原料产量 77 万 t、生物基纤维产量 106 万 t。《化纤工业“十三五”发展指导》中提到，将生物基化学纤维产业化作为发展的重点领域和方向。

生物基化学纤维是以农、林、海洋中的天然生物质材料为原料，通过现代纤维加工技术而制得的纤维，特指生物基再生纤维、生物基合成纤维和海洋生物基纤维。根据原料来源与加工工艺的不同，生物基化学纤维可以分为再生纤维素纤维、再生蛋白质纤维、生物基合成纤维与海洋生物基纤维四大类。

1.3.4.1 再生纤维素纤维

纤维素是一种丰富的可再生资源，因具有无毒、低成本、可降解等优点而受到广泛关注。再生纤维素纤维是从天然植物中提取出纤维素，再经过纺丝制备出性能更好的纤维，其结构与棉纤维相似。再生纤维素纤维制成的面料被称为“会呼吸的面料”，具有透气清凉、吸湿排汗、亲肤舒适、染色性能好的优点。

（1）Lyocell 纤维　根据溶解纤维素的溶剂的不同，再生纤维素纤维可以分为黏胶纤维、铜氨纤维和 Lyocell 纤维、低温碱 / 尿素法纤维等。其中，Lyocell 纤维是用 *N*- 甲基吗啉 - 氧化物（NMMO）作为溶剂溶解纤维素后制得纺丝液，再纺丝得到的一种再生纤维素纤维。Lyocell 纤维具有干湿强度高、湿模量高、收缩率低等优点，能够保证制得的纺织品具有较好的尺寸稳定性，制得的面料吸湿透气性好、亲和皮肤、手感好，广泛应用于服装面料、床上用品、医用敷料、婴幼儿服装等领域。Lyocell 纤维是再生纤维素行业发展的重要方向，上海里奥纤维、中纺绿色纤维科技及江苏金荣泰等多家企业的总规划产能已超过了 100 万 t/a。

（2）竹浆纤维和麻浆纤维　再生纤维素纤维主要来源于棉、木、竹、麻、芦苇等植物，其中竹浆纤维和麻浆纤维是我国自主研发的新型生物基纤维素纤维，具有吸湿透气、防霉抑菌等特点，已成功地应用于内衣、儿童衣物、床上用品、毛巾、防护服、病服、妇女卫材等领域，其技术和产品均处于国际领先水平。目前，国内主要的生产企业有恒天海龙潍坊新材料有限公司、山东银鹰化纤有限公司和河北吉藁化纤有限公司，全国竹纤维的生产规模达到了 12 万 t/a。

1.3.4.2 再生蛋白质纤维

再生蛋白质纤维是从牛奶、蚕丝、蚕蛹、大豆等动、植物中提取蛋白质，通过共混或接枝改性其他高聚物，再纺丝制得的化学纤维。再生蛋白质纤维是对纤维的改性提升，这类纤维除了具有原有纤维的性能外，还具有吸湿性好、生物相容性好等蛋白质的特性，因此能广泛应用于内衣、家纺、女性卫材、生物、医学等领域。

（1）大豆蛋白纤维　大豆蛋白纤维是从大豆的豆粕中提炼出蛋白质，与高分子共混后再通过湿法纺丝制成的纤维。因纤维成分与羊绒和真丝类似，大豆蛋白纤维具有天然蚕丝的优异特性，对皮肤亲和性好，具有蚕丝般的光泽，保暖性好、吸湿透气。此外，大豆蛋白纤维还具有如合成纤维一般的力学性能，单纤拉伸强度高于棉纤维，仅次于涤纶纤维，尺寸稳定性好，抗皱性好，穿着舒适、美观，可做高档衬衫和内衣。浚县官奇大豆蛋白绒纤维有限公司将大豆蛋白与聚乙烯醇、聚丙烯腈共混制备了多种功能性大豆蛋白纤维，公司生产能力为 4 500t/a。

（2）牛奶蛋白纤维　牛奶蛋白纤维是从牛奶中提取蛋白质，再与高分子共混或接枝、纺丝制成的生物基化学纤维。上海正家牛奶丝科技有限公司在牛奶中提取酪蛋白，通过化学接枝改性聚丙烯腈纤维制备出牛奶蛋白纤维。牛奶蛋白纤维制成的面料质地轻盈、柔软、透气导湿，对皮肤具有润肤功效，是制作儿童服饰和内衣的理想面料。

1.3.4.3 生物基合成纤维

生物基合成纤维的原料来源于农、林副产物，将提取出的生物基原料通过聚合再纺丝成纤维，其纺制过程与石油基合成纤维相似。根据产品的降解性，生物基合成纤维可分为可降解生物基合成纤维和非降解生物基合成纤维两种。

（1）可降解生物基合成纤维

① PLA 纤维。聚乳酸纤维（PLA）以玉米、淀粉和甜菜等为原料，经发酵、聚合、纺丝制备出一种完全可以生物降解的合成纤维。聚乳酸纤维具有良好的透气性、舒适性、抑菌性、生物相容性和生物可吸收性等特点，已成功应用于内衣裤、运动休闲服饰、床品、袜子及医疗卫生材料、室内装饰等领域，被认为是最可能实现商业化推广的生物基可降解纤维。目前，国内 PLA 纤维的主要生产企业有上海同杰良生物材料有限公司、安徽丰原集团有限公司、恒天长江生物材料有限公司、河南龙都生物科技有限公司等。

② PHBV/PLA 共混纤维。PHBV 具有优异的生物相容性和可降解性，但熔融可纺性差。将 PHBV 与 PLA 共混改性接枝后通过熔融纺丝得到手感柔软、有光泽、可降解的 PHBV/PLA 共混纤维，可应用于医疗卫生材料、高档服装等领域。目前，国内 PHBV/PLA 共混纤维的主要生产企业是宁波禾素纤维有限公司，产能达到 1 200t/a。

③ PBS 纤维。聚丁二酸丁二醇酯（PBS）纤维是由 1,4- 丁二酸和 1,4- 丁二醇缩合得到的新型脂肪族可降解聚酯材料。由于相对分子质量较低、力学性能较差，目前主要通过与其他高分子材料共聚和共混的方法提高纤维的力学性能。

（2）非可降解生物基合成纤维

① PTT 纤维。PTT 纤维是从木薯淀粉等生物资源中提取出 1,3- 丙二醇后与对苯二甲酸聚合、纺丝而成的纤维。PTT 纤维弹性好、伸缩性好、手感柔软、耐污性好、染色性好。因具有优异的物理化学性能，PTT 纤维在打底裤、弹力衣、地毯、汽车坐垫、建筑安全网等领域具有良好的发展前景。目前，国内生产 PTT

纤维的企业主要有泉州海天轻纺集团、上海华源股份有限公司、张家港华美生物材料有限公司、江苏盛虹科技股份有限公司等。其中，张家港华美生物材料有限公司投资建设了 30 万 t/a 的 PTT 纤维项目，江苏盛虹科技股份有限公司开发的 PTT/PET 复合纤维已应用于高端运动材料领域。

② PDT 纤维。PDT 纤维是生物基混合的二元醇与对苯二甲酸聚合得到高聚物后通过熔融纺丝制得的纤维。PDT 纤维具有优异的可纺性、染色性、手感柔软，在服装、装饰材料、工业用布等领域得到应用。目前 PDT 纤维在万吨级装置上实现了产业化，产能达到 2 万 t/a。

③ PA56 纤维。PA56 纤维以戊二胺和己二酸为原料聚合后纺丝得到的新型聚酰胺纤维，是我国拥有自主知识产权的生物基化学纤维。PA56 纤维染色性能好、高强耐磨、耐温性好、阻燃性好、柔软舒适，可应用于功能性防护服、家纺材料、产业用纺织品等领域。我国生产 PA56 纤维的企业主要有凯赛生物产业技术有限公司、优纤科技（丹东）有限公司和山东寿光巨能金玉米开发有限公司等。其中优纤科技（丹东）有限公司已建成 2 万 t/a 的 PA56 纤维生产线。生物基合成纤维及制品如图 1-34 所示。

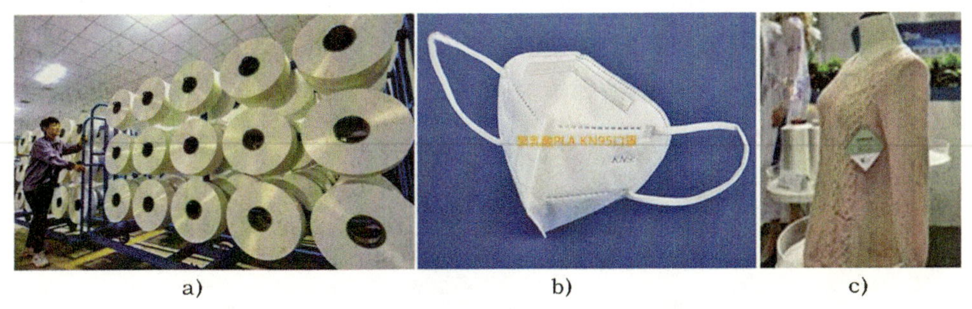

a)　　b)　　c)

图 1-34　生物基合成纤维及制品

a）PLA 纤维　b）PLA 口罩　c）生物基 PA 成衣

注：该图源于新华社。

1.3.4.4　海洋生物基纤维

海洋生物基纤维是以海洋中的自然资源经提炼、纺丝制备的生物基纤维，其中壳聚糖纤维和海藻酸盐纤维已经实现了规模化生产。

（1）壳聚糖纤维　壳聚糖纤维是从虾、蟹、昆虫等外壳中提取出结构类似于纤维素的壳聚糖大分子，制成高黏度的壳聚糖纺丝液后通过湿法纺丝得到的纤维。壳聚糖本身具有生物医药性能，所以壳聚糖纤维具有消炎、止血、镇痛、抑菌、促进伤口愈合的作用，在医用材料、人体用生物材料、服装等领域得到广泛应用。在我国，壳聚糖纤维的主要生产企业是天津中盛生物工程有限公司和海斯摩尔生物科技有限公司，全国总产能达到 2 500t/a。图 1-35 为壳聚糖纤维制备流程示意图。

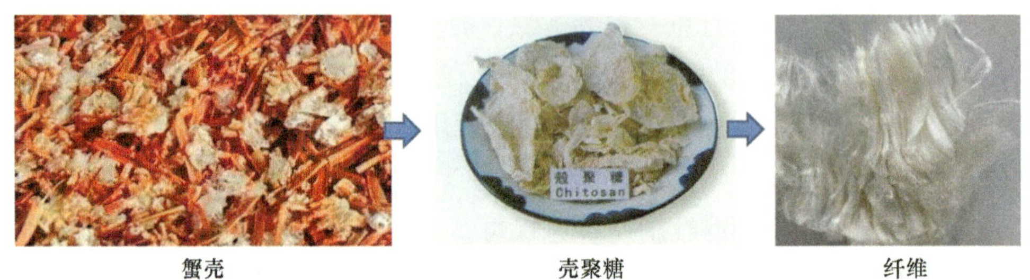

图 1-35　壳聚糖纤维制备流程示意图

注：该图取自淮安亿利德国际贸易有限公司。

（2）海藻酸钠纤维　海藻酸钠纤维是以天然海藻为原料提取出海藻酸盐，制得纺丝液后经湿法纺丝纺制而成的纤维。因具有优良的阻燃性、生物相容性、抗菌性、吸附性能，海藻酸钠纤维已应用在阻燃纺织品、医用材料、女性卫材等领域。目前，国内的青岛源海新材料科技、厦门白美特生物材料科技和绍兴海蓝纤维科技等公司生产海藻酸钠纤维的总产能达到 2 000t/a。图 1-36 为海藻酸钠纤维制备流程示意图。

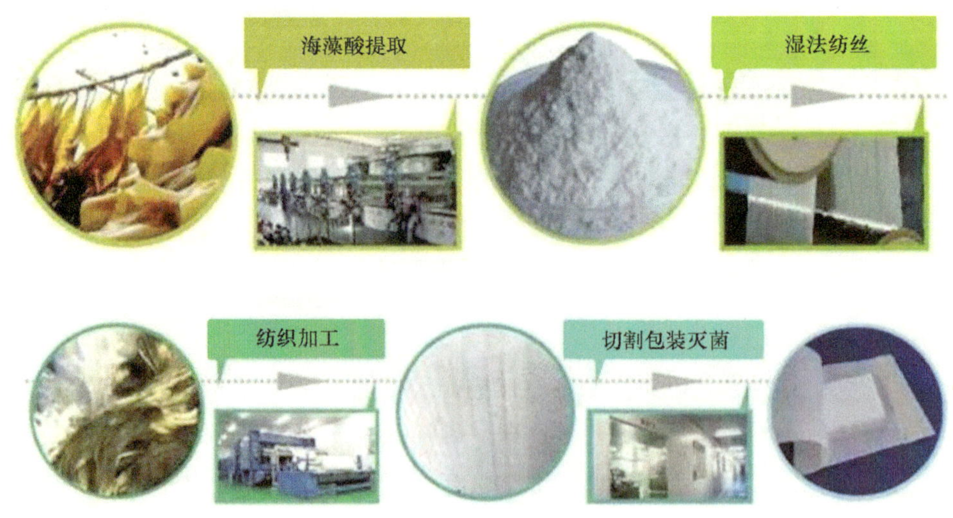

图 1-36　海藻酸钠纤维制备流程示意图

注：该图源于新华社。

我国生物基化学纤维的研究与产业化起步较晚，但我国资源种类多、产量大，化学纤维产业链配套体系完整，因此生物基化学纤维的发展前景十分广阔。

1.3.5 生物基材料在医药业中的应用

迄今为止，已有多种基于生物基聚合物的多功能复合材料应用于医药领域。应用于医药领域的理想生物材料应该具有无毒、生物相容性好、可降解等特点。最理想的应用于医药业的聚合物材料应当具备与组织匹配的力学性能及合适的降解速率，在药物释放完成和组织修复完成后，不留下残存的聚合物。

根据生物基材料的化学结构和来源，可将生物基聚合物分为三类：多糖类生物基聚合物；蛋白质类生物基聚合物；生物合成的生物基聚合物。

1.3.5.1 多糖类生物基聚合物

多糖是由通过糖苷键连接的单糖组成的，多糖具备多种不同的生理功能，在组织工程与再生医学中具有多种应用。

（1）透明质酸　透明质酸是皮肤、软骨、玻璃体等结缔组织的主要成分，人体中近 50% 的透明质酸存在于皮肤中。透明质酸可调控细胞增殖、分化和组织修复。透明质酸首先发现于牛眼玻璃体中，也可采用微生物发酵和化学合成等方法合成制备。第一款基于透明质酸的生物医药产品 Healon 于 20 世纪 70 年代研发，并被美国食品药品监督管理局（FDA）批准用于角膜移植、白内障手术等眼部外科手术。透明质酸是一种非硫酸化的线性天然多糖，由 D- 葡萄糖醛酸和 *N*-乙酰基葡糖胺通过交替的 β-1,4- 糖苷键和 β-1,3- 糖苷键连接组成。其生物学性能、黏弹性和流变性能受相对分子质量等影响，只有高相对分子质量的透明质酸具备组织黏附性和抗炎活性。透明质酸通常以水凝胶形式存储，降解速率较快，这些缺陷限制了其在组织工程与再生医学中的应用，因此通常通过交联、酯化等化学改性提高透明质酸的理化性能，使其更适合应用于医药领域。透明质酸与药物之间可以反应，实现定向、定时缓释药物的目的。随着医药科技发展，透明质酸在医药领域应用将会越来越广泛。

（2）壳多糖和壳聚糖　大多数天然多糖是酸性多糖或中性多糖，壳多糖和壳聚糖是少见的天然碱性多糖，其含氮量较高，具备成为螯合剂的潜在应用。壳多糖又名甲壳素、几丁质，其包含通过 β-1,4 键连接的 2- 乙酰氨基 -2- 脱氧 -β-D-葡萄糖残基，具有高度疏水性，不溶于水和大多数有机溶剂。当壳多糖的脱乙酰度达到约 50% 时，壳多糖就会转化为壳聚糖。壳聚糖可溶于酸性水溶液中，其分子链上含有自由氨基，低 pH 值（pH 值＜6）条件下氨基发生质子化，与酸形成有机盐 / 无机盐，增加了其在水中的溶解性。壳聚糖的这种 pH 依赖性溶解性使其更加易于加工。溶液中壳聚糖的性质取决于其相对分子质量、脱乙酰度和骨架中乙酰基的分布。

壳多糖和壳聚糖具备促进皮肤缺损愈合的作用，基于这一特定生物活性，壳多糖和壳聚糖已在临床中被广泛应用于软组织缺损用敷料、喷剂及可吸收缝合线中。改性壳多糖和壳聚糖可用于响应型药物释放系统，增加疏水性药物的溶解性、降低药物血清除速率，起到药物缓释和定向释放作用，从而增加药物在人体中利用度，降低药物对正常组织的毒副作用。

（3）海藻酸盐　海藻酸盐是天然存在的具有羧基端基的阴离子亲水性聚合物，其可通过碱的水溶液处理褐藻获得。海藻酸盐是一种经过广泛研究的多糖，由于其生物相容性好以及相对较低的成本而在医药领域应用广泛。海藻酸盐是由 1,4- 糖苷键交联的 β-D- 甘露糖醛酸和 α-L- 古洛糖醛酸共聚物组成的直链多糖聚合物，其分子质量约为 10^6Da。甘露糖醛酸片段和古洛糖醛酸片段的长度和顺序分布取决于海藻酸盐的来源及其生产工艺。组成顺序、古洛糖醛酸片段和相对分子质量是影响海藻酸盐及其水凝胶物化性质的关键因素。海藻酸盐可以很容易地通过化学反应改性，以获得具有不同结构、性质、功能和应用的海藻酸盐衍生物。海藻酸盐与阳离子形成水凝胶的能力与阳离子及海藻酸盐分子中古洛糖醛酸片段含量密切相关，相邻的古洛糖醛酸片段为二价阳离子提供结合点。

20 世纪 70 年代初期，FDA 已将海藻酸盐基聚合物作为“公认安全物质”用于药品添加剂，海藻酸基医疗器械作为软组织缺损用敷料、骨缺损替代物等产品也已通过 FDA 批准上市。

（4）淀粉　淀粉是最丰富、最廉价的多糖之一，是一种储存能量的来源。其广泛存在于植物的根、茎和农作物种子中，由大米、玉米、小麦、木薯和马铃薯等主要农作物生产，以不溶性颗粒形式沉积在植物细胞的叶绿体中。淀粉组成可分为直链淀粉（10% ～ 30%）和支链淀粉（70% ～ 90%），具体组成比例取决于其来源。直链淀粉是线性聚合物，其分子结构由 α-（1,4）- 糖苷键连接的数百个葡萄糖基构成。支链淀粉除了包含 α-（1,4）-糖苷键连接的葡萄糖链外，还含有 α-（1,6）-糖苷键连接的葡萄糖基支链。支链淀粉分子含有多达 10^6 个葡萄糖残基，因此成为自然界中最大的分子之一。淀粉颗粒具备亲水性，并且通过颗粒表面上的羟基形成的氢键表现出强烈的分子间缔合作用。淀粉主链上的羟基对醇表现出特定的反应性。这些羟基可被氧化或还原并参与氢键、醚和酯的形成。淀粉的亲水性可用于提高某些可降解疏水聚合物的降解速率。淀粉可以被微生物或酶水解为葡萄糖，随后代谢为二氧化碳和水。淀粉基材料已被广泛用作生物材料用于骨置换和固定以及组织工程支架的开发。另外研究表明淀粉在药物递送领域同样具备潜在应用。

1.3.5.2 蛋白质

（1）胶原蛋白和明胶　胶原蛋白由于其生物相容性好，抗原性低，降解速率可控，机械强度高和交联能力强等优势，已广泛应用于组织工程和生物活性分子递送领域。胶原蛋白是骨骼、软骨、肌腱、皮肤及其他结缔组织中的主要蛋白质，也是哺乳动物中含量最高的蛋白质，约占总蛋白的 30%，是人体细胞外基质重要成分。胶原蛋白分子依靠分子链内部和分子链间氢键维持三螺旋结构。目前，已有至少 19 种胶原蛋白被发现，其中骨骼和肌腱主要为 I 型胶原蛋白，软骨主要为 II 型胶原蛋白，血管主要为III型胶原蛋白。胶原蛋白具有多种生物活性，另外也可作为组织的支撑物，对细胞、组织、器官的正常功能运行具有重大意义。因此，可使用交联剂将胶原蛋白制成具有 3D 结构的组织工程支架用于组织、器官的修复。胶原蛋白支架在体内可被多种酶降解，降解速率可通过改变交联剂及交联程度调控。

明胶是通过胶原蛋白的部分水解获得的可溶性蛋白化合物，不同规格的明胶分子质量为 20 000 ～ 250 000Da。胶原蛋白的来源、动物年龄和胶原蛋白类型会影响明胶的性质。胶原蛋白转化为明胶的程度与处理方式、pH 值、温度和水解时间密切相关。在胶原蛋白分子部分水解制备明胶的过程中，部分氢键被破坏，部分共价键断裂，胶原蛋白分子的三螺旋结构被破坏，发生部分分离与断裂，从而使得胶原蛋白转化为可溶性明胶。与胶原蛋白类似，明胶也可通过使用交联剂来改善其力学性能，制备成具有 3D 结构的组织工程支架应用于器官的修复，另外明胶在手术中可用作吸收性明胶海绵，起到止血作用。

（2）丝素蛋白　丝素蛋白是一种常见的由脱胶蚕茧提取的天然蛋白质，其主要结构由甘氨酸、丙氨酸和丝氨酸组成。丝素蛋白的聚丙氨酸结构域可形成反平行的 β-折叠区，该区域为非共价交联的单个丝素蛋白分子晶体结构域，为丝素蛋白提供拉伸强度。丝素蛋白纤维的聚合物链主要平行于其轴组织，从而形成坚固且相对不可延展的纤维。经不同的处理方式，丝素蛋白可以加工成膜、纳米纤维、具备 3D 结构的支架、凝胶以及粉末等，在组织工程及药物输运领域具备巨大的应用潜力。

（3）合成蛋白质　蛋白质是排列成 3D 折叠结构的氨基酸聚合物，是许多人体组织中细胞外基质的重要组成部分。动物来源的蛋白质用于组织工程应用具有一些不可避免的缺陷，如力学性能较差、热稳定性不佳、可能引起免疫反应、酶降解速率快等。相比之下，合成蛋白质结构类似于天然蛋白质，同样具备较好的生物相容性及生物降解性。通过设计蛋白质序列、结构，可以有效提高蛋白质的热稳定性，降低其免疫原性，调控其降解速率，更适合应用于生物医药领域。

蛋白质、多肽可通过微生物合成制备，目前已有多种蛋白质类似物（包括丝蛋白、胶原蛋白、弹性蛋白等结构）成功合成。这些蛋白质类似物以天然蛋白质分子中的某段氨基酸序列为结构单元，具备天然蛋白质的一些性质，另外可将具备其他性质的氨基酸序列引入合成蛋白质类似物分子链中，赋予合成蛋白质新的物化性能或生物活性。因此，通过微生物合成蛋白质聚合物，可将不同蛋白质的优异物化性能及生物活性有机整合，以满足更多生物医学方面的需要。

1.3.5.3　微生物生物基聚合物

（1）聚乳酸　聚乳酸（PLA）是最具有生物医用前景的生物基材料之一，其单体是由无毒的可再生原料制成的。乳酸是 PLA 合成的主要前体，可由乳酸菌在发酵过程中大量产生。全世界生产的乳酸中约有 90% 是通过细菌发酵制备的，只有 10% 通过乳腈的水解合成生产。乳酸菌是生产乳酸最常用的微生物，在乳酸发酵过程中，pH 值、温度和搅拌转速等参数均十分重要。乳酸含有不对称碳原子，因此具有 2 个构型，即 L- 异构体和 D- 异构体。PLA 的力学性能和结晶行为取决于其相对分子质量和骨架的立体化学组成。开环聚合是获得高相对分子质量 PLA 的最常用方法。PLA 是一种疏水性半结晶聚合物，玻璃化转变温度为 40 ～ 70℃，熔融温度为 130 ～ 180℃，拉伸强度为 44 ～ 59MPa，降解时间为 18 ～ 24 个月。PLA 的熔融温度和结晶度与其摩尔质量和纯度有关，PLA 的降解是通过简单的酯键水解而发生的，并且不受酶的催化。PLA 的降解速率取决于其相对分子质量大小和形状、异构体比率和水解温度。

由于其优异的生物相容性和可调控的力学性能，PLA 及其共聚物广泛应用于生物医药领域，例如外科缝合线、皮肤敷料、组织工程支架和药物递送系统等。1995 年 FDA 正式批准了聚乳酸及其衍生物作为生物降解医用材料应用于临床。

（2）聚谷氨酸　聚 γ- 谷氨酸（PGA）是一种不常见的阴离子多肽，其结构为 D- 谷氨酸和/或L- 谷氨酸通过 α- 氨基和 γ- 羧酸基团之间的酰胺键连接聚合，PGA 可通过酶作用降解。已经报道了三种立体化学结构不同类型的 PGA：由 D- 谷氨酸（D-PGA）组成的均聚物、由 L- 谷氨酸（L-PGA）组成的均聚物以及包含 D- 谷氨酸和 L- 谷氨酸单元随机排列的共聚物（DL-PGA）。PGA 由 Ivanovics 等首次发现，是高致病性革兰氏阳性细菌炭疽芽孢杆菌的细胞壁成分，在高压灭菌后或细胞老化和自溶后释放到培养基中。PGA 包含可用于官能化的羧酸侧基重复单元，引入氨基丙醇修饰聚谷氨酸侧基后将避孕药物炔诺酮以共价键合方式制备成高分子药物，可实现炔诺酮的长期缓释；侧基修饰半乳糖的聚谷氨酸具备肝靶向及肝特异降解行为，适合应用于肝病治疗药物输运载体。基于其特有的无毒性、生物可降解性、亲水性等性能，聚谷氨酸及聚谷氨酸基衍生物在生物医药领域具有极大的应用潜力。

（3）聚羟基烷酸酯　聚羟基烷酸酯（PHA）是具有生物相容性和生物降解性的聚合物，其具备热塑性、易于加工，可用于组织工程及常规医疗器械的制造。PHA 的结晶度为 30% ～ 70%，熔融温度为 50 ～ 180℃。PHA 的分子质量在 5×10^4 至 3×10^6 Da 之间，具体取决于其来源和微生物的生长条件。多种微生物在碳培养基条件下通过细胞内碳储存机制产生不同的 PHA。目前已有多种细菌如真氧产碱菌、恶臭假单胞菌和重组大肠杆菌等已用于生产大量的 PHA。PHA 合酶（PhaC）是一种聚合酶，已被确定为 PHA 合成中的关键酶。作为可降解热塑性高分子材料，PHA 在医药领域用途广泛，已成为近年来的研究热点。

聚 3- 羟基丁酸酯 [P（3HB）] 是环境中最常见的 PHA。Lemoigne 于 1927 年首次在巨大芽孢杆菌中发现了 P（3HB）。P（3HB）的力学性能与常规塑料如聚丙烯或聚乙烯非常相似。可以通过挤出等加工方式将 P（3HB）加工成薄膜或将其与其他合成聚合物混合制备复合材料。P（3HB）在自然环境下可被多种微生物分泌的解聚酶分解为水溶性低聚物及单体，P（3HB）均聚物硬而易碎，当分子链中引入含有短支链的单体后可大大改善力学性能，得到的均聚物结晶度较低，更具柔韧性，并且易于加工，使其更适合用作组织工程中的细胞载体。

（4）细菌纤维素　细菌纤维素最初由 Brown 于 1988 年报道，是由醋酸菌属、土壤杆菌属、根瘤菌属和八叠球菌属等微生物使用糖类作为碳源通过氧化发酵合成的多孔性网状生物基聚合物。与通常以 1β 结晶形式存在的植物纤维素不同，细菌纤维素具备两种结晶形式：1α 和 1β。另外，细菌纤维素具备更高的聚合度。

细菌纤维素包含 β-（1,4）-葡聚糖链，分子式为（$C_6H_{10}O_5$）$_n$，葡聚糖链通过氢键连接在一起，内部含有大量亲水基团，不含木质素、果胶等成分，纤维素含量高达 95%，因此细菌纤维素具有更多优势，例如独特的三维纳米纤维结构，良好的透气、亲水性，高拉伸强度和弹性模量及高化学纯度和结晶度。细菌纤维素可通过冷冻干燥等方式制备成为具有三维网状结构的纳米纤维支架，也可通过复合、化学改性等方式制备成多功能组织工程支架。其独特的优势使其在组织工程与再生医学领域的应用成为国际国内研究热点。

（5）葡聚糖　葡聚糖又名右旋糖酐，到目前为止，商用葡聚糖主要是通过在含有蔗糖、有机氮源（例如蛋白胨）、生长因子、微量矿物质和磷酸盐等的培养基中通过肠膜明串珠菌厌氧发酵而来。葡糖苷水解酶是葡聚糖合成中的关键酶。葡聚糖的物化性质取决于其支链取代基的类型、取代程度以及葡聚糖的相对分子质量。葡聚糖的水溶性随着支链取代程度的增加而降低。大多数市售的葡聚糖的支链取代程度低（约为 0.5%），具备较高的水溶性。葡聚糖含有大量的羟基，可以通过化学键合作用与多种药物或蛋白质偶联。作为药物输运载体，葡聚糖可对药物、蛋白质起到保护作用，使其免受生物、化学降解，从而提高生物活性分子利用度。

1.3.6　生物基材料在 3D 打印材料中的应用

生物基材料应用于 3D 打印，可将生物基材料的绿色环保、资源节约的特点与 3D 打印制造技术的精细设计、快速制造的特点有机结合。近年来，在医疗器械、模具制造、服装设计、艺术设计等领域，生物基材料都与 3D 打印技术进行了深度融合，适合 3D 打印的生物基新材料不断涌现。本节将从以下几方面介绍近年来生物基材料在 3D 打印中的应用情况。

1.3.6.1 聚乳酸（PLA）在 3D 打印中的应用

PLA 具有良好的力学性能、透明性和抗菌性能，并且易于加工，被视为 3D 打印的最佳选材之一。由于其可生物降解，并且打印时没有刺鼻气味，可以作为传统 3D 打印材料丙烯腈 - 丁二烯 - 苯乙烯塑料（ABS）的环保替代品。目前 Stratasys 公司、NatureWorks、深圳光华伟业股份有限公司等均有成型性能优良的 PLA 打印线材，此外为提高 PLA 线材的韧性、强度等力学性能，PLA 与 PBAT、PLA 与天然植物纤维复合线材得到了众多学者的关注，诸如研究木粉（WF）/PLA、云杉木浆纤维（TMP）/PLA、竹粉（BF）/PLA、玉米秸秆粉（MS）/PLA、麦秸粉（WS）/PLA 等的天然纤维增强复合线材的材料配比、添加剂等对线材的 3D 打印性能、力学性能的影响，并且 ColorFabb 公司、Polymaker 公司、深圳光华伟业股份有限公司、江苏锦禾高新科技股份有限公司等均推出了成熟的植物纤维增强 PLA 打印线材。

PLA 具有良好的生物相容性，目前在 3D 打印生物医学领域也已经有大量研究和示范性应用，诸如 3D 打印 PLA/羟基磷灰石（HA）复合材料、PLA/ 纳米羟基磷灰石（nano HA）复合材料、含生物活性玻璃（biological activity glass，BAG）、半水硫酸钙（$CaSO_4 \cdot 0.5H_2O$）的聚乳酸复合材料人工骨支架等均通过体外细胞毒性试验、动物植入试验等验证了它们良好的生物相容性，具有良好的临床应用前景。

1.3.6.2 聚己内酯（PCL）在 3D 打印中的应用

PCL 无毒，不溶于水，易溶于多种极性有机溶剂，具有良好的生物相容性、良好的有机高聚物相容性以及良好的生物降解性。在加热条件下，表现出良好的黏弹性和流变性，可通过熔融沉积（FDM）技术进行 3D 打印加工，在临床医学研究中 PCL 常被用作支架材料，广泛应用于硬组织工程领域。3D 打印 PCL 用作组织工程支架时，其力学性能及结构稳定性受 PCL 相对分子质量和支架孔隙几何构型的影响。为提高 PCL 的生物相容性及骨传导性，PCL 和羟基磷灰石（HA）复合材料、PCL 和纳米氧化锆（ZrO_2）、PCL 和 β- 磷酸三钙（β-TCP）复合材料等的 3D 打印骨组织工程支架都得到了深入的研究和探索性的应用。赢创特种化学有限公司推出了以 PCL 等原料为主，个性化、高分辨率的生物可吸收植入物的 RESOMER® 系列 3D 打印丝材，该产品的力学性能，如强度和断裂伸长率，可以根据应用目标进行调整，生物再吸收周期也可以从少于 6 个月到 3 年以上不等。

此外 PCL 熔点较低，非常适合作为当下流行的 3D 打印笔的耗材，PCL 最佳打印温度为 70 ～ 100℃，当 3D 打印笔熔融出料时，笔头温度甚至会低至 25℃，可以有效避免使用者意外烫伤，与皮肤直接接触也无伤害。并且该材料塑形后固化坚硬，软化后又能重复塑形。目前深圳光华伟业股份有限公司 eMate-PCL 已经在低温 3D 打印笔上成功应用，此外 3D ELEMENTS 也推出了成熟的 PCL 系列 3D 打印耗材。

1.3.6.3 生物基聚酰胺（PA）在 3D 打印中的应用

生物基聚酰胺 PA11 为 100% 生物基，并且具有极佳的耐化学性、耐燃油性，优异的柔韧性，吸水性极低，尺寸稳定性好，低温抗冲击、耐磨性和抗裂纹扩展性好。随着 3D 打印技术的普及，对打印材料的要求也越来越高，PA11 越来越多地用作 3D 打印材料。阿科玛生物基 Rilsan® PA11 适合激光烧结 3D 打印，除了在汽车行业中的应用，在医疗保健、航空航天和国防领域的使用频率也在增加。德国化学公司巴斯夫、上海凯赛生物技术股份有限公司也推出了类似的选择性激光烧结（SLS）适用的生物基聚酰胺粉末。

1.3.6.4 其他生物基材料的 3D 打印应用

除了上述应用较多、研究较集中的生物基 3D 打印材料外，还有其他一些生物基新材料，也在 3D 打印领域崭露头角。立陶宛考纳斯工业大学（KTU）开发了一种新型的生物基光敏树脂，可适用于光学 3D 打印成型。深圳光华伟业推出了一种高硬度、高强度、适用于 LCD 3D 打印的光固化树脂，以及一种兼具强度和韧性、适用于 DLP 3D 打印的光固化树脂。江南大学也报道了一系列不同生物基含量的光敏性生物基聚酰亚胺 BGPIs，通过光固化技术制备了生物基聚酰亚胺光固化涂层 BGPIs，涂层 BGPIs 具有较高的交联密度、高的附着力、低的吸水性、突出的光学透明性和优异的热稳定性能，初始分解温度均在 400℃以上，可作为生物基耐高温涂层应用于微电子工业中。北京化工大学张立群教授研究组也制备了适合熔融沉积型（FDM）3D 打印生物基聚酯（PHPF）。PHPF 具有良好的断裂伸长率等优良的力学性能，使用 FDM 型 3D 打印机对其打印，结果表明可以顺利打印所设计的模型。图 1-37 为一些 3D 打印制品。

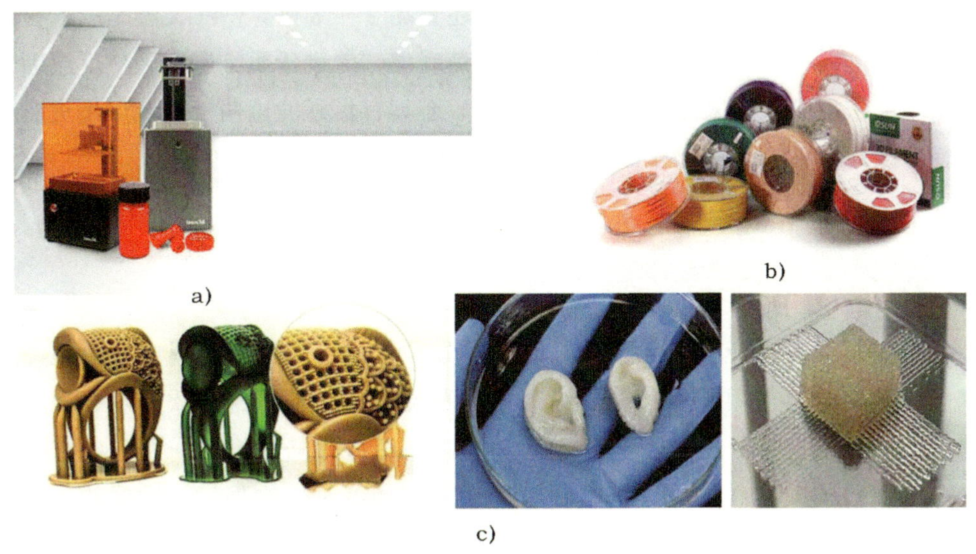

图 1-37　3D 打印制品

a）3D 打印机　b）生物基 3D 打印线材　c）3D 打印生物基材料制品

注：该图取自深圳光华伟业股份有限公司网站。

1.3.7　生物基材料在其他日常用品中的应用

生物基材料在办公用品、卫生用品（纸尿裤、卫生巾）、化妆品、体育用品、玩具、手套、鞋套、桌布等一次性用品领域亦存在潜在的应用，具有良好的市场前景。

聚乳酸具有良好的透明性和较高的强度，可以用于制作信封窗口膜、文件夹、文件夹壳、塑料卡片、路标、广告联、鼠标垫、名片盒以及台历等。改性淀粉基热塑性塑料具有价廉、可再生和可生物降解等优点，已用于餐具、缓冲材料、衣架、零件、化妆品等领域。再生纤维素纤维具有独特的光泽、良好的舒适感和悬垂感、天然透气性、抗静电性，用再生纤维素做成的无纺布可用作医用纱布、药棉、揩手布、卫生带、种子袋和建筑工程用布等。蛋白质来源丰富，广泛存在于自然界中。在蛋白质中加入增塑剂并经过一定挤压工艺制备出环境友好的生物可降解性塑料，适用于制备盒、杯、瓶、勺子、容器、片材、玩具、旅游和体育用品等，并能应用于育苗盆、花盆等农林业用品。

甲壳素及其衍生物具有良好的吸湿性、成膜性、防静电性和防尘性，在化妆品工业上被大量用于制香波、发型定型剂、护发素、润湿剂和香皂等。将 γ- 聚谷氨酸（γ-PGA）敷于皮肤可形成一层保水膜，能有效防止皮肤表面水分的流失，其效果比公认的具有保湿能力的透明质酸还要高 2 ～ 3 倍。γ-PGA 亦是一种机能型的保湿剂，可以直接渗透至肌肤内部的角质层，促进角质细胞内天然保湿因子的增生，恢复肌肤本来的保湿能力。同时，还具有良好的抗菌性能，可增进皮肤弹性，因此，γ-PGA 可以作为一种比较理想的化妆品成分。

1.4 发展生物基材料产业的意义

1.4.1 各国生物基材料战略地位进一步提升，政策指南陆续出台

生物基材料产业是技术密集、知识密集、人才密集的新材料产业，是各国家强国战略材料重要组成部分。纵观全球发展态势，美、日、欧等发达国家和地区，以及俄罗斯、巴西、印度、南非等新兴经济体陆续推行一系列支撑新材料产业发展的政策和措施，相关政策文件大都涵盖对生物基材料发展的支持。加之全球各国对生态环境保护意识的加强，对减少碳排放及能源消耗要求的提高，各国生物基材料战略地位进一步提升。例如，美国制定的《2020 年制造业挑战的展望》中，明确将工业生物制造技术作为战略技术领域，并列为 2020 年制造技术挑战的 11 个主要方向之一。美国能源部（DOE）2014 年向农业废弃物或木质生物质两个大型研究项目拨款 1 130 万美元。据悉，这两个项目旨在以农业废弃物或木质生物质为原料，研制出造价低廉、性能优异的可再生碳纤维材料。欧洲生物经济战略于 2012 年启动并通过，旨在解决可再生生物资源的生产及其转化为重要产品和生物能源的问题。2015 年启动的循环经济行动计划，将在欧洲创造一个长期可持续的循环生物经济，并减少欧盟的环境足迹。2018 年初，欧洲各机构通过了修订后的欧盟废弃包装条例，鼓励成员国支持在包装生产中使用生物基材料。2018 年 1 月，欧盟委员会发布了《循环经济中的塑料欧洲战略》，为创新和可持续的循环塑料经济的发展提供了关键的推动力。2018 年 5 月 28 日，欧洲议会以压倒性投票结果通过的一项“禁塑令”指出，到 2021 年，欧盟成员国将禁止使用包括一次性塑料餐具、塑料制棉签、塑料吸管、塑料搅拌棒在内的 10 种一次性塑料制品。2019 年 5 月，日本政府发布《塑料资源循环战略》，实现一次性塑料减排，提高生物基塑料实用性，以替代化石基塑料。具体发展计划如表 1-24 所示。

表 1-24　若干国家的生物基材料领域战略

国家	发展计划	涉及生物基材料相关领域
美国	先进制造业国家战略计划 国家生物经济蓝图“智慧地球”计划	新能源材料、生物与医药材料、环保生物基材料
欧盟	欧盟能源技术战略计划 能源 2020 战略 欧洲 2020 战略 可持续增长创新：欧洲生物经济	低碳产业相关材料、生物基材料
英国	低碳转型计划 英国可再生能源发展路线图 合成生物学路线图 英国工业 2050	低碳产业相关材料、生物基材料
德国	能源战略 2050：清洁、可靠和经济的能源系统 高科技战略行动计划 生物经济 2030 国家研究战略 工业 4.0	可再生能源材料、生物基材料
法国	环保改革路线图 未来十年投资计划	可再生能源材料、环保材料、环保汽车相关材料等
日本	新增长策略 新国家能源战略 能源基本计划 下一代汽车计划 海洋基本计划	新能源材料、节能环保材料等
韩国	新增长动力规划及发展战略	可再生能源材料等
俄罗斯	2030 年前能源战略 到 2020 年生物技术发展综合计划	新能源材料、节能环保材料、生物基材料等
巴西	低碳战略计划 2012—2015 年国家科技与创新战略	新能源材料，环保汽车、民用航空、现代生物农业等相关材料
印度	气候变化国家行动计划 国家太阳能计划 “十二五”规划（2012—2017 年） 2013 科学、技术与创新政策	新能源材料、生物基材料等
南非	国家战略规划绿皮书 新工业政策行动计划 2030 发展规划 综合资源规划	新能源材料、生物基材料等

1.4.2 行业垄断进一步加剧，关键材料控制成为强国竞争焦点

目前，世界著名企业集团凭借其技术研发、资金和人才等优势，不断向新材料领域拓展，在高附加值的关键战略材料产品中占据主导地位，而且“强强联合、继续加强行业垄断与控制”发展趋势愈演愈烈。通过技术和市场的行业垄断行为，对竞争国家实施产品封锁或高价倾销，扼制其经济建设及重大工程实施，成为新时期强国竞争的焦点所在。各材料领域垄断趋势日益显现，大型跨国企业的控制权集中于少数几个发达国家。

例如，在聚乳酸（PLA）产业技术发展方面，美国 NatureWorks、欧洲的 Total Corbion 公司在发酵制备聚合级单体 L- 乳酸和 D- 乳酸、丙交酯制备、PLA 合成以及产品应用开发等方面占据了全产业链优势。目前我国尚无一家掌握了聚乳酸全产业链技术，其中聚乳酸合成单体的丙交酯产业化技术，特别是高光学纯度旋光性丙交酯产业化技术尚不成熟，还需依赖进口，成为国内 PLA 合成乃至全产业链发展的“卡脖子”环节单体的制备技术尚存在欠缺，导致对国外依存度较高。在聚对苯二甲酸己二酸丁二醇酯（PBAT）产业中，意大利 Nova mont 和德国 BASF 不但现有产能位居世界前列，而且近年来相继取得美国 Genomatica 公司的技术授权，着手生物基 1,4- 丁二醇（BDO）的工业化。其中 2018 年 Nova mont 投产了全球首套产能 2 万 t/a 的 BDO 生物法装置，基于此生物基原料优势，法国、意大利和德国于 2020 年开始对 PBAT 制品的生物基含量做出要求，并逐年提高，极易形成对欧美市场封锁保护的技术壁垒。

1.4.3 绿色化和低碳化不可逆转

我国石油储量是世界的 2%，消费量是世界第二。在我国，能源的多元化、可持续、与环境友好以及降低进口依存度已是大势所趋。当人们将目光聚集到可再生的清洁能源和生物质能源时，生物基材料受到关注，成为可持续和循环经济发展的亮点。

开发生物基材料的根本出发点，是因为目前大量使用的化石资源是有限的，而可再生资源却是可持续发展的。这个出发点，可简单地用地球的碳平衡图（见图 1-38）来描述。

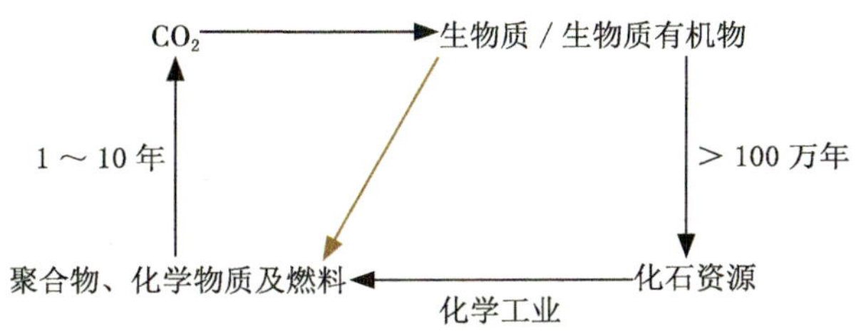

图 1-38　地球碳平衡图

从图 1-38 可看出，二氧化碳被生物处理如植物光合作用等转化成生物质或生物质有机物，生物质或有机物质在一定条件下又被转化成化石资源，而从生物质或有机物质转化成化石资源的过程一般需要 10^6 年以上时间；化石资源通过化学工业又可变为聚合物、化学物质及燃料等，而聚合物、化学物质及燃料等使用后变为二氧化碳的周期大概仅需要 1 ~ 10 年时间。显然，由化学工业形成的产物再形成二氧化碳的速度远远超过了二氧化碳通过生物处理器再转化为化石资源的速度。如此过程反复进行，地球上的二氧化碳将越来越多，化石资源的量将越来越少，最终导致石油资源的枯竭。而生物基材料，恰恰是从可再生的生物质或生物质有机物直接变为聚合物等材料，缩短了从二氧化碳到材料的转化过程，从而使地球上的碳能维持在平衡状态。目前，生物基材料其原料主要来源于以阳光和二氧化碳为能源和碳源的可再生资源，如淀粉和纤维素等。不管是直接以淀粉等为原料加工制品，还是通过生物技术将淀粉和纤维素转化成的聚合物等材料。相对于普通聚合物材料，生物基材料可降低 30% ~ 50% 石油资源的消耗，减少我们因聚合物材料化学合成需要石油基炼化得到单体而对石油资源的依赖。

可见，从可持续发展的意义上分析，生物基材料是满足可持续发展要求的。开展生物基材料研究，对长久的国家能源安全有重要意义。

第 2 章

国外生物基材料产业发展现状

全球气候变暖和化石资源日渐耗竭的严峻现实，推动着新生物经济的发展。据统计，过去 10 年，生物基聚合物产能以两位数的年均增长率增长。欧洲生物技术相关领域顶级独立研究机构 Nova 研究所研究显示，2020 年世界生物基聚合物产能达 1 700 万 t，其中生物基聚对苯二甲酸乙二醇酯（PET）、聚乳酸（PLA）和聚羟基烷酸酯（PHA）的市场增长率最高。替代型生物基聚合体在化学结构上与化石基聚合物相同，受到业内广泛重视。目前，使用生物基乙二醇（MEG）单体和化石基对苯二甲酸（TPA）制得的 30% 生物基 PET 已进入市场并在包装等领域得到应用。与此同时，替代型生物基 PX-TPA 单体技术的研究与开发也取得了巨大进展，100% 生物基 PET 有望在未来成为产能最大的生物基聚合物。

2.1 北美生物基材料产业发展现状

2.1.1 发展概况

美国制定的《2020 年制造业挑战的展望》中，明确将工业生物制造技术作为战略技术领域，并列为 2020 年制造技术挑战的 11 个主要方向之一。

美国杜邦公司采用生物法生产 1,3- 丙二醇（PDO），以玉米淀粉为原料，利用改性生物酶制取 PDO，目前产能达到 4.5 万 t/a，生产的 PTT 树脂，总费用比现在从石油化工产品制造便宜 25%，其 2015 年生物材料的收入突破了 10 亿美元，而在 2010 年时仅为 2 亿美元。

美国 NatureWorks 公司是全球聚乳酸生物基行业的领军者，提供的聚乳酸及丙交酯几乎独占全球市场，目前产能达到 18 万 t/a。该公司旗下品牌 Ingeo 利用聚乳酸制造纤维及生物塑料，并应用到日常生活的各个领域。

美国可生物降解产品协会（BPI）成立于 1999 年，是一家非营利性机构，其目标是将有机废物扩展到堆肥，验证产品和包装在专业管理的堆肥设施中的分解情况。BPI 运营着北美领先的可降解树脂、产品和包装认证项目，并运营维护着 SKU 认证产品数据库，该数据库对公众公开。

2.1.2 标准情况

美国材料与试验协会（ASTM）标准体系中涉及生物基材料的标准主要包括生物基材料的术语定义、生物基含量的测定方法、生物降解性能的判断及测试方法，此外还包括部分医用材料生物相容性的测试方法。具体标准如表 2-1 所示。

表 2-1 生物基材料相关 ASTM 标准列表

标准类型	标准编号	标准名称
生物基材料相关标准	ASTM F1377-13	Standard Specification for Cobalt-28 Chromium-6 Molybdenum Powder for Coating of Orthopedic Implants （UNS R30075）
	ASTM D996-16	Standard Terminology of Packaging and Distribution Environments
	ASTM E3072-19	Standard Terminology for Industrial Biotechnology
	ASTM E1821-08（2020）	Standard Test Method for Determination of Carbohydrates in Biomass by Gas Chromatography
	ASTM E1758-01（2020）	Standard Test Method for Determination of Carbohydrates in Biomass by High Performance Liquid Chromatography
	ASTM D7459-08（2016）	Standard Practice for Collection of Integrated Samples for the Speciation of Biomass （Biogenic） and Fossil-Derived Carbon Dioxide Emitted from Stationary Emissions Sources
	ASTM E3256-20	Standard Practice for Reference Scenarios When Evaluating the Relative Sustainability of Bioproducts
	ASTM E1705-15	Standard Terminology Relating to Biotechnology
	ASTM E2986-18	Standard Guide for Evaluation of Environmental Aspects of Sustainability of Manufacturing Processes
生物降解性能测试相关标准	ASTM D6954-18	Standard Guide for Exposing and Testing Plastics that Degrade in the Environment by a Combination of Oxidation and Biodegradation
	ASTM D6866-20	Standard Test Methods for Determining the Biobased Content of Solid, Liquid, and Gaseous Samples Using Radiocarbon Analysis
	ASTM D6400-19	Standard Specification for Labeling of Plastics Designed to be Aerobically Composted in Municipal or Industrial Facilities
	ASTM D5511-18	Standard Test Method for Determining Anaerobic Biodegradation of Plastic Materials Under High-Solids Anaerobic-Digestion Conditions
	ASTM D6691-17	Standard Test Method for Determining Aerobic Biodegradation of Plastic Materials in the Marine Environment by a Defined Microbial Consortium or Natural Sea Water Inoculum
	ASTM D5338-15	Standard Test Method for Determining Aerobic Biodegradation of Plastic Materials Under Controlled Composting Conditions, Incorporating Thermophilic Temperatures
	ASTM D6868-19	Standard Specification for Labeling of End Items that Incorporate Plastics and Polymers as Coatings or Additives with Paper and Other Substrates Designed to be Aerobically Composted in Municipal or Industrial Facilities

（续）

标准类型	标准编号	标准名称
生物降解性能测试相关标准	ASTM D7032-17	Standard Specification for Establishing Performance Ratings for Wood-Plastic Composite and Plastic Lumber Deck Boards, Stair Treads, Guards, and Handrails
	ASTM D7473-12	Standard Test Method for Weight Attrition of Plastic Materials in the Marine Environment by Open System Aquarium Incubations
	ASTM D7444-18a	Standard Practice for Heat and Humidity Aging of Oxidatively Degradable Plastics
	ASTM F1635-16	Standard Test Method for in vitro Degradation Testing of Hydrolytically Degradable Polymer Resins and Fabricated Forms for Surgical Implants
	ASTM D5526-18	Standard Test Method for Determining Anaerobic Biodegradation of Plastic Materials Under Accelerated Landfill Conditions
	ASTM D7475-20	Standard Test Method for Determining the Aerobic Degradation and Anaerobic Biodegradation of Plastic Materials under Accelerated Bioreactor Landfill Conditions
	ASTM D5988-18	Standard Test Method for Determining Aerobic Biodegradation of Plastic Materials in Soil
	ASTM D883-20b	Standard Terminology Relating to Plastics
	ASTM D5929-18	Standard Test Method for Determining Biodegradability of Materials Exposed to Source-Separated Organic Municipal Solid Waste Mesophilic Composting Conditions by Respirometry
	ASTM D7991-15	Standard Test Method for Determining Aerobic Biodegradation of Plastics Buried in Sandy Marine Sediment under Controlled Laboratory Conditions
生物相容性测试标准	ASTM F2475-20	Standard Guide for Biocompatibility Evaluation of Medical Device Packaging Materials
	ASTM F1983-14	Standard Practice for Assessment of Selected Tissue Effects of Absorbable Biomaterials for Implant Applications
	ASTM F2902-16e1	Standard Guide for Assessment of Absorbable Polymeric Implants
	ASTM F2739-19	Standard Guide for Quantifying Cell Viability and Related Attributes within Biomaterial Scaffolds
	ASTM F2664-19e1	Standard Guide for Assessing the Attachment of Cells to Biomaterial Surfaces by Physical Methods

2.1.3 产品质量认证情况

（1）生物优先计划　从 2011 年起美国农业部（USDA）开始实施生物优先计划，生物优先计划有两种，分别为政府采购优先计划（procurement program）和针对消费者的自愿标签计划。前者于 2002 年为鼓励生物产品的发展而设立（出自《农场安全与农村投资法案》），后者于 2008 年发布。生物优先计划的目的在于激励美国生物质产品的消费。

合格的生物基产品要求：

要获得 USDA 的产品认证，产品必须达到生物基优先采购计划中与其相应的最低生物基含量。对于不属于规定目录内的产品，其生物基含量低要求必须达到 25% 以上，除非申请产品得到农业部低要求的特别许可。

对于进口至美国市场的产品，需要与美国国内生产的生物基产品提供同样的认证材料。并且美国进口的别国已认证产品，如需获得其生物优先计划标签仍需重新对产品进行 USDA 认证。

生物基标签的申请者提交申请时需提交证明其产品生物基含量的文件。该证明可按照 ASTM D6866 提供测试报告声明。按照 USDA 的规定，ASTM D6866 的测试必须由通过 ISO9001 认证的测试机构执行，以保证报告的高质量。USDA 将随机抽取 ASTM D6866 测试过的产品来确保产品能达到相应的标准。

USDA 认证的生物基产品标签包含标志、生物基含量。“USDA Certified Biobased Product”“USDA Certified Biobased Product:Package”“USDA Certified Biobased Product and Package”三种标签分别代表美国农业部认证的产品、美国农业部生物基认证的产品包装、美国农业部生物基认证的产品和包装。已经被列入生物基优先采购计划的生物基产品可以使用“FP”标识。标签样本在 USDA 的官方网站上公布，可以在其网站上查询。

（2）BPI 生物降解认证　2020 年 9 月，美国可生物降解产品协会（BPI）董事会通过了《可降解产品和包装的标签指南》，该文件声明的目标是：建立一致、分类明确的识别指南，使消费者、堆肥商和其他人员更容易识别可堆肥的产品和包装，以减少污染，促进食品废料堆肥项目发展和减少垃圾填埋场产生的甲烷。

BPI 是北美唯一对可降解产品进行 ASTM 标准认证的第三方机构。BPI 为制造商和品牌所有者的产品和包装的可堆肥性提供认证标志，为消费者、终端用户和堆肥者在决定产品或包装的可堆肥性方面进行第三方验证。所有产品和包装必须符合《BPI 商业堆肥认证计划（第二版）》附录 B 中规定的 BPI 标准要求。不符合这些标准的产品和包装将无法获得认证。

认证规定要求最终产品、中间体和材料必须符合两项 ASTM 标准中的一项要求，即 ASTM D6400 “Standard Specification for Labeling of Plastics Designed to be Aerobically Composted in Municipal or Industrial Facilities” 或 ASTM D6868 “Standard Specification for Labeling of End Items that Incorporate Plastics and Polymers as Coatings or Additives with Paper and Other Substrates Designed to be Aerobically Composted in Municipal or Industrial Facilities” 。例如，由可降解生物聚合物制成的产品，如餐具和袋子，可参照 ASTM D6400 进行认证；而含有天然纤维的产品，如热咖啡杯，可以通过 ASTM D6868 进行认证。

除认证方案另有说明外，实验室检测必须按照表 2-2 中所列标准化检测方法的规定进行。

表 2-2　BPI 认证试验方法依据标准列表

标准编号	标准名称
ISO 14851	Determination of the ultimate aerobic biodegradability of plastic materials in an aqueous medium – Method by measuring the oxygen demand in a closed respirometer
ISO 14852	Determination of the ultimate aerobic biodegradability of plastic materials in an aqueous medium – Method by analysis of evolved carbon dioxide
ISO 14855-1	Determination of the ultimate aerobic biodegradability of plastic materials under controlled composting conditions-Method by analysis of evolved carbon dioxide Part 1: General procedure
ISO 14855-2	Determination of the ultimate aerobic biodegradability of plastic materials under controlled composting conditions Method by analysis of evolved carbon dioxide Part 2: Gravimetric measurement of carbon dioxide evolved in a laboratory-scale test
ASTM D5338	Standard Test Method for Determining Aerobic Biodegradation of Plastics Materials Under Controlled Composting Conditions
ISO 20200	Plastics – Determination of the degree of disintegration of plastic materials under simulated composting conditions in a laboratory-scale test
ISO 16929	Plastics – Determination of the degree of disintegration of plastic Materials under defined composting conditions in a pilot-scale test
OECD 208	Terrestrial Plant Test 208: Seedling Emergence and Seedling Growth Test

德国标准化学会认证中心（DIN CERTCO）被认定为 BPI 认证项目的技术审查管理部门，自 2017 年 12 月 1 日起生效，但 BPI 认证的外观不变。DIN CERTCO 拥有超过 20 年的堆肥认证管理经验。作为第三方认证的一部分，BPI 采用了独立

的实验室。这些实验室必须通过 ASTM D6400 和 ASTM D6868 的认证，或者符合 ASTM D6400 和 ASTM D6868 的要求，以确保它们能够进行测试。

此外，美国联邦贸易委员会（FTC）、加拿大竞争事务局（CCB）以及两国的各个州（省）和地方政府都制定了各种指导方针和法律，供可堆肥产品和包装的营销人员在提出可堆肥性要求时遵循。以下是一些要求或建议：①提供可靠和科学的堆肥性证据，如符合 ASTM D6400 或 ASTM D6868 的堆肥性标准规范。②如果产品不能在家中安全、及时地进行堆肥，需对产品和包装标识免责声明，以证明其可堆肥性，如“仅可商业化堆肥”。③使用免责声明来表明商业堆肥设施对绝大多数消费者是不可用的，如“在你的地区可能不存在堆肥设施”。④对大于 8 盎司（236.6mL）的生物塑料容器使用树脂识别码（RIC）。对于生物塑料，RIC 序号为 7。⑤使用名词“可分解”。⑥使用第三方认证标志来验证产品是否符合 ASTM 的堆肥标准。⑦在公共分拣区和加工设施中使用标识，使产品或包装在快速检查时便于区分。⑧使用独特的配色方案，绿色或棕色色带，或其他采用的符号、颜色、标记或设计模式，以区分可堆肥的材料和不可堆肥的材料。

2.1.4 相关政策

美国能源部（DOE）2014 年向农业废弃物或木质生物质两个大型研究项目拨款 1 130 万美元。这两个项目旨在以农业废弃物或木质生物质为原料，研制出造价低廉、性能优异的可再生碳纤维材料。

2018 年 7 月 1 日起，美国西雅图全面禁止餐饮业者提供塑料吸管及塑料刀叉，鼓励改用可重复使用的餐具或可堆肥塑料制品。西雅图公共事业委员会公告指出，违规业者将面临 250 美元罚款。

从 2020 年 3 月 1 号起，一次性塑料袋在纽约州被禁止使用。在纽约市，该禁令涵盖的所有企业都必须对纸袋收取 5 美分的费用。根据环境保护部门颁布的减少塑料袋垃圾法律条文，塑料手提袋（plastic carryout bag）指的是任何薄膜塑料袋。然而，也有一些塑料包装袋并未被禁止使用，比如：用于包装未经烹饪的肉、鱼、海鲜、家禽或其他未包装的食品、花卉或植物；用于包装散装物品，包括水果、蔬菜、谷物、糖果、小五金等；作为垃圾袋出售的塑料袋；作为食品储藏袋出售的塑料袋（比如存放三明治、腌肉的储藏袋）；服装袋，如干洗店或洗衣店使用的塑料袋；由药房提供的以携带处方药的袋子；可重复使用的袋子。

2.2 欧洲生物基材料产业发展现状

2.2.1 发展概况

目前欧盟生物基产品生产总量约为 470 万 t/a，在整个市场中占据 3%，市场多样化且规模巨大，产品类别之间存在差异。全球领先的化工公司巴斯夫集团生产的生物基产品包括生物可降解聚酯 Ecoflex® 等，产能约 7.4 万 t/a。目前在生物产业的发展中依然存在障碍，如生产成本，但也有很大的机遇，新的政策措施可能会有所帮助。2019 年欧盟委员会联合研究中心发布了一份重要报告，详细介绍了生物基化学品在欧盟市场的潜力，并预测从 2018 年到 2025 年，每年的产量将保持 3.6% 的增长。

为促进欧洲有机化学工业使用的生物基原料水平 2030 年提高到 25%，欧盟发布了欧洲化学工业走向生物经济的路线图（RoadToBio），据 RoadToBio 网站统计，目前新开发的生物基产品约有 305 种，其中 208 种产品已经商业化，具有代表性的产品大约 50 种，涵盖化学品、溶剂、塑料聚合物、油漆、涂料、油墨和染料、表面活性剂、化妆品和个人护理用品、黏合剂、润滑油、增塑剂及人造纤维等。

1993 年成立了欧洲生物塑料协会，致力于密切监测、评估和协助欧洲生物塑料工业的欧盟立法的相关发展，是欧盟政策制定者可信赖的资源和知识渊博的合作伙伴，并提供关于生物塑料行业的信息沟通和平衡。

2.2.2 标准情况

CEN/TC/411/WG 3 工作组制定了不同的标准，用于测量生物基材料中的可再生物质的含量。包括 EN 16640 “Biobased products-Determination of the biobased carbon content of products using the radiocarbon method”，EN 16785-1 “Biobased products-Biobased content Part1: Determination of the biobased content using the radiocarbon analysis and elemental analysis”，EN 16785-2 “Biobased products-Biobased content Part 2: Determination of the biobased content using the material balance method”。

CEN/TC/411/WG 4 工作组制定了 EN 16760 “Biobased products-Life Cycle Assessment”，它基于 ISO 14040 系列标准（ISO 14040 “Environmental management - Life cycle assessment - Principles and framework”，ISO 14044 “Environmental management-Life cycle assessment-Requirements and guidelines”）为生物基产品测试提供了具体的 LCA 要求和指导。

ISO14067 是一项关于“产品碳足迹”的标准，提供了如何测量和报告产品碳足迹的详细信息。

有关工业堆肥和厌氧消化的标准包括 EN 13432“Requirements for packaging recoverable through composting and biodegradation”，EN 14995“Plastics-Evaluation of compostability-Test scheme and specifications”，以及有相似规定内容的 ISO 18606“Packaging and the environment-Organic Recycling”和 ISO 17088“Specifications for compostable plastics”。

目前，还没有有关家庭堆肥的国际标准，但是有一些国家标准对家庭堆肥进行了规范。比如澳大利亚标准 AS 5810“Biodegradable plastics-biodegradable plastics suitable for home composting”。比利时认证机构 Vincotte 制定了 OK 堆肥家庭认证计划，要求在环境温度下 12 个月内至少降解 90%。在此基础上，法国标准 NF T 51-800“Plastics-Specifications for plastics suitable for home composting”，规定了同样的认证要求。

关于产品在土壤中的生物降解性能，适用于 Vincotte 基于 EN13432/EN14995 制定的“生物产品－土壤降解”认证方案。该测试要求在环境温度下，两年内生物降解率至少达到 90%。标准 EN 17033“Plastics-Biodegradable mulch films for use in agriculture and horticulture-Requirements and test methods”规定了生产可生物降解薄膜的要求。

目前，还没有标准为海水中塑料的降解提供明确要求，仅有测试方法标准，如 ASTM D6691“Standard Test Method for Determining Aerobic Biodegradation of Plastic Materials in the Marine Environment by a Defined Microbial Consortium or Natural Sea Water Inoculum”，ASTM D 6692“Standard Test Method for Determining the Biodegradability of Radiolabelled Polymeric Plastic Materials in Seawater” 和 ASTM D7473“Standard Test Method for Weight Attrition of Plastic Materials in the Marine Environment by Open System Aquarium Incubations”。此外还有 OECD 306“Biodegradability in sea water”和 ISO 16221“Water quality-Guidance for determination of biodegradability in the marine environment”也对海水中的降解实验方法进行了规定。

CEN/TC/411/WG 5 工作组发布了生物基塑料的沟通标准，EN 16848“Biobased products-Requirements for Business to Business communication of characteristics using a Data Sheet”以及 EN 16935“Biobased products-Requirements for Business-to-Consumer communication and claims”。

有关“环保标签及声明”标准，ISO14020 系列是有关“环保声明”的主要国际标准指引。这些标准提倡三种不同类型的环境标签和声明。ISO14021 包括自行声明的环保申索、ISO14024 包括环境标签、ISO14025 包括环境声明。

与此相关的还有关于“环境管理－环境沟通”的 ISO14063 标准，其重点是建立公司的沟通程序，并包含环境沟通基础的一般指南。ISO14067（可持续性和生命周期评估）也提供了一般准则供正确使用碳足迹声明参考。

2.2.3 产品质量认证情况

欧洲对于生物成分的标签有 DIN-Gepruft biobay、OK biobay（两者都提供不同的标签，反映产品的生物质含量），以及 Nederlandse Norm（NEN）基于 EN16785-1 的新标识。欧洲有两个组织提供生物基塑料的认证和相应的标签，分别是比利时认证机构 TÜV Austria Belgium 和德国认证机构 DIN CERTCO。生物基声明的依据应符合欧盟标准“CEN/TS 16137：2011 塑料－关于生物基碳含量的确定”。该标准规定了基于 ^{14}C 含量测量值来确定单体、聚合物以及塑料材料和产品中生物基碳含量的计算方法。目前，没有强制要求生产商提供其产品中生物基材料的确切数量。生产者可以在自愿的基础上向消费者提供此信息，并为具有环保意识的消费者提供明智的购买决定。

目前还有许多基于欧盟指令 2009/28/EC（可再生能源指令）所规定的关于生物质可持续性的认证方案，如 ISCC PLUS、RSB（可持续生物基材料圆桌会议）或 REDcert。

2.2.4 相关政策

欧洲经济模式从线性经济模式到循环经济模式的过渡加快了欧洲生物基塑料工业的发展。生物基塑料以可再生资源取代化石能源，在这一转变中发挥了关键作用。2018 年年初，欧洲各机构通过了修订后的欧盟废弃包装条例，鼓励成员国支持在包装生产中使用生物基材料。此外，欧洲将推进强制单独收集生物基废弃物。

欧洲支持生物基塑料的顶级战略如下：

（1）欧盟循环经济一揽子计划　2015 年 12 月，欧盟委员会发布了循环经济提案，这是欧洲关闭碳循环，确保资源不被浪费，通过设计重新进入循环经济的重要一步。

2018 年 1 月，欧盟委员会发布了《循环经济中的塑料欧洲战略》。根据委员会的说法，这一提议是使欧洲塑料系统更加节约资源和推动由线性系统向循环系统转变的雄心勃勃的一步。生物基塑料通过使用替代原料和为塑料产品提供更广泛的寿命终结方式，为创新和可持续的循环塑料经济发展提供了关键的推动力。但是该提案没有提出具体的立法措施。

2018 年上半年修订后的欧盟废物立法，包括修订《废物框架指令》和《包装与包装废物指令》。经修订的《废物框架指令》允许生物可降解和可堆肥的包装与生物废物一起收集，并在工业堆肥和厌氧消化中加以回收，这一做法已在若干成员国成功实施。到 2023 年，整个欧洲将强制实行生物垃圾的单独收集。可降解塑料可合适地帮助收集更多的生物废物，并最终有助于实现新的回收目标。

（2）欧洲生物经济战略　欧洲生物经济战略于 2012 年启动并通过，旨在解决可再生生物资源的生产及其转化为重要产品和生物能源的问题。作为向低碳循环经济过渡的一部分，该战略需要确保以可持续的自然替代品取代化石资源。其主要目的是精简这方面现有的政策办法。

2015 年启动的循环经济行动计划，目前正在审议生物经济战略，这将为新的政治势头和方向提供良好契机。因此，欧盟鼓励在战略部门使用可再生能源，而不是化石原材料。刺激战略部门（如包装、汽车、涂料、建筑、化妆品、能源、化肥、家居、制药和纺织行业）对生物产品的吸收，将在欧洲创造一个长期可持续的循环生物经济。

（3）欧盟禁塑令　2018 年 5 月 28 日，欧洲议会以压倒性投票结果通过一项“禁塑令”。到 2021 年，欧盟成员国将禁止使用包括一次性塑料餐具、塑料制棉签、塑料吸管、塑料搅拌棒在内的 10 种一次性塑料制品。这项“禁塑令”共得到 560 张赞同票，另有 35 票反对、28 票弃权，被认为是反对塑料垃圾侵占海滩、污染海洋的重拳之举。虽然受疫情的影响，限塑令从原定的 2021 年 1 月推迟至 2021 年 7 月执行。但欧洲限塑的脚步从未停下来过，每一步都走得掷地有声。

（4）法国限塑禁塑政策　法国政府 2014 年 6 月 26 日宣布，将从 2016 年开始全面禁止使用严重污染环境的一次性塑料袋制品，取而代之的将是可降解袋和可堆肥袋。这一时间表远早于欧盟设定的最后期限。与欧盟相关政策相比，法国政府提出的这项法案更具超前性。

（5）英国限塑禁塑政策　为有效应对塑料污染和保护海洋环境，英国政府出台了不少政策法规，开展禁塑限塑行动。2007 年 1 月，伦敦市通过一项法案，禁止商店向购物者免费提供塑料袋，如果有消费者确实需要，须交纳 15 便士税费。此法案目的是鼓励商家和顾客使用环保购物袋，以减少塑料污染源。

2015 年 7 月，英国政府发布了《废弃物分类和评估指南》，指南针对塑料包装分类回收进行了详细说明，以更好地指导民众如何回收塑料。2018 年 1 月 11 日，英国政府发布了《绿色未来：英国改善环境的未来 25 年计划》（A Green Future: Our 25 Year Plan to Improve the Environment），该计划指出，到 2042 年底消除所有可避免的塑料垃圾，包括塑料袋、饮料瓶、吸管和大部分食品包装袋。同年 6 月，英国关于禁止在化妆品及个人护理产品中加入“塑料微珠”的禁令正式生效，代表着全球对有害塑料制品实施最严禁令迈出了里程碑式的一步。

2019 年 5 月，英国政府就“禁止使用塑料吸管、饮料搅拌棒以及棉球棒”公布了公众意见，有超过 80% 的受访者支持禁止销售塑料吸管，有 90% 的受访者支持禁用塑料饮料搅拌棒，有 89% 的受访者支持禁用塑料棉球棒。

2018 年 4 月，英国发起了一项雄心勃勃的重大举措——《英国塑料公约》。该公约是由英国废弃物与资源行动计划（WRAP）和艾伦·麦克阿瑟基金会领导并发起的合作项目，旨在将整个塑料价值链中的企业与英国政府以及 NGO 联合起来，为塑料创造循环经济并以此解决塑料垃圾污染问题。该公约的成员包括沙特基础工业公司、可口可乐欧洲合作伙伴、联合利华等众多知名企业，这些企业覆盖了塑料包装设计、生产、使用、回收利用、处置和再加工等全流程供应链，占到英国消费塑料包装的 2/3。与此同时，公约在为环境带来长期益处的同时也将为经济发展提供机会。根据《英国塑料公约》发布的一项研究报告《消灭问题塑料》显示：到 2020 年年底，英国将淘汰 8 种有问题且不必要的一次性塑料。到 2025 年，针对 19 种塑料制品，寻求公约成员通过淘汰、循环再利用、重新设计或其他利用方式等提出解决方案。公约还制定了“2025 路线图”。该路线图为所有英国企业（包括成员）规定了到 2025 年通过实现四项目标来改变英国塑料包装行业的路线框架。

2.3 日本生物基材料产业发展现状

2.3.1 发展概况

2002 年 6 月，日本政府批准了《京都议定书》，迈出了制定应对全球变暖计划的第一步。2002 年 12 月，政府宣布了两项切实可行的国家措施，以促进该政策的落地。这两个措施分别是“生物技术战略计划”和“生物质日本战略”。其主要目的是促进生物质能的利用，通过应用生物技术以减轻全球变暖、其他相关异常环境以及降低化石资源的消耗。在提出的战略中，一个重要的措施是扩大生物基塑料的使用。生物技术战略计划的政策目标是在 2010 年之前用可再生资源的塑料替代约 20%（每年 250 万～ 300 万 t）的传统塑料。

1989 年日本生物塑料协会（JBPA）成立，原名为生物降解塑料协会（BPS），是一个以促进生物基塑料和生物降解塑料的普及以及建立与这些新塑料相关的新技术为目标的组织。该协会制定了日本及国际生物降解塑料行业标准，建立了生物降解塑料的分析和评价方法，开展了应用开发示范项目和推广活动，提高了公众对可降解塑料的认可度。

2.3.2 标准情况

日本在生物基塑料及生物降解材料国际标准制定领域非常活跃，1993 年在国际标准化组织 ISO/TC61（塑料）SC5（物理和化学性质）中组织建立了 WG22（生物降解塑料）工作组，2011 年在 ISO/TC61（塑料）SC5（理化特性）中建立 WG23（生物质塑料）工作组，2017 年，在 ISO/TC61（塑料）/SC14（环境和塑料）中成立 WG2（可生物降解塑料）和 WG3（生物质塑料）工作组，负责推进生物基塑料及生物降解材料的国际标准化工作。自 1999 年起，日本提案制定的 ISO 标准如表 2-3 所示。

表 2-3　日本提案的国际标准化组织 ISO 标准列表

发布时间	标准代号及名称
2020 年	ISO 22526-1 碳足迹　第 1 部分：总则
	ISO 22526-2 碳足迹　第 2 部分：材料
2019 年	ISO 17556 好氧土壤　第二版
	ISO 14851 好氧耗氧量测量　第二版
	ISO 13975 好氧浆液沼气测量　第二版
2018 年	ISO 14855-2 有氧堆肥系统　第 2 部分：实验室条件　第二版
2016 年	ISO 14853 有氧水基沼气产生测量　第二版
	ISO 16620-4 生物衍生　第 4 部分：如何获取生物碱质量含量
	ISO 16620-5 生物原始程度　第 5 部分：显示　报告方法
2015 年	ISO 16620-1 生物衍生品　第 1 部分：通用规则
	ISO 16620-2 生物衍生品　第 2 部分：如何获得生物基碳含量
	ISO 16620-3 生物衍生品　第 3 部分：如何找到生物质塑料的程度

（续）

发布时间	标准代号及名称
2012 年	ISO 13975 基于厌氧淤浆的沼气测量
2007 年	ISO 14855-2 好氧堆肥系统　第 2 部分：在实验室条件下通过重量分析法测量二氧化碳
2003 年	ISO 17556 好氧土壤系统耗氧量和产生的二氧化碳的测量
1999 年	ISO 14851 有氧水耗氧量测量

日本国内生物降解测试标准体系也比较完善，相关标准如表 2-4 所示。

表 2-4　日本生物基材料相关标准

发布时间	标准代号及标准名称
2017 年	JIS K6955 土壤需氧量和产生的二氧化碳的测量　修订版
2015 年	JIS K6949 样品制备方法
2014 年	JIS K6961 基于厌氧浆液的沼气测量
2011 年	JIS K6953-1 好氧堆肥系统　第 1 部分：通用方法
2010 年	JIS K6953-2 好氧堆肥系统　第 2 部分：实验室条件，通过重量法测量二氧化碳
2008 年	JIS K6952 分解测试堆肥系统试点
	JIS K6954 在实验室条件下测量堆肥的崩解
	JIS K6960 测量厌氧性高固体浓度沼气的产生
2006 年	JIS K6955 好氧土壤系统耗氧量/二氧化碳生成量测量
2000 年	JIS K6950 需氧性水基氧气消耗的测量
	JIS K6951 需氧性水基二氧化碳产生的测量

2.3.3　产品质量认证情况

日本生物塑料协会（JBPA）于 2006 年 7 月开始实施 BiomassPla 认证系统，为符合 JBPA 规定标准的产品进行认证。认证标准之一是需要产品的“生物质塑料比”至少为 25%。JBPA 将“生物质塑料比”定义为原料和产品中来源于生物质塑料的成分或热固塑料原料中来源于生物质的成分占总重量的比例（重量百分比）。BiomassPla 认证体系下的其他标准则考虑生物降解性、急性口服毒性和环境安全等。JBPA 的“不合格列表”中的物质不得用作生物质塑料制品的生产原料。

JBPA 网站发布了已注册 BiomassPla 的产品清单。这些注册产品携带一个有效期为 3 年的标志。产品认证申请和 BiomassPla 标志使用批准仅限于 JBPA 成员。从 JBPA 退出将终止 BiomassPla 标志的使用。

2.3.4 相关政策

2019 年 5 月，日本政府发布《塑料资源循环战略》，主要内容包括：

1）塑料减量化。减少一次性塑料使用；加快开发、利用塑料制品的替代品；加快开发环境负荷较小、能多次使用的新型包装；倡议大众推动发展共享经济；通过维修保养延长物品使用寿命。

2）塑料回收、循环和再利用。高效分类回收、利用塑料资源；通过协同合作和优化设计来降低费用；完善国内资源循环体制。

3）使用可再生材料、生物质塑料。提高生物质塑料实用性，以替代化石燃料源头的塑料；低碳产品认证等，促进消费者使用再生材料、生物质塑料；装可燃垃圾的指定袋原则上应使用生物质塑料。

4）海洋塑料对策。防止塑料垃圾流入大海而导致污染；推进可替代品创新等。

5）国际合作。积极推进全球范围内的检测、研究网络建设等。

日本政府制定了相应时间表：在减排方面，到 2030 年，累计减少 25% 的一次性塑料排放，并对购物袋实施强制性收费。在再生利用方面，到 2030 年实现塑料再生利用增加 1 倍（约 200 万 t）的目标，塑料容器和包装的再利用率和回收率上升到大约 60%，到 2035 年，实现所有使用过的塑料 100% 有效利用，包括热回收。

2019 年 6 月大阪 20 国集团首脑会议之前，日本环境省提出一项明确的解决世界废塑料问题倡议，其中包括较 2018 年在加拿大夏勒沃举行的七国集团首脑会议上提出的《海洋塑料宪章》更严格的指标。

第3章

我国生物基材料产业发展现状

3.1 我国生物基材料产业现状

我国生物基材料加工技术处于国际先进水平，部分天然生物基材料提取制备技术以及合成生物基材料关键单体生物制备技术与国际水平仍有差距。淀粉、秸秆纤维等天然生物基材料热塑加工技术处于国际先进水平，丙交酯、1,3- 丙二醇、丁二酸、戊二胺等关键单体产业化技术仍不成熟，生物基聚酯生产技术基本达到国际先进水平，二氧化碳基脂肪族聚碳酸酯产业技术水平居于国际领先地位。

国际已产业化的生物基可降解树脂品种在国内均有布局，其中 PLA 产能落后于美国、泰国而位居世界第三，缩聚类聚酯、生物基尼龙产能达到国际先进水平，二氧化碳基脂肪族聚碳酸酯产能居于国际领先地位，生物基纤维、生物基橡胶、生物基涂料、生物基聚氨酯的应用处于国际先进水平，但生物基 PET 和生物基 PE 尚未规模化生产与国际先进水平有较大差距。

3.1.1 我国生物基材料生产企业及产能

我国生物基材料的研究与产业化主要起步于生物可降解材料。主要包括 PLA、二元酸二元醇合成聚酯、PHA、聚碳酸亚丙酯（PPC）等。

PLA 的合成主要有三种途径：一是乳酸直接缩合；二是将乳酸合成丙交酯，再催化开环聚合；三是固相聚合。国内 PLA 的合成路线大多以第二种途径为主。中国科学院长春应用化学研究所与浙江海正生物材料股份有限公司从 2000 年开始进行 PLA 产业化技术探索，于 2008 年建成了国内第一条 PLA 中试生产线。经过十余年的发展，浙江海正生物材料股份有限公司已成为国内 PLA 产业化规模最大的企业，覆盖了挤片、注塑、吸塑、纺丝、双向拉伸膜、吹膜等不同加工用途的产品，生产和研发实力达到了国际先进水平。全球 PLA 产能约为 280kt/a，表观消费量约为 160kt/a。美国 NatureWorks 公司以发酵玉米中葡萄糖的工艺技术生产 PLA，产能已达 150kt/a。荷兰 Total Corbion 公司是全球最大的乳酸及其衍生物供应商，并已在泰国建成产能 75kt/a 的 PLA 生产线。目前，PLA 在国内的产能约为 50kt/a，表观消费量超过 30kt/a。浙江海正生物材料股份有限公司现有 15kt/a PLA 生产能力，且有一条产能 60kt/a 的生产线正在建设中。此外，国内还有多家PLA原料生产企业及正在建设或计划建设PLA生产线的企业，如安徽丰原集团从乳酸到丙交酯到聚乳酸全产业链规模化生产线已经建成；珠三角、长三角集聚了大批制品加工企业，围绕国际市场需求快速发展。但高光学纯度旋光性丙交酯产业化技术尚不够成熟，还需依赖进口，国外依存度较高，成为国内PLA合成乃至全产业链发展的卡脖子技术。

在二元酸二元醇合成聚酯方面，随着1,4-丁二醇（BDO）生物法制备技术的产业化，德国BASF和意大利Novamont正全力推动聚对苯二甲酸-己二酸丁二酯（PBAT）的生物基化，以期在欧盟的市场准入上构筑绿色壁垒。国内BDO生物制备技术主要是中国科学院天津工业生物技术研究所的丁二酸加氢技术，通过高效加氢催化剂实现生物制备突破。聚丁二酸丁二醇酯（PBS）是采用生物基丁二酸实现生物可降解聚酯。山东兰典公司通过受让中国科学院天津工业生物技术研究所技术，已建成万吨级生产装置，发酵技术国际领先，产能规模也居世界前列。近来为了摆脱PBS市场应用的暂时困境，发展了加氢技术，已能向市场提供生物基BDO。国内聚合方法相关研究主要集中在直接酯化法和酯交换法，杭州亿帆鑫富、安庆和兴、珠海万通、新疆蓝山屯河、山西金晖等公司陆续投产了万吨级的PBAT/PBS聚合装置，随着国内外对生物可降解制品需求的日渐旺盛，南通华盛、甘肃莫高、仪征化纤等公司也加快了进入市场的步伐。

聚羟基烷酸酯（PHA）在我国具有很好的科研与产业基础。在基础研究领域，我国已克隆了数十个与生物聚酯PHA合成有关的基因，对多株PHA工业生产菌进行了全基因测序，合成了数十种非传统的PHA材料，开发了PHA加工成型的工艺技术，为材料应用奠定了良好的基础。宁波天安生物材料有限公司已实现了PHA产业化生产，拥有产能2kt/a的PHA生产线，目前重点突破PHA在废水处理、抗菌材料领域的应用；天津国韵生物科技有限公司现有产能10kt/a的PHA生产线，并计划在吉林建设100kt规模的生产线；京蓝晶微生物科技有限公司于2017年12月宣布完成生物可降解材料PHA的中试试生产，2018年年初，公司在深圳建立了研发中心并投入运行。2019年其又与清华大学、中化国际轻量化材料事业部签署战略合作协议，依据新的菌种技术积极开展产业化生产，使用价格低廉的海水作为底物，实现PHA的产业化，有可能实现低成本的生产技术。

采用废弃二氧化碳与环氧化物共聚制备脂肪族聚碳酸酯是二氧化碳高值化利用的代表性品种。中国科学院长春应用化学研究所针对二氧化碳基高分子材料研究所面临的关键技术问题，以催化剂研究为基础，并通过化学和物理方法改善材料性能。国内企业已形成了高相对分子质量和低相对分子质量脂肪族聚碳酸酯的产业化生产。产品主要用于水性聚氨酯、可降解薄膜材料等领域。浙江台州邦丰塑料有限公司依靠中国科学院长春应用化学研究所的专利技术建设了产能为 15kt/a 的 PPC 生产线，目前暂时停产。中国科学院长春应用化学研究所与吉林博大东方新材料有限公司合作，在吉林计划建设 30kt/a 规模的生产线。河南天冠集团有限公司自主研发二氧化碳捕获技术和成套装备，拥有 10 余项专利及 5kt/a 的 PPC 生产能力。江苏中科金龙化工股份有限公司也是国内生产 PPC 的代表企业，其产能达 15kt/a。南通华盛高聚物科技发展有限公司在 PPC 改性和膜加工方面技术领先，产品出口国外。我国是国际上首先实现二氧化碳基塑料产业化的国家，目前德国、美国、韩国在此领域也有布局。国内生物降解材料生产企业及产能情况见表 3-1。

表 3-1　国内生物降解材料生产企业及产能情况

类别	生产企业	产能 /（kt/a）
PLA	浙江海正生物材料股份有限公司	15，在建 60
	吉林中粮生化有限公司	10
	江苏允友成生物环保材料有限公司	10（已关闭）
	恒天长江生物材料有限公司	10（PLA 纤维）
	深圳光华伟业股份有限公司	5（丙交酯）
	安徽丰原集团有限公司	3，在建 70（乳酸）、30（PLA）
	河南金丹乳酸科技股份有限公司	120（乳酸、乳酸盐），在建 10（丙交酯）、100（PLA）
	马鞍山同杰良生物材料有限公司	10
	百盛科技有限公司	40（乳酸、乳酸盐）
	江苏森达生物工程有限公司	10（乳酸）
	济南凯风生物科技有限公司	5（乳酸、乳酸盐）
	五粮液集团有限公司	5
	武汉三江航天固德生物科技有限公司	20（乳酸、乳酸盐）
	山东富欣生物科技股份有限公司	10（乳酸、乳酸盐）
	山东寿光巨能金玉米开发有限公司	10（乳酸）
	河南永乐生物工程有限公司	在建 30（乳酸）
	河南龙都天仁生物材料有限公司	在建 10
	浙江友诚控股集团有限公司	拟建 500
	东部湾（上海）生物科技有限公司	拟建 80
	山东泓达生物科技有限公司	拟建 160
	山东同邦新材料科技有限责任公司	拟建 300

（续）

类别	生产企业	产能 /（kt/a）
PHA	宁波天安生物材料有限公司	2
	天津国韵生物材料有限公司	10，拟建 100
	北京蓝晶微生物科技有限公司	1
	深圳市意可曼生物科技有限公司	5（已关闭）
二元酸二元醇共聚酯	珠海万通化工有限公司/金发科技股份有限公司	50（PBAT、PBSA）
	新疆蓝山屯河化工股份有限公司	90（PBAT、PBS）
	金晖兆隆高新科技股份有限公司	30（PBAT、PBS）
	杭州鑫富科技有限公司	10（PBAT、PBS）
	安庆和兴化工有限公司	10（PBS）
	深圳光华伟业股份有限公司	1（PBS）
	南通龙达生物新材料科技有限公司	一期 10（PBAT）
	甘肃莫高聚和环保新材料科技有限公司	20（PBAT、PBS）
	营口康辉石化有限公司	在建 33（PBS）
	重庆鸿庆达产业有限公司	一期 30（PBAT、PBS），拟建 100
	鹤壁莱闰新材料科技有限公司	在建 100（PBAT）
	江苏科奕莱新材料科技有限公司	在建 24（PBAT）
	江苏和时利新材料股份有限公司	在建 10（PBAT）
	北京化工集团华腾沧州有限公司	在建 40（PBAT）
	山东瑞丰高分子材料股份有限公司	在建 60（PBAT）
	山东兰典生物科技股份有限公司	拟建 100（PBS）
	内蒙古东源科技有限公司	拟建 200
	浙江华峰新材料股份有限公司	20（丁二酸聚酯），在建 300（PBAT）
	新疆美克化工股份有限公司	在建 30
	河南恒泰源聚氨酯有限公司	在建 30
	新疆望京龙新材料有限公司	拟建 1 300（PBAT）
	彤程新材料集团股份有限公司	
	中国蓝星（集团）股份有限公司	
	南通星辰合成材料有限公司	
	万华化学集团股份有限公司	
PPC	浙江台州邦丰塑料有限公司	15（已暂停）
	江苏中科金龙化工股份有限公司	15
	河南天冠集团有限公司	5
	吉林博大东方新材料有限公司	在建 30

目前，在生物基非降解聚酯领域，Dupont 公司基于生物基 1,3- 丙二醇（PDO）推出的 Sorona 纤维产品在纤维领域获得了很好的应用；国内的江苏盛虹也建成了 2 万 t/a PDO 装置，但采用的甘油路线与 Dupont 的葡萄糖路线相比在成本上具有明显的劣势，因而面临严峻的市场竞争考验。BASF 和 DSM 还将生物法 BDO 技术成功地嫁接于已有产品线，推出了生物基聚四氢呋喃和热塑性弹性体聚醚酯，不断增强市场竞争优势。

相比较生物可降解型生物基材料，非降解型生物基材料在国际发达国家和地区得到更多的重视。据德国 Nova Institute 和 European Bioplastics 预测，非降解型在生物基材料中的占比将持续提高，至 2021 年所占比例超过 80%。非降解型又可分为嵌入型（drop-in）和创新型。

嵌入型只是将石油基单体变换为生物基单体，因此可以利用现有的聚合、加工与应用产业链，发展速度只取决于生物基单体成本的高低。国内外通常从木质素出发，经过多步化学转化得到生物基单体，从生物乙醇出发，打造乙二醇、乙烯、丙烯等单体产品线，实现 BioPET、BioPE、BioPP 的生产。目前，国际上 BioPET 的研究已从生物法乙二醇扩展到对苯二甲酸的生物法制备，我国作为全球最大 PET 产业基地，BioPET 产业化技术尚属空白，应引起足够重视。

创新型生物基材料则是从石油路线无法制备或制备成本很高的生物基单体出发而得到具有显著功能特性的新材料，是生物基材料未来发展的主导方向。创新型生物基尼龙是受到高度关注的生物基材料，国内外有不同系列的生物基尼龙产品问世，在汽车、电子、功能纺织品等高端领域得到应用，已成为生物基材料高值化应用开发的典范。珠海万通公司以蓖麻油为原料开发尼龙 10T 在耐热性方面具备了与国外同类产品竞争的能力；立足于我国在赖氨酸发酵能力居世界首位的产业优势，上海凯赛公司、中国科学院天津工业生物技术研究所与中国科学院微生物研究所分别形成了以赖氨酸为原料的制备戊二胺的技术，并开展了以此为单体的尼龙 5X 聚合与应用技术研究。目前我国戊二胺生物制备技术与产能居世界领先地位，因此开展以戊二胺为原料的下游尼龙、聚氨酯、聚酯酰胺新型材料的合成与应用，有望形成中国特色和优势的生物基材料产业链集群和巨大的应用市场。

聚氨酯是重要的工程与功能材料，其生物基化主要是通过多异氰酸酯、多元醇实现的，在发展路径上也兼顾了嵌入型和创新型。天然生物基多元醇多以植物油为原料，通过对其活性单元的修饰与改性，生产出高官能度多元醇。值得重视的是，聚氨酯行业领军企业德国 Covestro 在异氰酸酯的生物基化方面取得了重大进展。生物基苯胺路线的打通，为生物基芳香族 MDI 和 TDI 的诞生奠定了基础；从戊二胺出发制备的 PDI，进一步夯实了其在脂肪族异氰酸酯领域的霸主地位。张家港飞航公司与南京工业大学合作，通过对聚氨酯多元醇结构的精确设计以及制造过程的高效调控，实现了生物基聚氨酯硬泡、涂料、黏合剂、慢回弹等多个牌号新产品的开发，突破了国际上现有同类产品生物基聚氨酯材料相关品种的缺陷，产业化正在稳步推进，加快生物基聚氨酯产品在汽车制造、电子器件制造、防腐涂料、保温建筑等领域的应用。随着生物基多元醇和多元酸单体的产业化发展，基于生物基的 BDO、PDO、乳酸、丁二酸、低聚多糖的不断推向市场，为聚氨酯弹性纤维、热黏纤维、水性涂料、功能涂层的发展增添了新的原料选择。

3.1.2 我国生物基材料制品成型加工发展现状

我国是全球最重要的生物基塑料制品加工基地，我国生物基材料制品加工技术和产业处于全球领先水平，形成了较发达国家相对完整的行业体系，覆盖了生物基材料合成与制品加工业两部分。其中生物基材料制品成型加工技术既有石油基材料等传统加工方法又有生物基材料特性所赋予的独特加工工艺。

3.1.2.1 常见生物基材料特性

常见生物基材料可以分为天然高分子（纤维素、甲壳质、淀粉）、微生物合成、化学合成以及它们的共混物等几类。目前市场上几种主要生物基材料的玻璃化转变温度、熔点见表 3-2。

表 3-2 常见生物基材料的

类别	材料名称	热力学性质								流动特性
		非结晶相（软化点）			结晶相			密度 / (g/m³)	燃烧热 ΔH/ (cal/g)	熔体流动速率③ / (g/10min)
		玻璃化转变温度 T_g/℃	热变形温度① /℃	维卡软化温度② /℃	结晶化温度 T_c/℃	熔点 T_m/℃	结晶度 X_c (%)			
硬质类	P（3HB）	4	145/87	141		180		1.24		
	P（SHB/V）					150		1.25		
	PLA		/55	58		160 ~ 170				
		58 ~ 60	/66	114		160 ~ 170		1.26	4 000	
			57	113		160 ~ 170				
		60 ~ 62				172 ~ 178				0.3 ~ 0.5
		60 ~ 62				150 ~ 170				5 ~ 12
		45 ~ 55				No				50 ~ 100
	PGA	38			96	218				
	CA		77/53	111				1.25		
	PVA	74		175 ~ 180	200 ~ 210			1.25	6 000	0.5 ~ 20
	GPPS	80	/75	98				1.05	9 600	
软质类	PCL	-60	56/47	55		60		1.14		
	PBS	-32	/97		75	114	35 ~ 45	1.26	5 640	1.5
		-32	/97		76	115	35 ~ 45	1.26	5 640	25
		-32	/97		88	115	35 ~ 45	1.26	5 640	4.5
		-32				112		1.26		
		-45				87		1.26		
	PBSA	-45	69		50	94	20 ~ 30	1.23	5 720	1.4
		-45	69		53	95	20 ~ 30	1.23	5 720	25

物理性能

力学性质						气体透过性		对应商标名
拉伸特性（*S-S* 曲线）				硬度	冲击性			
弯曲弹性模量④/MPa	拉伸弹性模量⑤/MPa	拉伸强度⑥/MPa	伸长率⑦（%）	肖氏硬度 *R*/SH	Izod 冲击强度⑧/（J/m）	水蒸气⑨/（g·mm/m^2/4h）	氧气⑩/（mm/m^2/24h，atm）	
2 600	2 320	26	1.4	73/	12	3.6	2.9	标准商标名（BIOGREEN）
1 800	800	28	16		161			参照值（biopol 标准商标名，生产中止）
3 700		68	4		29			标准商标名（lacea）
4 710	2 800	44	3	115/79	43	4	11	冲击性改良商标名（lacea）
2 400		39	220		65			软质性商标名（lacea）
3 500		63	2～5					参照值（rakute 标准商标名，生产中止）
60		59	2～5					参照值（rakutebioflow 商标名，生产中止）
2 250		45	1～2					参照值（rakutebioflow 非结晶商标名，生产中止）
						12	6.6	
1 100	240	27	62		120			标准商标名（cellgreen PGA）
	39	1	2		13	6	0.001	标准商品名（ecocebal，ecomaty）
3 400	2 500	50	2	120/	21	4		标准商标名
280	230	61	730		Nb	23	60	标准商标名（cellgreen PH）
600		57	700					标准商标名（bionole # 1001）
685		21	320		30	18	10	Highflow 商标名（bionole # 1020）
685		35	50					特殊商标名 [bionole # 1903（长链分支）]
590	510	230	73	550 560		Nb		标准商标名（GS PLA，AZ81T）
250			53			Nb		标准商标名（GS PLA，AD82W）
325		47	900					标准商标名（bionole # 3001）
345		34	400					Highflow 商标名（bionole # 3020）

类别	材料名称	热力学性质								流动特性
		非结晶相（软化点）			结晶相			密度 /（g/m³）	燃烧热 ΔH/（cal/g）	
		玻璃化转变温度 T_g/℃	热变形温度①/℃	维卡软化温度②/℃	结晶化温度 T_c/℃	熔点 T_m/℃	结晶度 X_c（%）			熔体流动速率③/（g/10min）
软质类	PBSC	-35	/87			106		1.26		
	PETS PBAT PTMAT	-30 -30		80		200 115 108		1.35 1.26 1.22		11 28
	PES	-11				100	40	1.34		
	Starch							1.17		6
		-54	68					1.25	4 500	
	HDPE	-120	82		104	130	69	0.95	11 000	2（230℃）
	LDPE	-120	49	96	80	108	49	0.92	11 000	2（230℃）
	PP	5	110	153	120	194	56	0.91	10 500	4（230℃）
	PET		67	78		260		1.38	5 900	

注：1. 表格是以各公司商品目录为主进行汇总，取自“渡边俊经：プラスチック誌，2001 年

2. 表中 No = not observed，Nb = non brake。

① 热变形温度（HDT），遵照 JIS K7207 法；表中数值 = 低负重值 / 高负重值。

② 维卡软化温度（VST），遵照 JIS K7207 法。

③ 熔体流动速率（MFR），在 190℃、负重 2.16kg 条件下测试。

④ 遵照 JIS K7203 法。

⑤ 拉伸弹性模量（YS），遵照 JIS K7213 法。

⑥ 拉伸强度（TS），遵照 JIS K7213 法。

⑦ 伸长率（EL），遵照 JIS K7213 法。

⑧ 遵照 JISK7110 法。

⑨ 遵照 JIS Z0208 法，表中数值为 1mm 换算值。

⑩ 遵照 MOCON 法，表中数值为 1mm 换算值。

（续）

力学性质						气体透过性		对应商标名
拉伸特性（S-S 曲线）				硬度	冲击性			
弯曲弹性模量④/MPa	拉伸弹性模量⑤/MPa	拉伸强度⑥/MPa	伸长率⑦（%）	肖氏硬度 R/SH	Izod 冲击强度⑧/（J/m）	水蒸气⑨/（g·mm/m²/4h）	氧气⑩/（mm/m²/24h，atm）	
510	330	46	360	84/	96	27	16	标准商标名（youpack）
2 000	100	55	30	/32	45	1.6	1.6	标准商标名（biomax）
		25	620			5	70	标准商标名（ecoflex）
		22	700			13.8	168	标准商标名（eastarbio GP）
750	550	25	500		186	11	1.2	标准商标名（runarne SE）
	280	17	670					改性淀粉 FILM 用标准商标名（cornpouru）
	180	30	800			22		淀粉基 GREENPLA 标准商标名（mater-B）
900	1 000	70	800		Nb			直链状
150	420	12	800	/48	Nb	0.085	1.45	长链分支
1 400	1 100	32	500		20	0.12	37	
	2 650	57	300	108/	59	0.5	1.5	

10 号：17-21”。

3.1.2.2 生物基材料用途与成型加工法

生物基材料产品可以作为塑料制品替代石油基塑料制品，在各领域得到广泛应用，也可以说是我们生活中不可缺少的东西。塑料制品中产量最大的是薄膜，可用作生活资材、泛用包装材料、食品包装材料、流通用包装材料、液体包装材料、农业资材等。除了薄膜，生物基材料制品还有电器部件、汽车零件、机械部件、建材、管子、容器、纤维等。生物基材料制品的主要用途和加工方法见表 3-3。

表 3-3 生物基材料制品的主要用途、加工方法及其必要特性

分类	用途	加工方法	必要特性
薄膜	生活资材，泛用包装材料，流通包装材料，卫生材料	挤出压制，吹塑，双向拉伸，挤出发泡	强度，印刷适性，轻量性
	食品包装材料，液体包装材料	挤出压制，层压，双向拉伸	空气隔断性，透明性，热封性，切割性
	农业资材	压延成型，吹塑	耐冲击性，透明性，保温性，阻隔性
纤维	衣物，无纺布	熔融纺丝，凝胶纺丝	轻量性，染色性
建材	窗框，踢脚线，地板，结构材料	异型挤出，挤出片材成型	强度，耐候性，表面平滑性
电器产品	家电、办公设备的外壳，部件	注射成型	耐冲击性，涂装适性，尺寸安定性
汽车部件	汽车外装部件、内装部件，防震部件，耐热部件，引擎部件，油箱	注射成型，吹塑成型，异型挤出	轻量性，耐候性，涂装适性，尺寸安定性，强度，耐冲击性
其他	宇宙航空材料，分离膜，光学用材料，生物体、医疗材料	挤出成型，注射成型，其他特殊的成型方法	

3.1.2.3 挤出成型

螺杆挤出机可以用于生产球体、薄膜、片材、胶带、纤维、管子和拥有异型断面的物品和发泡片材、网状物等。螺杆挤出机是可以持续熔融树脂的装置，其核心部件是拥有螺旋状螺槽的螺杆。螺杆在加热的机筒中旋转，使树脂原料熔融混合，然后加压送出（见图 3-1）。一般的螺杆由以下三部分组成：原料供给口侧螺槽比较深的加料段、螺槽慢慢变浅的熔融段（也称压缩段）、螺槽深度固定的计量段（也称均化段）。

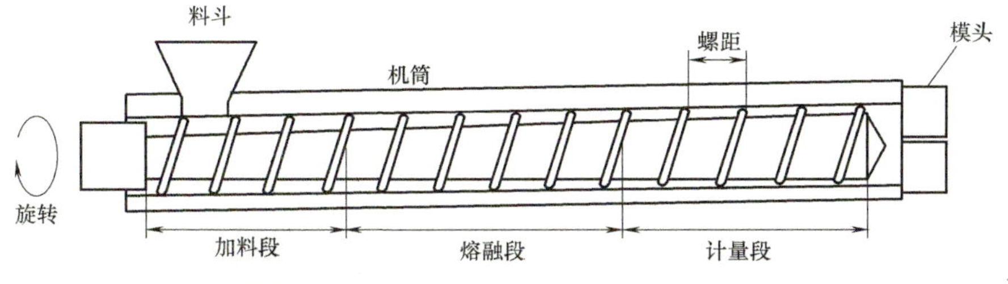

图 3-1 螺杆挤出机

注：该图取自百度百科。

（1）T 型模头挤出成型　生物基塑料的原料跟普通塑料一样，是圆柱形或棋子形的颗粒，加热熔融后具有流动性。工业上采用螺杆挤出机熔融原料颗粒，如图 3-2 所示，螺杆挤出机由可以按一定速度旋转的螺杆、圆筒形的机筒和机筒外面的加热器组成。加热器加热机筒时，从螺杆间隙送入的原料颗粒就会熔融，一边通过螺杆上的螺槽混炼，一边向前推进挤出。

挤出机的出口安装了名为模头的有狭缝状间隙的装置。通过改变狭缝的形状，可以做出不同形状的产品。图中用狭缝为直线状的模具进行的成型方法叫作“T 型模头法”，T 型模头法的冷却固定通过与冷却滚筒的接触来实现生产片材和薄膜。

这种成型加工法跟普通塑料一样，但是加热熔融的时候要充分注意树脂的特性。比如原料为聚酯类树脂的时候，为了抑制加热过程中的水解，要事先进行干燥除水，还要控制加工温度。而当含有淀粉等物质时，塑化过程中水分是必需的，要注意不能过分干燥。

总的来说，在生物降解塑料加工过程中，要比普通塑料更加注意水分的处理。

（2）薄膜成型　在螺杆挤出机的薄膜成型法中，根据使用的模头形状和结构的不同，可以成型出单层、多层的薄膜。熔融树脂通过平模（T 型模头、衣架模头、鱼尾模头）制成膜状，然后通过冷却筒进行冷却，再卷成薄膜的方法称为流延法（见图 3-2）。

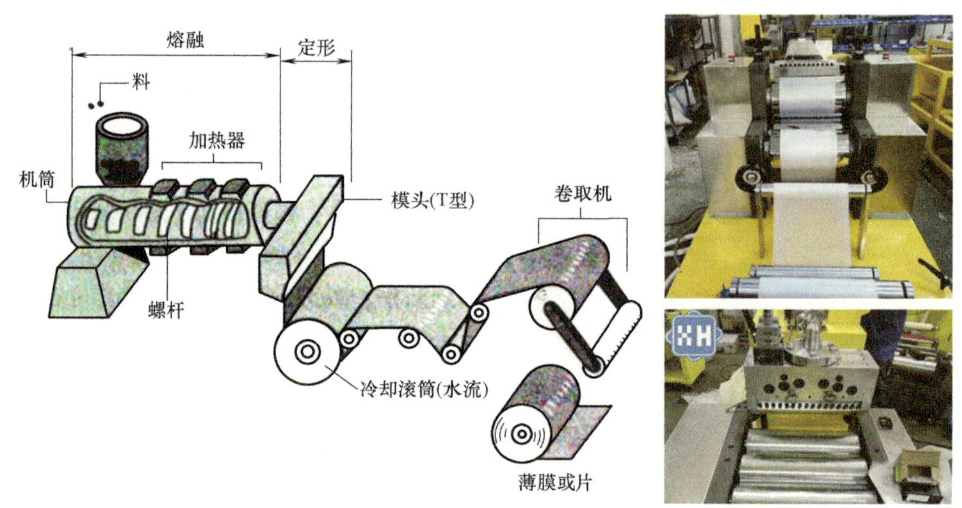

图 3-2　T 型模头挤出成型示意图及流延薄膜成型机组

注：该图取自东莞市锡华检测仪器有限公司官网。

熔融树脂在圆环模头中形成管状的膜，然后向内部吹入空气膨胀，再在气环装置中吹气冷却后卷成薄膜的方法称为吹塑法（见图 3-3）。

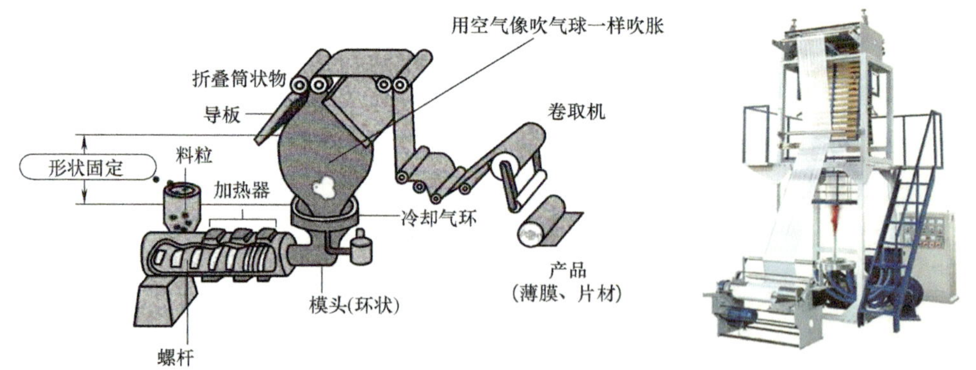

图 3-3　挤出吹膜设备示意图及实物图

注：该图取自百度百科。

①多层薄膜成型。多层薄膜是为了弥补单层薄膜所欠缺的空气阻隔性、热封性、耐冲击性等特性而开发的。多层薄膜的制造方法有薄膜跟薄膜贴合的层压法、在薄膜上附膜的挤出层压法、多层薄膜一次成型的共挤出法和薄膜表面涂层法等。图 3-4 为三层薄膜模头的两种常见结构。

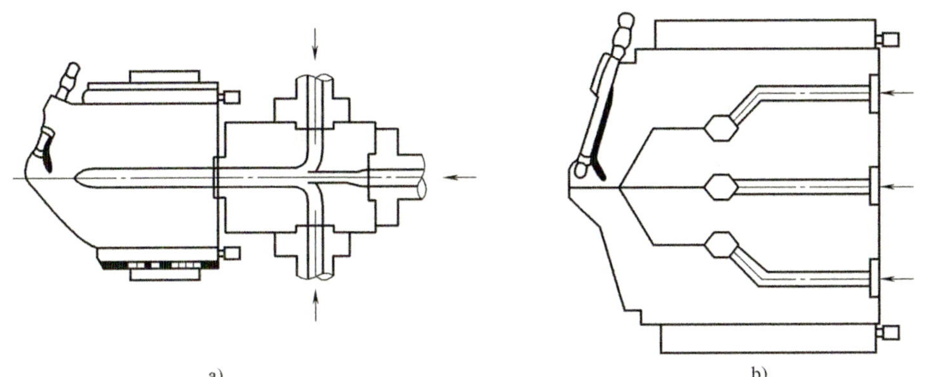

图 3-4 三层吹塑薄膜模头

②拉伸薄膜成型。薄膜经过拉伸后，物理性能会发生较大的变化。通过拉伸，分子链沿拉伸方向取向，使得拉伸方向上的强度提高。薄膜只朝一个方向拉伸的称为单向拉伸，薄膜朝两个方向拉伸的称为双向拉伸。单向拉伸的话，拉伸方向上的强度、弹性会大幅上升，但垂直方向易断裂。双向拉伸薄膜的分子链在薄膜面内是随机排列的，落膜拉伸强度较高。一般来说，拉伸对薄膜的作用主要有提高拉伸强度、增加弹性率、提高冲击强度、提高耐弯折度、提高透明性、提高耐热性、提高空气阻隔性等。

薄膜单向拉伸的方法有利用转速不同的滚筒的速度差在薄膜纵向（MD 方向）拉伸的滚筒拉伸法和使用薄膜横向（TD 方向）拉幅机拉幅法。单向拉伸的主要目的是赋予薄膜热收缩性等特性。

薄膜双向拉伸法有管膜拉伸（吹塑成型）和平膜拉伸等方法。平膜拉伸包括利用滚筒进行纵向拉伸后再利用夹辊进行横向拉伸的依次双向拉伸法（见图 3-5），以及横向、纵向同时进行的同时双向拉伸法。夹辊是夹住薄膜两端并沿横杆移动，对薄膜进行横向拉伸的装置。可以采用双向拉伸的树脂主要有 PET、PP、PA、PS、PLA 等。PET、PP、PS、PLA 采用依次双向拉伸，尼龙 PA 大多采用同时双向拉伸法。

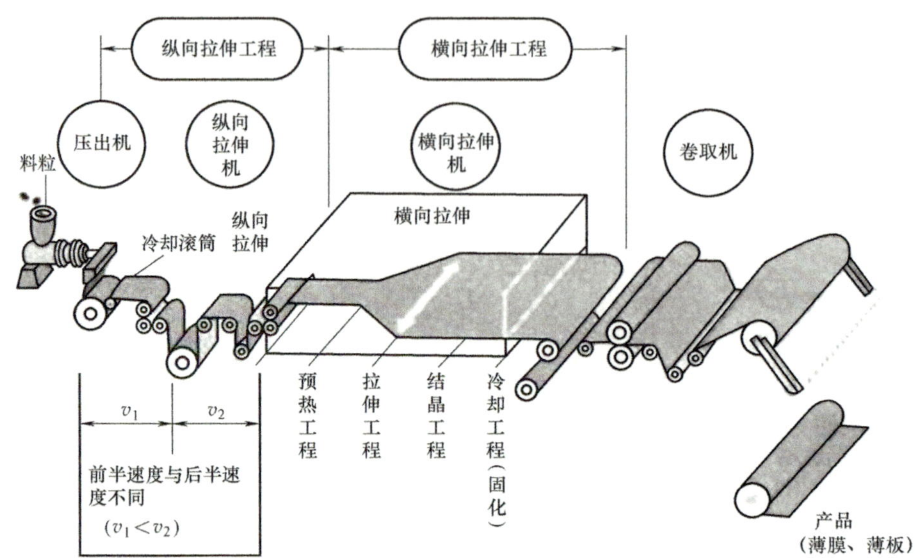

图 3-5 依次双向拉伸法制造薄膜的装置

薄膜的依次双向拉伸法，是指先进行一个方向的拉伸，然后再进行另一个方向的拉伸，其次序可以是先纵向后横向，也可以是先横向后纵向，一般以前者居多。塑料经 T 模头挤出后，在流延辊上冷却成薄膜，然后进入加热区，在预热滚筒上预热到拉伸温度，利用滚筒的速度差进行纵向拉伸，纵向拉伸倍率为 2.5 ～ 6 倍。随后薄膜被引入两列导轨之间，并由加热夹子夹住薄膜的两边，边加热边做斜向运动，进行横向拉伸，横向拉伸倍率为 2.5 ～ 10 倍。最后，薄膜在张紧的状态下进行短时间的热处理（热定形），以保证产品尺寸稳定。冷却卷缠后即得到双向拉伸的薄膜。

用 T 模头法成型得到的 PLA 产品比较脆，容易破裂。经过双向拉伸和结晶化后，材料就变得强韧且有良好的耐热性。双向拉伸法制造的代表性产品有视窗信封用的薄膜等。

3.1.2.4 注射成型

由于注射成型法可以高精度、高效率地制造各种复杂形状的成型品，被广泛应用于制造齿轮等机械部件和汽车部件、家电产品、办公设备、通信设备外壳、垃圾箱和托盘等大型成型品、食品容器、医疗器具等。

注射成型机跟螺杆挤出机一样由加热机筒和螺杆组成，但其螺杆后方还有一个液压缸，可以推动螺杆前进。在模具上还装备了防止模具在树脂压力下打开的锁模装置。通常情况下，可以用锁模力来表示注射成型机的大小。图 3-6b 所示一系列操作所需要的时间称为一个循环。树脂的填充、冷却所需要的时间，根据成型品的大小和树脂的种类有很大的不同。

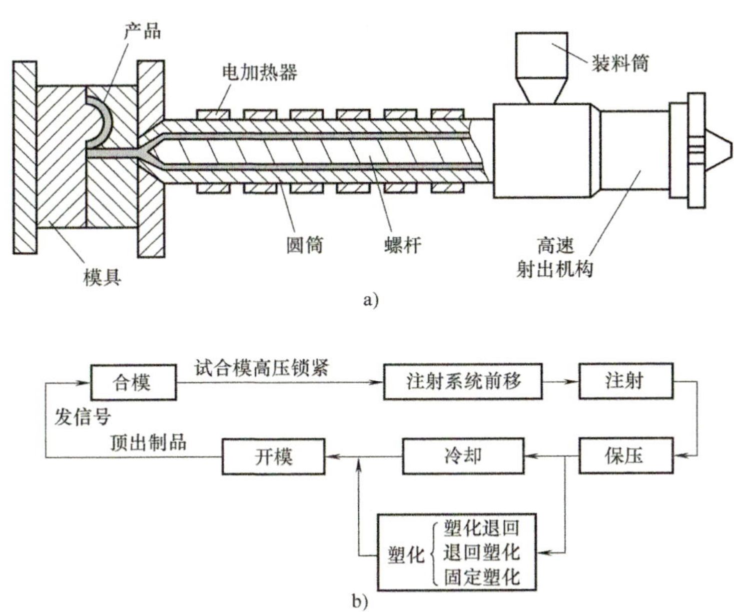

图 3-6　注射成型机示意图和注射成型工艺流程

（1）模具　注射模具的结构是由注射机的形式和制件的复杂程度等因素决定的。凡是注射模具，均可分为动模和定模两大部分。注射时动模与定模闭合构成型腔和浇注系统，开模时动模与定模分离，取出制件。定模安装在注射机的固定模板上，而动模则安装在注射机的移动模板上。

注射成型模具的树脂流经通路为注口、流道、浇口、模腔。注口是把从注射装置喷口喷出的熔融树脂导入模具的起点。流道是连接注口与模腔的通道。模腔是规定产品形状的部分，也是模具最重要的部分。浇口是树脂进入模腔的入口，根据形状不同有很多种（针点式浇口、潜伏式浇口、边缘浇口、扇形浇口、平缝式浇口、圆环形浇口、轮辐式浇口等）。

(2)注射成型的应用技术　为了追求精确的尺寸和种种不同形状的成型品，注射成型技术发展十分迅速，常见的注射成型技术主要有：

1）注射压缩成型：在注射成型中加上模具的压缩程序，可以提高产品的形状精度、降低残留形变。

2）嵌入成型：是制造金属部件与树脂的复合成型品的方法。把金属部件放置在模具中，再向内射入树脂。

3）多色成型：不同颜色、不同材料依次填充成型的方法。

4）分散成型：把表面和核心两种材料在熔融状态下注射，得到表面材料不同的成型品。

5）气辅注射成型：向模具内的熔融树脂中压入高压气体，可以得到部分中空的成品。产品分量轻而且翘曲、缩水较少。

6）发泡注射成型：把作为发泡剂的气体跟熔融树脂一起混合注射，得到发泡成型品的方法。将在后面对这个方法进行详述。

7）反应注射成型（RIM）：在注射成型机内部，边让树脂进行化学反应边进行成型的方法。

图 3-7 为 PLA 纳米复合材料的注吹成型品。

图 3-7　PLA 纳米复合材料的注吹成型品

注：该图取自高洁丽塑料包装有限公司官网。

可降解生物基材料的注射成型中，最需要注意的是避免树脂成型过程中分解。可降解生物基材料大多是聚酯，很容易吸水分解，且吸水分解的速度要比非生物降解聚酯快得多。防止可降解生物基材料吸水分解的重要手段是控制树脂颗粒中的含水率和加工温度。虽然跟树脂的种类也有关系，但基本要求加工树脂含水率在 0.03% 以下，在树脂无未熔融残留的前提下，成型温度应尽量靠近树脂的熔点和软化点，越低越好。

注射成型中，若不进行结晶化（或没有必要结晶化）的情况下，应尽量将模具温度设定得比较低（15℃以下），缩短冷却时间，以提高生产率（也有一些玻璃转化温度非常高的工程树脂，由于流动特性的关系无法一概而论）。另外，要令树脂结晶化，以通过结晶提高其耐热性等物理性质的时候，应将模具温度设为使材料结晶化速度最快的温度（结晶化温度）。

以 PLA 为例，PLA 的玻璃转化温度在 57℃左右，从熔融状态开始降温时，结晶化温度在 110℃附近。由于 PLA 的结晶化速度非常慢，当模具温度低于 40℃时，一般不会结晶化，而是直接凝固成非晶体。此时得到的制品，其耐热性主要取决于玻璃转化温度，约为 55℃以下。该成型方法适用于对耐热性没有要求的产品。对耐热要求在 60℃以上的制品，就需要进行结晶化以提高其耐热性。图 3-8 为 PLA 的 DSC 图。

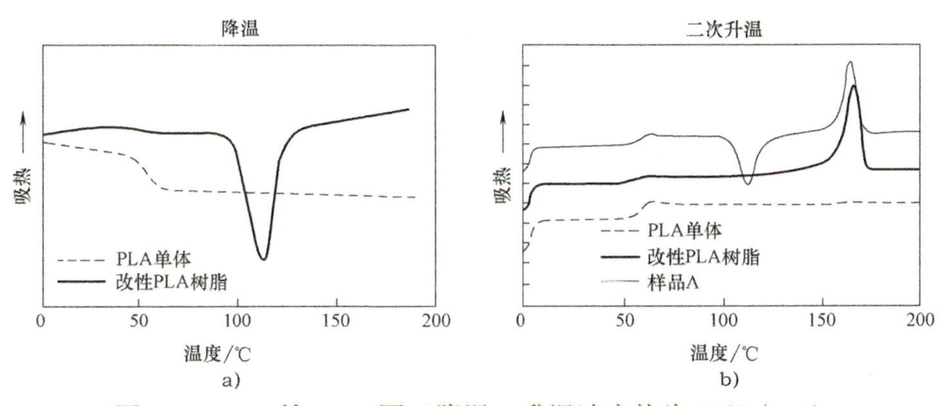

图 3-8　PLA 的 DSC 图（降温、升温速率均为 20℃/min）

由于注射成型是把熔融状态的树脂注入模具冷却而成，所以首先需要关注的是 DSC 测定的降温曲线（图 3-8a 为降温曲线）。结晶性 PLA 的熔点为 170℃左右，在 200℃熔融后，以 20℃/min 的速度降温。这个降温速度与实际注射成型时的降温速度很接近，所以可以比较正确地模拟加工过程中树脂的变化。有些实际的注射成型中的降温速度达到 100℃/min 以上，一般也可按 20℃/min 的情况进行类推。由于 PLA 单体的结晶化速度很慢，在图 3-8 的测定条件下，以 20℃/min 的降温速度是无法结晶化的。也就是说，在实际的注射成型中，PLA 单体几乎不进行结晶化。因此，研发人员为提高结晶化速度而尝试了种种方法，如添加成核剂、改变树脂流动特性。图 3-8 中，也给出了提高结晶速度后的改性 PLA 树脂的 DSC 曲线。降温曲线中，110℃附近出现了明显的发热顶点（结晶化顶点），可以得知 PLA 的结晶化温度就是 110℃左右。由此可以得出结论，注射成型中将模具的温度设定为 110℃左右，可以促进 PLA 结晶化，得到耐热性优秀的成型品。

图 3-9 是模具温度为 15℃，不发生结晶化的 PLA 成型产品照片。此时 PLA 具有透明性，也可以进行复杂形状的成型加工。

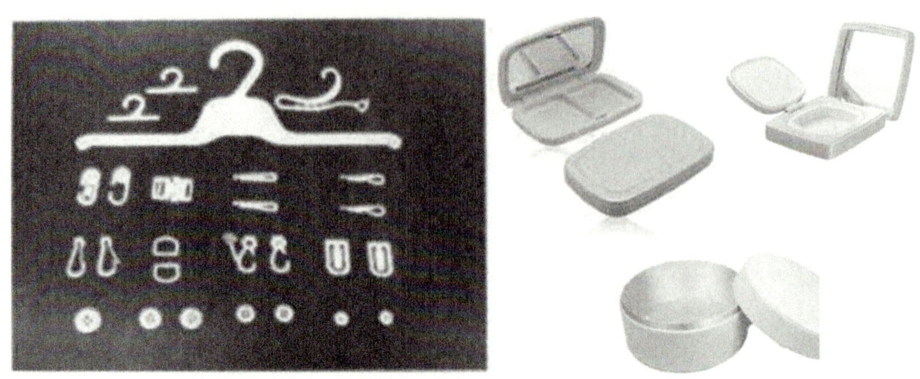

图 3-9　注射成型 PLA 产品（模具温度 15℃）

对耐热性有一定要求、模具温度在 110℃左右的成型样品照片见图 3-10。该制品耐热性指标热变形温度（DTUL，0.45MPa）为 100 ～ 140℃。对耐热性有要求的产品，一般对耐久性也有要求。如图 3-10 所示，由于使用了不易水解的配方，制得的食品容器可以在洗碗机中使用，该配方也可用于家电产品。此类成型过程中，为使结晶化充分，冷却时间比一般的树脂要长一些（30 ～ 90s）。为了进一步实现工业化的应用，还需要对树脂进行进一步改性并缩短冷却时间。PLA 注射成型平板外壳和鼠标壳见图 3-11。

图 3-10　注射成型产品（模具温度为 110℃）

注：该图取自浙江海正官网、浙江润鑫家具官网。

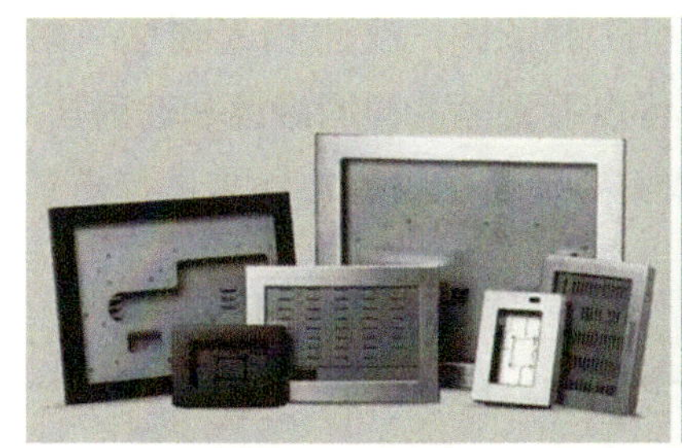

图 3-11 PLA 注射成型平板外壳和鼠标壳

注：图片取自深圳诚天炜业通五金制品有限公司官网。

注射成型后再进行热处理，可以提高材料耐热性等物理性能。对已成型冷却的产品进行热处理时，工艺条件可依据 DSC 的升温曲线进行判断。图 3-8 中二次升温曲线表示从熔融状态降温后再升温的情况。因为 PLA 单体在该条件下不会结晶化，所以几乎没有热量的交换。相对地，由于改性 PLA 树脂的结晶化速度较高，降温时已完成结晶化，升温时不会再次结晶化，因而只能观测到熔点。而结晶化速度低于改性 PLA 树脂的样品 A，由于降温时结晶化并不完全，所以升温至 110℃附近再次出现结晶化。PLA 制品的二次热处理的温度可以依据该升温曲线的结晶化温度选择。

但是，PLA 注射成型时也需要注意一些问题。首先，PLA 树脂的含水率必须在 0.03% 以下。生物降解树脂一般都是干燥状态下用防潮袋包装出货，一般可保存半年，开封后要尽早使用。加工时，树脂最好通过干燥气体（干燥空气、干燥氮气等）或者料斗干燥器（除湿干燥），以避免加工过程中相对分子质量降低的问题。余料要充入干燥气体并密封，一旦吸水，在下次使用前必须进行干燥。干燥条件跟树脂种类有关系，一般以除湿干燥机（60 ～ 90℃，5h）为佳。若是热风干燥机等，还要注意避免带入外部湿气。其次，需要注意加工过程中 PLA 树脂的收缩率。树脂熔融状态和固体状态的密度不同，大多数情况下，凝固时树脂密度都会增大，即凝固的同时树脂会进行收缩。收缩率对得到尺寸正确的成型品来说非常重要。进行结晶化与否对材料收缩率影响很大。低温模具不进行结晶化时，PLA 的收缩率为 0.3% ～ 0.5%；结晶化时，虽然受结晶度、添加物等的影响，PLA 的收缩率一般为 1.0% ～ 1.2%，所以设计模具时必须核实收缩率。除此之外，模具设计中还要注意出模斜度、流动性、顶针、浇口、流道等的设计，以及散气孔、高温模具情况下的设计等。比如硬质 PLA 树脂，需要将出模斜度设计得大一些，以避免强行脱模。树脂流动性会随注射压力和树脂温度发生很大的变化，所以需测定流道流体，采用设计合适的模具和注射条件。改性 PLA 树脂（耐热耐久级 TE-8300）的流动特性如图 3-12 所示。可以看到随着树脂温度和注射压力的变化，流动长度产生了很大的变化。综上需依据拟使用的树脂特性来进行模具设计。

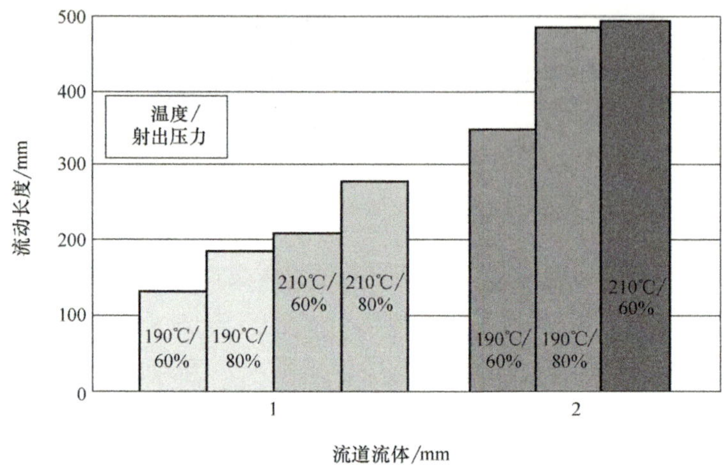

图 3-12　PLA 耐热品（TE-8300）流动特性

注射成型的条件也要适合树脂。以 PLA 为例，为了提高制品耐热性而采用高温模具，使用低保压、长保压时间。保压低不易产生飞边，保压时间长可以更有效地防止尺寸收缩。另外，注射速度、保压速度较低时，可以有效地防止气纹、沉积、飞边、缩水等。在通用树脂的成型中，一般都会将浇口、流道的材料回收利用，以求降低成本。只要注意控制树脂含水率，生物降解塑料也可以将浇口、流道的材料回收利用。图 3-13 是改性 PLA 树脂（耐热耐久级 TE-8300）的回收料成型品的力学性能变化图。回收料 100% 时物性明显降低，但添加比例在少于 50% 情况下对力学性能并没有大的影响。

对计算机机箱和复印机等电器外壳来说，难燃性是十分必要的。一般做法是在材料配方中加入卤化物、磷化物等阻燃剂。即使是可降解生物基材料，也可以在只降低少许耐热性、耐冲击性、耐水解性的情况下，也可以通过添加阻燃剂的方法得到难燃性。但是，从环保的观点出发，应避免使用卤化物阻燃剂，鼓励使用金属氢氧化物等环保阻燃剂。

综上所述，可降解生物基材料可以与通用树脂一样采用注射成型。各种可降解生物基树脂具有各自不同的最佳注射条件和模具设计。采用符合可降解生物基树脂特性的条件和模具，才能发挥该树脂的最佳性能。但是从另一方面来说，对可降解生物基树脂进行改性，使其采用通用树脂模具也能注射成型，是削减成本的重要途径。

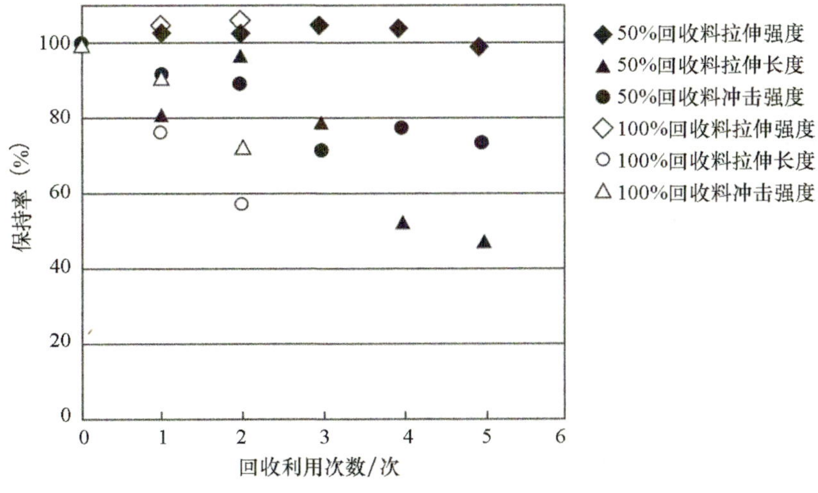

图 3-13　使用回收料的各种物性变化

3.1.2.5　吹塑成型

制造瓶子、桶等中空形状成型品的方法，一般有挤吹成型（热坯法）和注吹成型（冷坯法）两种。

（1）挤吹成型　通过挤出机前端装着的丁字模头（圆模头的一种），可以挤出成型管状的型坯。将软化点以上的管状型坯放入拥有瓶子等外观形状的模具内，合模并注入空气，型坯就会像气球一样膨胀，“描摹”出模具的形状成型成瓶子等产品。汽车油箱、日化用品瓶子、食品包装瓶等都可以用这种方法成型。

图 3-14 所示为挤吹成型工艺流程示意图及挤吹成型 PLA 瓶，在这种成型方法中一般使用可以在熔融状态保持型坯形状的高黏度树脂。

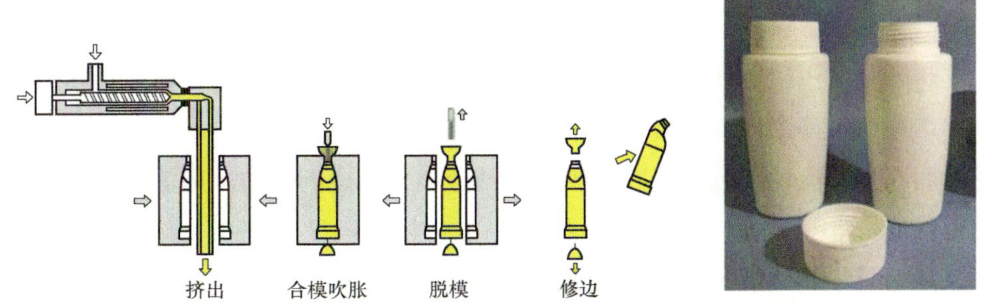

图 3-14　挤吹成型（直接吹塑）工艺流程示意图和 PLA 挤吹成型品
（盖子为注射成型）

（2）注吹成型　通过注射成型，先形成试管状的型坯。型坯经过红外线等加热，夹入模具，吹入空气后，可以“描摹”出模具形状成型出中空制品（见图3-15）。也可以在吹入空气前，把顶针插入型坯内部进行纵向拉伸，再吹入空气，这种方法称为拉伸吹塑或柱塞辅助成型，为注射吹塑成型中的常用方法。注射吹塑成型主要用于生产PET饮料瓶。该方法也可用于不适用挤出吹塑成型制造的低黏度树脂的成型。

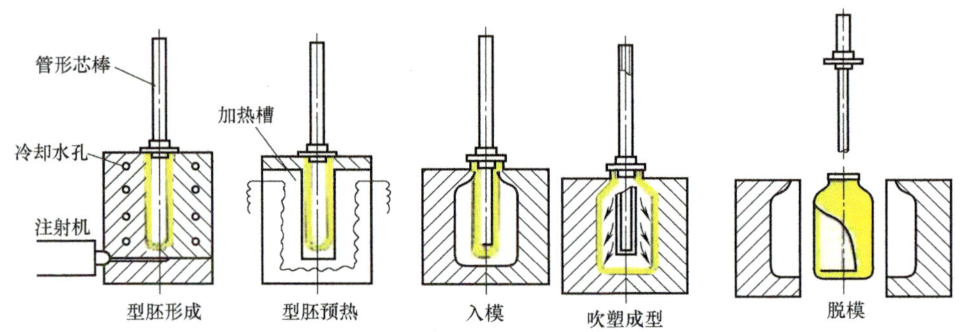

图 3-15　注射吹塑成型工艺流程示意图

3.1.2.6　异型材挤出成型

异型材挤出成型是用于生产管材、软管、栏杆等相同截面连续的产品的方法，是在螺杆挤出机前端装上与流出口产品截面形状相同的模具，让树脂连续流动，再在定形装置中冷却固化的成型法。简单地使用跟产品截面形状一样的出口模具是无法得到目标形状的，只能得到截面形状的厚度不同的产品，这是因为融体厚的部分和薄的部分流速不同，所以模具设计的关键在于能够使厚的部分和薄的部分流量均一。无论是管材成型，还是异型材挤出成型，从出口模具到定形装置之前，都必须在空气中保持形状，所以黏度高的树脂成型相对比较容易。

3.1.2.7　纺丝

将螺杆挤出机中熔融的树脂从纺丝机前端开了许多孔的出口模具中挤出，在空气中延伸、冷却、卷取就得到了纤维。无纺布则是由纺丝机中流出的纤维状熔融树脂在空气流动下延伸、冷却固化、部分粘合而成的。纺丝用的树脂一般熔融黏度较低。

最初将生物降解塑料用作纤维材料使用，是利用其生物体内分解吸收性用于手术用缝合线等医疗用品。之后，研发人员又开始进行生活资材和工业资材等方面的各种生物降解纤维的开发，且现在已经成为生物降解纤维的重心。所用的生物降解塑料，以聚乳酸为首，有 PBS、PCL、脂肪族/芳香族聚酯等。

生物降解纤维的制造，跟尼龙纤维和聚酯纤维一样，可以采用熔融纺丝法。聚乳酸 Mulch filament（长纤维）的制造方法是将原料树脂在熔融纺丝机的螺杆中受热熔融，通过计量泵，从纺丝出口模具的细孔中向空气中挤出成细线状。然后用空气流冷却、卷取。这种线叫作未拉伸线，其强度还不够理想，需要在接下来的拉伸过程中用拉伸机在纵向上进行数倍的拉伸、热固化，以达到足够的强度、伸展性和收缩率。

生物降解纤维的种类很多，与通用纤维一样，有不同的长短粗细，除了长纤维以外，还有单丝、短纤维、扁丝等。将熔融纺丝后的纤维直接在传送带上层积可得到长纤维无纺布。短纤维则可制成纺织线。这些纤维或单独或跟天然纤维复合后，可以进行二次加工，做成编织物、网、无纺布、绳子等，还可以在聚酯染色机上进行染色，最终制成衣服、生活用品、室内装饰品、农业园艺材料、土木建筑材料等。图 3-16 为纤维制造过程示意图。

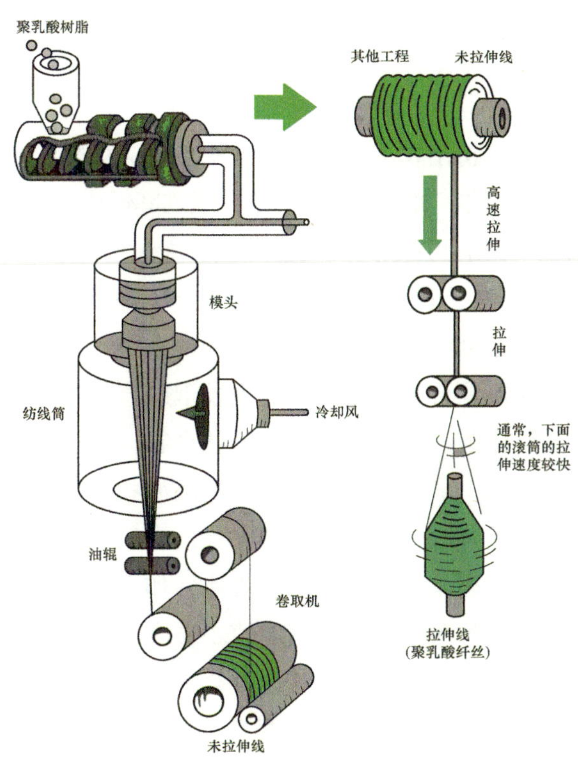

图 3-16　纤维制造过程示意图

3.1.2.8 发泡成型

发泡成型品由于质量轻、热传导率低，可以用作隔热材料和缓冲材料等。发泡成型品的物理性能很大程度上受到发泡倍率、气泡密度、气泡直径、气泡直径分布等气泡构造的影响。而通常气泡结构又在很大程度上取决于成型条件和成型装置，其中被称为微孔的拥有微细气泡的发泡成型品被用于家电、汽车相关部件中。

发泡成型主要有挤出发泡成型、注射发泡成型、间歇发泡成型三种方法。聚合物微孔发泡过程如图 3-17 所示。

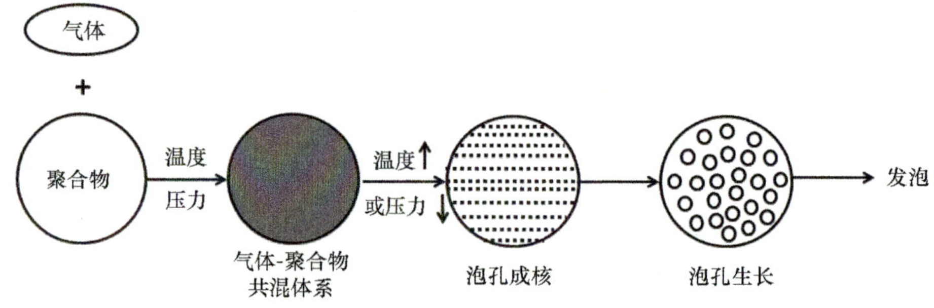

图 3-17　聚合物微孔发泡过程

（1）挤出发泡成型　挤出发泡成型是挤出机连续成型发泡片材等的过程，即：在螺杆挤出机中把空气分散、溶解到聚合物中；通过降低模头内聚合物流动时的压力，生成气泡核；从模头流出后开放到大气压，使聚合物中溶解的空气扩散到气泡核，长成气泡；在气泡的生长中，出现气泡的冲突、合一、破裂、稳定等变化。

把空气分散溶解到聚合物中的过程可以分为两大类：把空气、氟利昂、低级碳氢化合物和氮气等注入聚合物的方法（物理发泡或气体注入发泡），以及把能热分解产生氮气和二氧化碳的化学物质（偶氮化合物、碳酸氢钠等）分散到聚合物中的方法（化学发泡）。最近，还开发了在超临界状态下注入氮气和二氧化碳的技术。超临界状态是指超过了临界温度和临界压力的状态。与气体相比黏度较高，而密度接近液体的状态。超临界状态的物质（如二氧化碳）可以起到加速分子移动的溶剂性作用，溶解在聚合物中后能使之黏度降低，结晶化速度加快。

挤出发泡成型模头一般可以使用在普通片材成型中使用的衣架式模头和圆形模头。随着发泡的进行，片材在横向和厚度方向同时膨胀，所以进行发泡倍率大的片材成型时，使用横向膨胀较大的圆形模头比较合适。

以 PLA 的挤出发泡为例，PLA 连续挤出发泡的一般工艺过程如下：先将挤出机预热到设定的温度，将物理发泡剂如超临界二氧化碳或丁烷发生装置打开。再将聚合物原料从加料口加入挤出机中进行熔融塑化。当挤出机模头处有聚合物挤出时，将发泡剂注入挤出机的机筒内。在螺杆的剪切作用下，聚合物熔体和发泡剂共混，形成聚合物熔体 - 发泡剂均相体系。在模头处挤出时，压力迅速下降使得均相体系中溶解的饱和气体形成超饱和状态，从而产生大量超饱和气体，形成气泡核。由于压力的下降，气泡膨胀长大。而后通过温度的下降，聚合物的黏弹性下降，聚合物熔体强度增强，阻止气泡的逸出和泡孔的合并，最后冷却定形。

因此，连续挤出 PLA 发泡材料的工艺过程包括五步：PLA 颗粒的熔融塑化；气体注入及与熔融聚合物的均匀混合；气泡核的形成；气泡长大；泡孔定形。图 3-18 为广州碧嘉材料有限公司调试 PLA 物理挤出发泡的现场。

图 3-18　广州碧嘉材料有限公司调试 PLA 物理挤出发泡的现场

（2）注射发泡成型　注射发泡成型是先在螺杆挤出机中将气体分散溶解在树脂中，而后将树脂注射到模具内进行冷却固化，完成发泡。注射发泡成型方法有两种，一种方法是模具内完全填充，用发泡补偿冷却时产生的体积收缩；另一种是令模具处于欠注状态（注射成型中，注射的熔融成型材料在模具型腔中填充不充分的状态），通过发泡时的体积增大充满模具。前者的发泡倍率较低，后者高一些。不过，可以通过完全填充后的模芯回位协助气泡成长，得到发泡倍率大的成型品。

以 PLA 注射发泡为例，PLA 注射发泡成型可分成三个阶段：首先，将超临界流体（CO_2 或 N_2）溶解到塑料熔体中，形成单相熔体，并在一定的恒定压力下保持下来。然后，通过开关式射嘴将单相熔体射入有一定温度和压力较低的模具型腔中，形成发泡产品。注射发泡技术优点众多，如材料成本低、尺寸稳定性高、生产周期短等，而且注射发泡技术能够改善材料的力学性能，如耐疲劳性、韧性和抗冲击性。一般而言，注射发泡采用的发泡剂为氮气。尽管氮气在聚合物中的溶解度低于 CO_2，但是它有很强的泡孔成核能力。由于超临界氮气具有较强的塑化能力，可明显降低聚合物的熔体黏度。因此，聚合物的加工温度变得更低，可以减少能耗和降低材料加工成本。另外，加工温度的降低有利于一些温敏性的生物基高分子材料的加工。

通过注射发泡技术来发泡各种 PLA 材料已经得到非常广泛地研究。大多数研究集中于采用高压注射发泡技术来发泡 PLA，从而获得微孔发泡材料。由于泡孔成核和泡孔合并可控性高，微孔发泡技术主要用于结构件的发泡，该技术制备的泡沫材料基本上都是闭孔的，开孔率控制在 5% ～ 15%。众多高压注射发泡技术的研究结果表明，使用扩链剂或添加纳米粒子可提高 PLA 的发泡能力和泡孔成核能力，支化 PLA 和 PLA- 纳米粒子共混物通过该技术可制备泡孔形态良好的 PLA 发泡材料，其泡孔直径为 3 ～ 40 μm。

低压注射发泡技术是另外一种可制备注射泡沫样品的发泡技术。这种技术制备的发泡材料的泡孔部分是开孔的，开孔率可达 40% 以上。采用该技术制备发泡材料时，由于泡孔的成核、生长和合并均无法控制，要获得泡孔密度大、泡孔均一且开孔率小于 20% 的发泡材料是一个非常严峻的挑战。

（3）间歇发泡成型　在高压釜中用发泡剂对树脂进行含浸，树脂取出后，用水蒸气对其加热发泡，这种方法就叫作间歇发泡，可以得到发泡倍率高达 40 倍的缓冲材料。

下面以 PLA 珠粒发泡法为例进行介绍。珠粒发泡技术是一种制备形状复杂的低密度 PLA 发泡产品的技术手段，采用该技术可将低密度的发泡珠粒填充到既定形状的模具中，通过模压成型来获得最终的产品。

目前材料珠粒发泡的模式有两种。第一种模式是釜压发泡。其过程是：在低于 PLA 的玻璃化转变温度的条件下，先将 PLA 粒子浸入发泡剂（如 CO_2）中进行饱和，接着进行膨胀发泡，随后将 PLA 发泡珠粒在高温下进行模压成型。第二种模式是连续挤出模压发泡。其过程是：将聚乳酸在连续挤出发泡机中挤出小球径的发泡球，然后在通水蒸气的高温高压模具中进行膨胀发泡，通过模压成型来获得各种容器和缓冲包装产品。

尽管目前有少部分企业采用这些方法来制备 PLA 发泡珠粒，但是通过模压成型来制备力学性能良好的泡沫制品仍然具有挑战性。图 3-19 为碧嘉聚乳酸连续挤出模压发泡示意图。

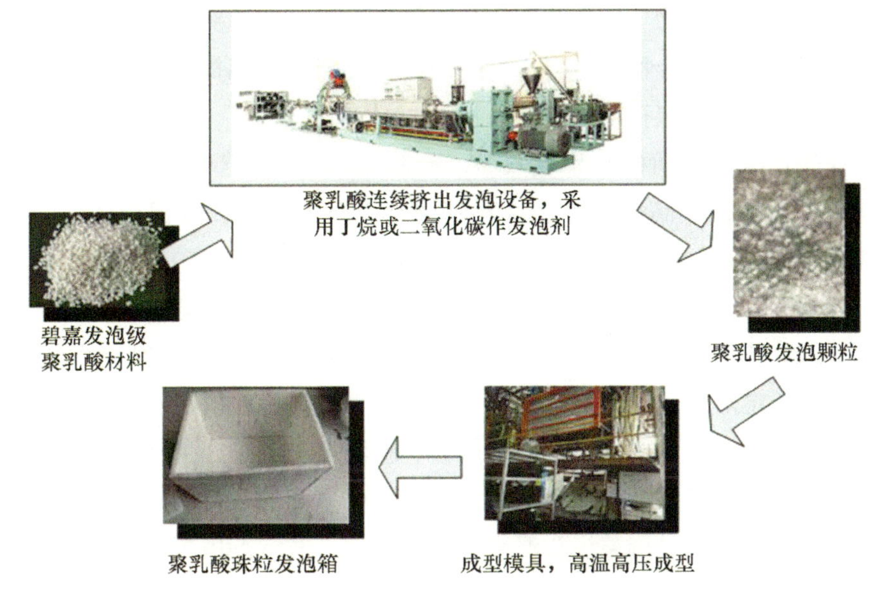

图 3-19　碧嘉聚乳酸连续挤出模压发泡示意图

（4）改性 PLA 连续挤出发泡　PLA 由于分子链中长支链少，熔体强度特别低，应变硬化不足。在 PLA 发泡过程中，PLA 固有的低熔体强度会导致泡孔在生长阶段出现破裂和合并。此外，低熔体强度还会使 PLA 泡孔中的气体溢出，从而导致泡沫材料发生严重的收缩变形，很难得到高倍率的发泡材料。

针对 PLA 的分子结构特点，可以从以下两个方面来提高其熔体强度：一是提高其平均相对分子质量，二是在其分子结构中引入长支链结构。在实际工业生产中，制备高相对分子质量的 PLA 会使聚合时间延长，生产效率降低，还会造成 PLA 变色。因此，在 PLA 的分子结构中引入长支链结构是提高其熔体强度的主要方法，具体包括共聚改性、有机过氧化物交联和引入能够与羟基或羧基发生反应的多官能团化合物等手段。例如，日本三井化学公司使用 2,6- 二甲基 -2,5- 双（叔丁过氧基）己烷 0.5% 和重均相对分子质量为 14.7 万的 PLA，用单螺杆挤出机在 170 ～ 210℃熔融共混，得到的 PLA 材料的熔体强度提高了大约 10 倍。NatureWorks 公司则重点推荐使用扩链剂来提高 PLA 的相对分子质量，进而提高树脂的熔体强度。

1）发泡工艺。在挤出发泡过程中，先将聚合物喂入双螺杆挤出机，然后将发泡剂注入双螺杆挤出机的机筒，气体在高压驱使下溶入聚合物熔体中。随后聚合物熔体被溶解的气体塑化，形成均匀的聚合物 / 气体共混物并沿双螺杆挤出机的机筒流动。当聚合物 / 气体共混物从双螺杆挤出机的模头中挤出时形成压降，然后在模头口引发聚合物发泡。压力降的产生会导致共混体系热力学不稳定和相分离，如泡孔成核和泡孔生长等。

工业生产采用双阶螺杆串联设备。一阶螺杆可采用双螺杆，也可采用单螺杆，其主要功能是在高温下将 PLA 树脂熔化并与发泡剂充分混合塑化。视改性 PLA 性能与螺杆设计的不同，螺杆温度一般设定在 200 ～ 250℃。塑化后的流体进入二阶螺杆（一般为单螺杆）进行逐步降温和增压。在模头处温度要降低到 130 ～ 150℃，模头压力达到 5 ～ 25MPa。物料从模头出来后开始发泡并迅速膨胀，经冷却辊冷却定形后收卷。模头的压力和温度对发泡片材的泡孔直径、发泡倍率等关键指标影响很大。一般而言，低压力、低温度有利于产生泡孔小、倍率低的片材，而高压力、高温度有利于形成泡孔大、倍率高的片材。在具体的发泡片材生产过程中，可以通过调整模头温度、模头压力、发泡剂用量等参数来实现需要的产品性能。

2）成核剂和发泡剂。成核剂在物理发泡过程中起自成核作用，其机理类似于在聚合物熔体内引导超饱和气体的扩散和有序分布。成核剂借助于螺杆的剪切和混炼，能在高聚物熔体中迅速扩散，并在聚合物熔体中形成均匀分布的热点，局部降低熔体表面张力和熔体黏度，从而达到促进泡孔产生、使成型物泡孔细腻的目的。常用的 PLA 发泡成核剂包括碳酸钙、滑石粉等粉末物质，目数为 2 000 ～ 10 000。

物理发泡剂就是通过其物理形态的变化（即通过压缩气体的膨胀、液体的挥发或固体的溶解）而形成泡孔的物质。发泡剂均具有较高的表面活性，能有效降低液体的表面张力，并在液膜表面双层排列而包围空气，形成气泡，再由单个气泡组成泡沫。常用 PLA 发泡的物理发泡剂有低沸点的烷烃和氟碳化合物，如正丁烷、正戊烷、正己烷、正庚烷、石油醚、三氯氟甲烷（简称 Freon11）、二氯二氟甲烷（简称 Freon12）、二氯四氟乙烷（简称 Freon114）以及二氧化碳。各种发泡剂在 PLA 熔体中的饱和溶解度和溢出速度存在较大差异，因而也显著影响发泡片材的泡孔直径和密度。另外，发泡剂的用量会直接影响产品的发泡倍率。一般发泡剂的用量为 PLA 质量的 5% ～ 10%。

3）PLA 连续发泡制品和应用。PLA 发泡片材主要通过吸塑成型制成餐盒、餐盘、托盘等一次性包装器皿。一些厂家在电器、电子产品的包装方面也在积极尝试。图 3-20 是 PLA 发泡片材吸塑成托盘的过程及典型 PLA 发泡片材吸塑成型制品。

聚乳酸发泡杯

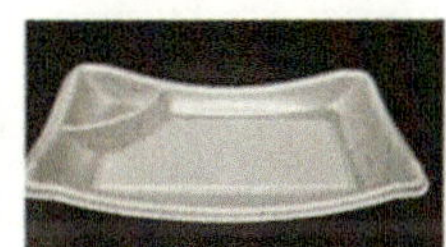

聚乳酸发泡托盘

聚乳酸发泡分隔盘

聚乳酸发泡大号餐盒

聚乳酸发泡盘

聚乳酸发泡保温箱

图 3-20　PLA 发泡片材吸塑成托盘的过程及典型 PLA 发泡片材吸塑成型制品

目前通过调整改性 PLA 树脂的性能和配合发泡工艺的调整，广州碧嘉材料科技有限公司可以有效控制 PLA 发泡片材的发泡倍率在 3 ～ 25 倍变化，泡孔直径在 0.01 ～ 3mm 变化，并可以控制产品的闭孔率达到 70% 以上，板材厚度 1.5 ～ 5mm 可调。吸塑成型后的 PLA 发泡器皿具有隔热、不漏水、耐开水的性能。其性能与传统的聚苯乙烯物理发泡片材制成的餐具性能已经十分接近，但由于 PLA 制品更加安全和环保，在中国乃至全球关注环保的大背景下，PLA 发泡产品将成为聚苯乙烯发泡制品的最佳替代物，PLA 发泡产品将迎来高速成长的良机。

4）PLA 连续发泡制品的市场前景。聚乳酸发泡是 PS 发泡产品的最佳替代品，PS 发泡餐具每年的需求量在 300 万 t 以上。PS 发泡的容器（托盘、育苗钵等）

每年用量也在 200 万 t 以上。PS 发泡对环境污染大，安全性低，目前已经逐步被世界各国及地方政府所禁止。聚乳酸发泡项目若推广适当，估计可以替代其 30% 以上的份额，即可满足 150 万 t 以上的用量需求。

在包装行业普遍使用的发泡聚乙烯（EPE）、EPS 因环保方面的要求而在各国逐步受到限制。据统计，在包装行业应用的 EPE、EPS 的用量在 1 500 万 t 左右，这部分只要替代 10%，即有 150 万 t 的市场需求。

目前因环保及可持续发展的要求，一些国家禁止将不可降解塑料应用在一次性的用品中。受相关政策影响，一些 PP、PS 吸塑餐具必然会受到抑制，目前的替代品只有纸浆产品和甘蔗渣产品。纸浆产品受到纸浆产量及加工工艺的制约，其成本较高，产量受限。甘蔗渣产品受到工艺的制约，其成本也不低。聚乳酸发泡材料通过发泡工艺大大降低成本，而且安全、环保。与纸浆及甘蔗渣产品相比，有明显优势，所以可以替代部分市场。这部分市场预估在 100 万 t 以上。

经过不完全统计，聚乳酸发泡产品目标市场及需求量如表 3-4 所示。

表 3-4　聚乳酸发泡产品目标市场及需求量

目标市场	质量 /g	年需求量 / 亿个	折算材料质量 / 万 t
方便面碗	7 ～ 12	500	35 ～ 60
育苗钵	3 ～ 6	100	3 ～ 6
快餐盒及汉堡盒	7 ～ 10	300	21 ～ 30
托盘	3 ～ 5	200	6 ～ 10
电子行业中转托盘及内衬包装	5 ～ 80	100	5 ～ 80

（5）淀粉基可降解发泡材料

1）淀粉发泡原理及条件。淀粉基缓冲材料的泡孔基本上是在高温、高压条件下，通过水蒸气、成核剂等作用产生的。作用机理主要是：加工时，热塑性淀粉经水蒸气、发泡剂等发泡后，由高弹态回到玻璃态，将其中的多孔结构冻结，从而形成一种淀粉为连续相，由气体分子组成的气泡为分散相的气、固两相复合材料。根据气泡之间连接方式的不同，既可以是气泡为分散相、淀粉为连续相，也可以是气泡和淀粉均为连续相。由于分散在淀粉基体中气泡的存在，显著地改变了淀粉的形态、结构和性能，形成了兼具固体和气体特性的复合材料。目前淀粉基缓冲材料的发泡方式主要为挤出发泡，以及近年来提出的微波发泡等。

螺杆挤出发泡原理及条件：挤出发泡利用降压原理发泡，其结构和加工工艺参数对淀粉发泡材料的性能有着直接的影响。螺杆挤出机的机筒有多个温度段，分别由独立的加热系统和冷却系统控制。螺杆转速可以在 0 ～ 600r/min 的范围内进行调节。根据淀粉在双螺杆挤出机中的加工工艺，设定适当的温度和螺杆转速参数。在加工过程中，利用温度和螺杆旋转产生的剪切力，使物料在挤出机内经历吸水和凝胶化等相变过程，破坏其内部结晶结构，形成淀粉高分子的无序化熔体，即热塑性淀粉。当物料到达出口部位时，由于螺杆的挤压、挤出机料筒及模头的限制，此时出口处于高温、高压状态，使其中的水成为过热的液体（温度可达 220℃）而不汽化。在被挤出的一瞬间，物料内部的水蒸气迅速释放压力并冷却，由水蒸气产生的泡孔被冷却后保留下来，之后经再模塑热成型得到成品。螺杆挤出制备淀粉基缓冲材料的工艺已经是一种较成熟的工艺。1990 年，Altieri 等就利用双螺杆挤出机，以普通玉米淀粉、蜡玉米淀粉和羟丙基玉米淀粉为原料，制备出淀粉基缓冲材料，经对比研究表明，采用羟丙基玉米淀粉制得的缓冲材料的泡孔有较好的弹性。2004 年，Chen 等首先通过接枝聚合反应制备了淀粉接枝聚甲基丙烯酸酯，然后利用双螺杆挤出机造粒、单螺杆挤出发泡制得淀粉基缓冲材料，其压缩强度和弹性可以与聚苯乙烯缓冲材料相媲美，而且有更高的松密度。螺杆挤出制备淀粉基缓冲材料的过程是一种连续式生产过程，从经济效益、社会效益和生态效益来看，是一种环保而高效的加工方法。

在由单螺杆发泡生产淀粉基缓冲材料的过程中，由于发泡过程中由淀粉内部的水分作为发泡剂来提供发泡动力，不需要额外添加丁烷、二氧化碳等气体发泡剂，不仅节省了成本，而且对单螺杆的设计要求也降低了。由于不需要单螺杆挤出机具备保持气体不泄漏以及混匀物料和发泡剂的功能，所以可以实现发泡机械的小型化，实现缓冲材料的生产，方便了缓冲材料的运输推广和即产即用，大大节省了储存和运输空间。

微波发泡原理及条件：微波加热机理是物质中极性分子之间产生相互运动、相互碰撞和相互摩擦，从而使物质的温度从内部开始发生快速变化。目前，在缓冲材料方面，谢丹等研究了微波制备蜜胺发泡材料，万翔等用微波制备了三聚氰胺甲醛泡沫塑料，经研究表明，微波制备的缓冲材料具有较好的力学性能、热稳定性和耐溶剂性等。该方法是一种高效、简易的加工方法。在食品加工方面，张容鹄等以木薯为原料，Vineet R 等以土豆为原料，进行微波膨化研究。研究表明，水分含量、微波功率和膨化时间为影响微波发泡性质的主要因素。上述研究也为微波膨化技术在淀粉类膨化食品加工上的应用研究打下了基础。综上所述，将微波应用于加工淀粉基缓冲材料上，将是一种新颖而高效的方法。将物料经挤出机挤出造粒并调节颗粒水分后，可利用微波加热的特殊升温过程来发泡。在微波环境下，颗粒内水分首先发生振动并快速升温，当达到水分子汽化温度时，内部水分发生相变而急速汽化，产生强大的蒸汽压强，使物料体积急剧膨胀。微波发泡类似于物理发泡法，是一种非常有潜力的生产工艺。目前，微波在淀粉基缓冲材料方面的应用还没见相关报道。

2）国内外淀粉基可生物降解发泡材料的研究现状。在淀粉基可生物降解发泡材料方面，国外在研究和生产工艺方面都要早于国内，且已达到一定的水平。但主要集中在与聚乙烯醇（PVA）、聚乳酸（PLA）、聚己内酯（PCL）、聚羟基酯醚（PHEE）等材料的共混共聚，以及近年来兴起的全淀粉材料特性方面的研究上。近年来，随着人们对淀粉及其改性性能的研究，促使淀粉基发泡材料从填充型发泡材料到复合型发泡材料再到全淀粉型发泡材料。淀粉作为发泡材料的潜能逐渐被挖掘出来。对它性能的充分应用也使得发泡材料从原来的部分降解改变为完全降解。

①淀粉填充型发泡材料。填充型发泡材料是将淀粉部分填充到普通塑料内，早期的淀粉填充型发泡材料是将原淀粉与通用塑料直接机械共混后发泡成型的。随着研究的不断深入，研究者开始将改性后的淀粉与增容剂等助剂共混制成淀粉母料，再与通用塑料共混、发泡。我国在 20 世纪 80 年代开始研究填充型淀粉缓冲塑料。Mu Jun 等发现影响秸秆纤维与淀粉共混材料缓冲性能的因素有纤维直径、发泡剂、黏合剂等，并得出相应结论，即当纤维直径足够小，纤维、淀粉和 PVA 配比为 2.5∶1∶0.5 时，得到的材料有较好的缓冲性能。胡伟等将废弃的淀粉或植物纤维等农林业剩余物加入到通用塑料、聚氨酯等中制备发泡材料已经取得了较大的突破。该方法一方面减少了通用塑料的使用，大大降低了生产成本；另一方面又提高了发泡材料的硬度、强度等力学性能。同时，还改善了通用塑料、聚氨酯等材料废弃后在自然界的降解性。但是淀粉填充型发泡材料仍然是两种不同材料之间的混合，没有形成结构稳定的化学键，加工性能差。更大的问题是，淀粉填充型发泡材料中淀粉组分的添加量有限（最多不超过 60%），废弃后利用生物降解发泡材料中的淀粉部分，降低材料原有的理化性能，造成崩解，从而实现部分降解。但是，其淀粉以外部分依然较难降解，崩解后的材料丧失原有的力学性能，给回收再利用带来了很大的麻烦。随着研究的开展，兴起了高填充塑料制品。该制品主要采用少量塑料基体和大部分廉价粉体制备出降解性较好的复合材

料，具有很高的工业化应用价值。肖运鹤等采用淀粉填充改性降解塑料 PBAT，研究表明，随着淀粉用量的增加，共混物的综合性能出现了先上升、后下降的趋势。Smita Mohanty 等也对淀粉填充改性降解塑料 PBAT 进行了研究，研究表明，热塑性淀粉可提高与 PBAT 的相容性。

②淀粉复合型发泡材料。淀粉复合型发泡材料是将淀粉与其他材料共混、共聚等表面修饰来改善淀粉作为发泡材料的不良性质，破坏淀粉的结晶结构，使其具有更好的加工性能和使用性能。通常采用的方法是一步法，即其他材料在和淀粉共混挤出的过程中加入增容剂直接熔融挤出。此外，还有两步法，即先将其他材料与含有羧基、酸酐等官能团的不饱和单体制成接枝共聚物，再与淀粉熔融挤出。这类材料也是目前国内外研究生产最多的一类淀粉基可降解发泡材料，例如，李小鲁等以淀粉、PLA、多元醇和发泡剂为原料制得淀粉基发泡材料，产品具有良好的发泡倍率和压缩强度，而且有较高的生物降解率和霉菌降解级，属于全降解材料。同时 Mundigler.N 等发明了淀粉与纤维素结合形成可降解发泡材料并申请专利。其后，武娟娟等利用模压压力为 23kPa 的模具加工糊化的淀粉与纤维浆的混合物，在 5min 的模压工艺条件下，获得了淀粉 - 纤维共混物的发泡样品，样品成型厚度为 5 ～ 10mm。研究发现，在淀粉作为复合材料主体的情况下，纤维量的增加使材料密度、载荷能力升高，并提高了复合材料在高应力条件下的缓冲性能。陈慧文、王会才、P.Cinelli 把淀粉和聚乙烯醇（PVA）进行共混复合，得到了具有良好降解性能和较好缓冲性能的淀粉基发泡塑料。吴俊等将对二甲苯（PX）与偏磷酸钠交联淀粉共混复合，改善原淀粉的性质，可使淀粉在复合型发泡材料中的添加量高达 50% ～ 70%。Canjya1 等对淀粉醋酸盐/PLA 复合发泡材料的降解性能进行研究时发现，PLA 含量增高会加速发泡材料的降解速率。由于可以对淀粉定向改性修饰来获得特定性质的淀粉材料，使得淀粉复合型发泡材料的研究与生产受到广泛的关注。到目前为止，此类发泡材料在多国已实现生产，NatureWorks、科碧恩普拉克等专注于环保材料的公司都对此有所涉及。

③全淀粉型发泡材料。全淀粉型发泡材料的研究是近年来兴起的一个课题（规定淀粉含量超过 90% 才称为全淀粉材料）。它的工艺通常是改变加工条件、添加相应成核剂与增塑剂并利用淀粉原材料本身具有的理化性质，使其尽可能发泡，具备发泡材料的性质。目前，在全淀粉发泡材料方面的研究国内鲜有报道。在国外，2012 年，卢布林生命科学学院着手于全淀粉型发泡材料的研究，并表明全淀粉型发泡材料比 EPS 型发泡材料有较高的开孔度与吸水率。澳大利亚的研究

人员以高直链淀粉为原料，用水作塑化剂，在添加 1% ～ 2% 成核剂的情况下，利用螺杆挤出机直接发泡，生产出全淀粉型发泡材料。产品具有发泡材料的基本力学性能，但是其吸水性较强，可在 10min 内溶解于水中。目前也只适用于物品的短暂包装（如快递、物流等）使用的发泡材料。全淀粉型发泡材料因具有环保、无毒害和原料成本低等特点，也将成为未来发泡材料研究的一个方向。

以淀粉为主要原料生产可生物降解发泡材料有诸多优势，而且经多年改善研究，其使用性能也越来越接近通用塑料材料。但目前也存在一些尚待解决的问题：一方面，淀粉发泡制品对湿度、温度较敏感，吸水性好，耐水性和湿强度差，遇水后力学性能严重下降。另一方面，淀粉复合改性时需与其他物质结合，这就存在界面相容性的问题，一旦出现相分离现象，将极大地影响淀粉基发泡材料的力学性能。

3）淀粉基发泡材料界面相容性的研究。淀粉复合型发泡材料中增强体与基体相接触构成界面时，两者之间产生的物理和化学的相容性（即界面相容性）是复合型材料研究的难点与热点。改善界面相容性可显著提高相应复合材料的拉伸强度和断裂伸长率。由于淀粉为多羟基化合物，是亲水性材料，而其他用于复合的聚合物（如聚乳酸、聚己内酯、聚羟基酯醚等）大多是疏水性材料，两者共混相容性不好，界面处易出现相分离，从而影响材料的加工性能和使用性能。国内外许多学者致力于这方面的研究，并取得了一定成果。Xu Yixiang 等将淀粉乙酰化改性，改善了淀粉、PLA 之间的界面相容性并进行挤出发泡，降低了发泡材料的密度和吸水性能。Willett 等研究指出，当淀粉/PLA 复合发泡材料的相对湿度达到 50% 时，复合发泡材料的吸水性能下降，淀粉/PLA 复合发泡材料界面存在相分离现象。M.A.Huneault 等用马来酸酐作增容剂，制备聚乳酸与甘油改性淀粉的复合材料，发现马来酸酐可以改善两者的相容性，使其表现出更好的柔韧性，并且用实验的方法研究了淀粉质量分数为 27% ～ 60% 时对淀粉/PLA 复合材料力学性能的影响，以及淀粉的粒径和种类对其性能的影响。Huneault 等也证实了接枝马来酸酐的聚乳酸确实可以改善淀粉和聚乳酸的界面相容性。袁华等制备了 PLA/淀粉复合发泡材料，并且研究了淀粉、AC 发泡剂、马来酸酐等的含量以及螺杆转速对发泡材料性能的影响。同时制备了 PLA/ 改性淀粉复合材料及发泡材料，研究了 PLA/淀粉复合体系的相容性及流变性能。对淀粉进行各种物理、化学等方面的改性处理，提高直链含量，减小粒径，降低亲水性是提高淀粉基发泡材料界面相容性的有效方法。表 3-5 中列出了常见的改善淀粉材料界面相容性的方法。

表 3-5 改善界面相容性的方法

方法	实例及作用
添加增塑剂	增塑剂的相对分子质量越小，淀粉塑化越容易
添加增容剂	增容剂可发挥类似“桥梁”的作用，分别与淀粉以及其他高聚物（如 PLA 等）形成氢键或化学键，从而改善界面相容性
加入一定碱性物质	作为共混促进剂，提高界面结合力，从而使混合更均匀
氧化、酯化、氨基化和醚化	改性淀粉使其表面具有疏水基团
共浓缩法	使淀粉凝胶化得到糊化淀粉，再与其他高分子共混成型
硅烷处理淀粉	使表面亲水性淀粉转变为憎水性淀粉，改善淀粉与聚合物的相容性
破碎技术细化淀粉	使淀粉粒径超细化

4）淀粉基发泡材料耐水性的研究。耐水性是发泡材料的主要使用性能之一，通常含淀粉或纤维的发泡制品耐水性都不好，湿强度差，一遇水则力学性能严重下降，而耐水性恰恰是传统泡沫塑料在使用过程中的优点。各国的研究人员对改善淀粉基发泡材料耐水性的研究一直未停过。Moroa.L 等用乙酰化淀粉制备发泡材料，结果表明，该制品浸水后其接触角没有明显变化，由纯淀粉制备的发泡材料浸水后 1h 内就开始变形，然后成为胶状物。同时发现，50% 取代度为 2.8 的乙酰化淀粉和 50% 原淀粉制备的发泡材料在 24h 后仍保持完好，且变得柔软并易于弯曲。Zhou.J 等用固态光交联的方法对淀粉进行表面改性。在淀粉表面层中引入光敏剂，光敏剂在紫外线的照射下发生分解，分解产物与淀粉分子上的羟基发生交联反应，在材料表面层形成交联网络，从而达到提高材料耐水性能的目的。在国外，Averous 等用热塑性淀粉和聚酰胺酯共混挤出制得发泡材料。由于在淀粉基原料中添加了聚酰胺酯，可以克服力学性能较差、阻水性能较差等全淀粉发泡材料的缺点，并且这两种聚合物有很好的相容性，使得产品的力学性能较好。Carvalho.A 等对淀粉分子进行酯化改性，以降低其对环境湿度的敏感性。其基本思路是，通过化学反应引入疏水基团取代淀粉分子的亲水羟基，从而达到提高淀粉疏水性的目的。酯化淀粉也是公认的提高淀粉耐水性的方法。另外，还有一种简单易行的方法，就是在淀粉基发泡材料的表面涂覆防水涂层，如可降解的玉米醇溶蛋白和壳聚糖。

研究淀粉基发泡材料的主要目的就是在制品可降解的前提下尽可能获得优良的缓冲性能。材料发泡率是影响制品缓冲性能的一个重要因素。只有充分的发泡才能形成密度小、体积大的发泡材料，但是发泡率的增大也导致材料密度和硬度下降，这就需要寻找最佳的生产条件。曾广胜等利用植物纤维增强玉米淀粉复合材料的熔融共混挤出发泡做单因素实验，通过对样条径向膨胀率的测试，得出结论：挤出压力为80MPa、挤出速率为20cm/s、加热温度为135℃、含水率为13%时复合发泡材料发泡倍率最大。Matuana L.M. 等的研究也表明孔隙率和泡孔密度受发泡剂和螺杆转速的影响。

发泡材料的表观密度是发泡材料性质的宏观体现，是指单位体积（含材料实体及闭口孔隙体积）物质颗粒的干质量，也称视密度。成培芳等研究得出，马铃薯淀粉与纤维的质量比为5∶1，PVA含量为45g、增塑剂甘油含量为50g、AC发泡剂含量为0.7g时，淀粉/纤维缓冲包装材料的表观密度最大，具有较好的缓冲性能，对以后的研究有指导作用。

5）淀粉基可生物降解缓冲材料的发展趋势。淀粉基可生物降解缓冲材料是一种绿色材料，具有很好的经济效益、社会效益和生态效益。随着全球经济的飞速发展，淀粉基缓冲材料配方和加工工艺不断改进和完善，将会生产出更多品种的淀粉基可生物降解缓冲材料，从而有利于包装材料的可持续发展。淀粉基缓冲材料具有极大的优势与潜力，将具有很大的发展空间。该行业今后的发展趋势归纳为以下几个方面：

①可降解性是研究的必然。逐渐增加缓冲材料中的可降解部分，由部分降解发展到全降解。这也是未来绿色包装和物流行业发展的必然趋势。

②进一步提高淀粉基可降解缓冲材料的缓冲性能和改善耐水性，是研究淀粉基材料永恒的主题。淀粉发泡后的强吸水性是其作为缓冲材料的最大劣势。所以，探索合适的方法改善其耐水性，进一步深入研究材料性能，提高缓冲系数，也将是未来研究的重点。

③在生产工艺方面，开发分步式发泡工艺，运输缓冲材料实体物质而不是占用大量空间的缓冲材料包装制品，从而降低生产成本，实现高效的工业化大生产，以便于产品的使用和推广。开发特定用途的发泡材料，如发泡球、发泡板材型材等（如图3-21所示），让人们使用时更加方便。例如，根据所选择材料的性质，研究开发出散装淀粉基缓冲材料分步式生产工艺，先在工厂大量生产出缓冲包装材料的初成品——未发泡的缓冲粒料。运输初成品到中小及微型电商和物流集散点，再在这些地点将初成品用简易、方便的工艺，如微波加工工艺，发泡加工成缓冲包装材料成品。这样将使得物流工作人员可以随时用随时生产，并且解决

了运输、储藏缓冲包装材料占用大量空间和增加成本的问题。这种工艺思路将是缓冲材料行业发展的方向。

a)

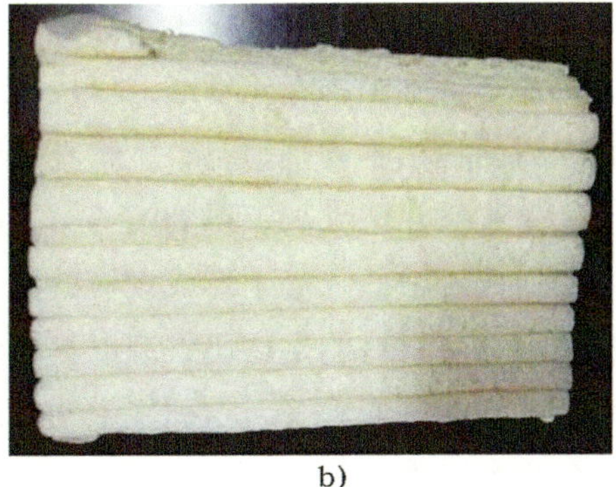

b)

图 3-21　特定用途的发泡材料

a）淀粉发泡球　b）淀粉发泡板材

④在使用方面，更加注重消费者的使用心理，将缓冲材料打造成一种缓冲包装完产品后可以作为一种工艺品、观赏品的材料，开拓缓冲材料的更多用途，而不是将其作为一种传统的不可降解的废垃圾。这也将是淀粉基缓冲材料未来不可忽视的一个增值点。

3.2　我国生物基材料产业发展概况

3.2.1　我国生物基材料产业发展特点及趋势

3.2.1.1　提高质量效益

（1）劳动生产率　与欧美等发达国家相比，我国生物基材料行业的总体劳动生产率较低。主要原因是我国生物基材料行业较发达国家相对完整，由生物基材料合成工业与制品加工业两部分构成。生物基材料合成工业具有投资强度高、自动化程度高的特点，在该领域，国内外的劳动生产率区别不大。相较于生物基材料合成工业，生物基材料制品加工业，特别是日用品加工业具有明显的劳动密集型特点，而我国是全球最重要的生物基塑料制品和纤维的加工基地，从整体上看，我国该行业的劳动生产率较欧美发达国家偏低。随着参与全球竞争的压力越来越大，劳动力成本也在不断上升，部分大型企业已越来越重视劳动生产率的提高，如深圳虹彩、江苏龙骏、吉林中粮、浙江海正等企业已经将工业机器人和人工智能技术逐步引入到生物基材料的吸塑、注塑、制袋等生产工艺，开展智能化生产，逐步提高劳动生产率。

（2）营业利润　生物基材料是以谷物、豆科、秸秆、竹木粉等可再生生物质为原料，通过生物合成、生物加工、生物炼制过程获得的生物醇、有机酸、烷烃、烯烃等基础生物基化学品，以及从生物基化学品出发，通过聚合反应和加工过程获得的包括生物基塑料、生物基纤维、糖工程产品、生物基橡胶、生物基涂料以及生物质热塑性加工得到的各类制品等。目前全球生物基材料在整个合成材料中的占比还很低，尚未形成规模效益，应用领域还比较狭窄，使用成本偏高。在目前生物基材料的生物质来源以淀粉、糖、植物油为主体的条件下，美国基于其发达的农业产业水平，占据了生物质原料的成本优势；我国与欧盟相比，具有更好的生物质来源与转化产业基础。从全球范围看，亚太地区将是全球生物基材料产业的重点发展地区，而东南亚地区具有丰富的生物质资源，整体生产成本更低，已成为生物质原料供给与生物基材料合成的新兴基地。因此，我国应当重视非粮生物质资源的深度利用与综合开发，保证产业具有可持续的竞争能力，从长期看，能够获得产业的竞争优势，确保较好的营业利润率。

（3）市场占有率　随着生物炼制技术和合成生物学的发展，生物基化学品不断涌现，生物基材料已形成非生物降解和生物可降解两大门类竞相发展的格局。生物基材料产业链条主要包括生物基单体制备、生物基树脂合成与生物基制品生产。总体上来看，我国技术和产业优势主要集中在产业链的末端，产量位居首位，技术与国际水平相当。我国企业在生物基材料的初始原材料的生物合成技术方面与国外有差距，但生物基材料制品方面和国外基本处于同一水平。

3.2.1.2　优化产业结构

（1）标志性产业的全球市场占有率　目前全球已实现产业化的生物基生物可降解树脂品种在我国均有布局，缩聚类树脂如 PBAT、PBS（聚丁二酸丁二醇酯）的生产能力与产品质量基本上与国际先进水平相当，占据全球产能的 50% 左右。我国 PLA 产能落后于美国、泰国而位居世界第三，但受制于丙交酯技术，在专用牌号的聚合生产上与美国、荷兰、日本还有一定差距。日本 Kaneka 近来在 PHA 领域进步迅速，在产能和成本控制上已居于世界首位。美国和欧洲近来也加大了在低值碳源利用领域的研发力度，因而我国 PHA 产业面临的国际竞争加剧。我国基于二氧化碳的脂肪族聚碳酸酯的产业水平居国际领先地位，约占全球产能的 90%。

我国在生物基非降解材料领域的劣势凸显。据德国 Nova Institute 统计，非降解型树脂占全球生物基材料产量的 60% 以上，而其中份额最大的生物基 PET 和生物基 PE 在我国尚为空白；作为生物基高端材料代表的生物基尼龙在我国的产业化进程还处于起步阶段。但我国生物基聚氨酯产业发展迅速，在多个品种上已取得重要突破，生物基聚氨酯涂料、生物基聚氨酯黏合剂、生物基聚氨酯硬泡等多个品种已取得核心技术突破，相关产品核心指标优于德国 BASF、美国 Dupont 等公司的同类产品，可实现产业上的超越。

（2）中高端产品占比　长期以来，我国生物基材料的发展以生物可降解类的树脂合成与制品加工为主，产业发展与产品开发以满足国际市场为主。制品加工业先行，产品以低附加值的一次性用品为主，加之行业的资金与技术门槛较低，企业数量众多，产品与技术同质化现象严重，产品价格低廉、利润微薄，市场竞争异常激烈。可降解树脂以跟踪国外发展为主，自主创新品种少，国内缺乏重大的需求牵引，应用技术开发以替代一次性低价值制品为主。加之国内在非降解型生物基树脂技术领域的短板，正在努力实现生物基材料在附加值高的汽车、电器、电子等领域的应用。总体上来看，生物基材料在中高端产品中的应用占比很低。

3.2.1.3　加强可持续发展

（1）研发投入强度　20 世纪 80 年代，生物基材料研发项目开始获得科技部、国家自然基金委等部门的资助。在 20 世纪末，“863”计划启动之初，生物降解节水地膜、聚乳酸被列为计划中的重点项目。科技部在“十一五”“十二五”“十三五”时期都有相应的规划及支持，国家发展改革委分别在 2004 年、2006 年及 2014 年进行了产业化专项的支持。近年来，由于材料领域热点较多，我国重点发展的生物基生物可降解材料在满足国家重大需求方面的能力不足，在解决环境污染等社会高度关注热点领域又缺乏系统性的技术解决方案和国家配套政策的支持，导致国家相关的应用基础研究和技术开发的投入强度有所减弱。目前，生物基材料领域以中小微民营企业为主，主导力量集中于后端的材料改性与制品加工，企业个体盈利水平低，研发投入低，以订单式技术开发为主，缺乏对整个产业链技术的研发规划，因此亟需引入国内高分子合成材料领域的骨干企业，提升生物基材料产业规模和技术水平。

（2）高技术人才占比　作为科技创新活动的核心要素，高技术人才在一定区域范围内的集聚及集聚效应的发挥，能够有效提升区域产业竞争力，为高技术产业的发展提供驱动力；另一方面，高技术产业的发展又会进一步创造高技术人才需求，促进高技术人才集聚，发挥人才集聚效应。生物基材料产业主要集中在珠江三角洲、长江三角洲、环渤海等我国传统高分子材料产业基地，但由于生物基材料产业规模小，制品单一，应用领域窄，企业效益一般，因而对专业人才的吸引度较低，形成了人才→技术→市场的恶性循环。这对吸引人才不利，必要时需采取特殊政策，为企业引进人才提供更好的平台。

（3）对外依存情况分析　PLA 是目前生物基可降解材料领域发展速度最快的品种，国内总产能在近期可望突破 10 万 t，但聚合所用单体丙交酯，特别是高光学纯度丙交酯还主要依赖进口。原有进口货源主要来自于荷兰 Corbion 公司，但随着 Total Corbion 公司泰国聚合装置的投产，其向中国企业供货的期望降低，将导致国内现有大部分 PLA 聚合装置“无米下锅”。随着国内产量的降低，国际市场需求的旺盛，全球领先的美国 NatureWorks 公司对 PLA 树脂的定价权优势逐步凸显，树脂价格呈上升趋势，严重影响了国内 PLA 产业链的盈利水平。同时值得关注的是，美国在 PLA 的生物质原料淀粉方面较我国也具有明显的成本优势，因此国内 PLA 产业需要在寻找新的生物质原料路线、突破丙交酯技术方面持续努力，同时需要通过对材料结构进行二次设计，开发具有特定功能的专用品种，实现材料性能和成本的突破。

PBAT 具有优异的成膜性能，在一次性包装薄膜领域的消费量稳步上升，国内相关树脂与薄膜产品主要以出口欧盟与美国市场为主。欧洲 PBAT 的主要生产商 BASF 和 Novamont 陆续引进了美国 Genomatica 公司的生物法 BDO 技术，稳步提高 PBAT 的生物基含量。法国、意大利、德国也相继出台了生物可降解薄膜制品的生物碳含量市场准入标准，随着标准在 2020 年实施，我国企业将面临新的绿色贸易壁垒。因此建议发展生物基丁二酸共聚酯品种，加大 BDO 生物制备技术的攻关，保持国内在此领域内的竞争能力。

生物基聚氨酯（PU）是一类重要的功能材料，在汽车、电子电器、高端涂料等领域具有广泛用途。目前，市售产品主要是 BASF、Covestro、Huntsman、DOW、Dupont 等公司的相关产品，但相关产品与石化同类产品的性能和成本还存在一定差距，上述企业正在加大投入，开发全替代、高性能、低成本的产品。国内生物基 PU 处于起步阶段，植物油基聚氨酯有较好的产业基础，但由于国内生物基单体，特别是生物基有机醇和美国相比有较大差距，因此，在生物基聚酯和聚醚多元醇领域以及与此相关的聚氨酯、聚酯纤维和工程塑料方面与国外有较大差距。虽然在新产品开发方面突破了现有进口品种的核心指标限制，但由于产业基础薄弱，面临国外企业的围剿，产业化推进亟需加强，以实现我国在此领域的竞争力。

由于国内缺乏相关产业政策与法规环境，我国生物基可降解制品企业的盈利点还主要依赖于欧盟与美国的订单。受中美贸易摩擦影响，进口原料、生物基树脂的价格上升明显，出口关税增加，导致众多以美国市场为主的制品企业开工率明显下降，企业经营难以为继。

3.2.2 我国生物基材料标准化概况

全国生物基材料及降解制品标准化技术委员会对口 ISO 标准化组织 ISO/TC61/SC14，负责我国降解制品及生物基材料相关标准的制修订管理工作。2020 年，GB/T 39514—2020《生物基材料术语、定义和标识》的实施，完善了我国生物基标准领域，目前我国已经具备生物基、生物基复合材料基本术语定义及生物基测试一系列生物基相关标准。

我国生物降解性能测试标准紧跟 ISO 国际标准步伐，不同条件下生物降解性能测试方法比较齐全，但相比于 ASTM 标准，生物降解测试标准尚缺少海水、海沙等自然条件下相关测试方法标准。我国生物基及可生物降解产品标准比较全面，为配合国家、各省（自治区、直辖市）及各行业禁塑、限塑工作的进行，近年来生物降解购物袋、垃圾袋、快递包装、快递填充物以及农用地膜等一系列环保产品标准的推出，使得禁塑、限塑工作中绿色产品名录的制定有所依据，产品检测有所参照，为建立良好竞争秩序贡献了力量。此外，还建立了一些生物医用材料的体内生物降解性能测试标准。我国生物基及生物降解性能测试标准如表 3-6 所示。

表 3-6 我国生物基及生物降解性能测试标准

标准类型	标准号	标准名称
生物基基础标准	GB/T 39514—2020	生物基材料术语、定义和标识
	GB/T 30816—2014	工程用生物基复合材料术语
	GB/T 29649—2013	生物基材料中生物基含量测定 液闪计数器法
生物降解评价测试方法	GB/T 38737—2020	塑料 受控污泥消化系统中材料最终厌氧生物分解率测定 采用测量释放生物气体的方法
	GB/T 38787—2020	塑料 材料生物分解试验用样品制备方法
	GB/T 33797—2017	塑料 在高固体份堆肥条件下最终厌氧生物分解能力的测定 采用分析测定释放生物气体的方法
	GB/T 32106—2015	塑料 在水性培养液中最终厌氧生物分解能力的测定 通过测量生物气体产物的方法
	GB/T 19277.2—2013	受控堆肥条件下材料最终需氧生物分解能力的测定 采用测定释放的二氧化碳的方法 第 2 部分：用重量分析法测定实验室条件下二氧化碳的释放量

（续）

标准类型	标准号	标准名称
生物降解评价测试方法	GB/T 28018—2011	生物分解塑料垃圾袋
	GB/T 19277.1—2011	受控堆肥条件下材料最终需氧生物分解能力的测定　采用测定释放的二氧化碳的方法　第1部分：通用方法
	GB/T 22047—2008	土壤中塑料材料最终需氧生物分解能力的测定　采用测定密闭呼吸计中需氧量或测定释放的二氧化碳的方法
	GB/T 19275—2003	材料在特定微生物作用下潜在生物分解和崩解能力的评价
	GB/T 19276.1—2003	水性培养液中材料最终需氧生物分解能力的测定　采用测定密闭呼吸计中需氧量的方法
	GB/T 19276.2—2003	水性培养液中材料最终需氧生物分解能力的测定　采用测定释放的二氧化碳的方法
	GB/T 33616—2017	纺织品　非织造布可生物降解性能的评价　二氧化碳释放测定法
	GB/T 16716.7—2012	包装与包装废弃物　第7部分：生物降解和堆肥
	GB/T 16886.13—2017	医疗器械生物学评价　第13部分：聚合物医疗器械降解产物的定性与定量
	GB/T 16886.9—2017	医疗器械生物学评价　第9部分：潜在降解产物的定性和定量框架
	GB/T 23857—2009	生活垃圾填埋场降解治理的监测与检测
	GB/T 18006.2—1999	一次性可降解餐饮具降解性能试验方法
	GB/T 37866—2019	绿色产品评价规范　塑料制品
	GB/T 32163.2—2015	生态设计产品评价规范　第2部分：可降解塑料
	GB/T 16716.6—2011	包装与包装废弃物　第6部分：可堆肥再生
产品标准	GB/T 38727—2020	全生物降解物流快递运输与投递用包装塑料膜、袋
	GB/T 38082—2019	生物降解塑料购物袋
	GB/T 35795—2017	全生物降解农用地面覆盖薄膜
	GB/T 32366—2015	生物降解聚对苯二甲酸－己二酸丁二酯（PBAT）
	GB/T 29646—2013	吹塑薄膜用改性聚酯类生物降解塑料
	GB/T 27868—2011	可生物降解淀粉树脂
	GB/T 18006.3—2020	一次性可降解餐饮具通用技术要求
	GB/T 32163.2—2015	生态设计产品评价规范　第2部分：可降解塑料
	GB/T 20197—2006	可降解塑料的定义、分类和降解性能要求

（续）

标准类型	标准号	标准名称
产品标准	QB/T 2670—2005	可降解塑料片材的定义、分类和降解性能要求
	QB/T 2671—2005	可生物分解塑料片材的定义和生物分解性能要求
	QB/T 2672—2005	可堆肥塑料片材的定义和可堆肥性能要求
	HJ/T 205—2005	环境标志产品技术要求　一次性餐饮具
	HJ/T 209—2017	环境标志产品技术要求　包装制品
	QB/T 4012—2010	淀粉基塑料
	GB 18006.1—2009	塑料一次性餐饮具通用技术要求
	GB/T 21661—2008	塑料购物袋
	GB/T 24453—2009	酒店客房用易耗塑料制品
	GB/T 24454—2009	塑料垃圾袋
	GB/T 24984—2010	日用塑料袋
	GB/T 28018—2011	生物分解塑料垃圾袋
	GB/T 30406—2013	植物纤维模塑制品通用技术要求
	GB/T 33798—2017	生物聚酯连卷袋
	GB/T 33897—2017	生物聚酯　聚羟基烷酸酯（PHA）吹塑薄膜
	GB/T 34239—2017	聚 3- 羟基丁酸 - 戊酸酯/聚乳酸（PHBV/PLA）共混物长丝
	GB/T 35795—2017	全生物降解农用地面覆盖薄膜
	GB/T 36941—2018	秸秆纤维基聚丙烯改性料
	GB/T 37643—2019	熔融沉积成型用聚乳酸（PLA）线材
	GB/T 37836—2019	聚乳酸/聚丁二酸丁二醇酯复合材料空气过滤板
	GB/T 37857—2019	聚乳酸热成型一次性验尿杯
	GB/T 38079—2019	淀粉基塑料购物袋
	YZ/T 0116—2018	邮政快件包装填充物技术要求
	YZ/T 0160.2—2017	邮政业封装用胶带　第 2 部分：生物降解胶带
	QB/T 5415—2019	聚乳酸注塑餐具
	QB/T 5413—2019	聚乳酸热成型杯
	QB/T 5414—2019	聚乳酸热成型杯盖

（续）

标准类型	标准号	标准名称
产品标准	GB/T 29284—2012	聚乳酸
	GB/T 30293—2013	生物制造聚羟基烷酸酯
	GB/T 30294—2013	聚丁二酸丁二酯
	GB/T 31124—2014	聚碳酸亚丙酯（PPC）
	GB/T 33796—2017	热塑性淀粉通用技术要求
	GB/T 34255—2017	聚丁二酸－己二酸丁二酯（PBSA）树脂
	GB/T 37642—2019	聚己内酯（PCL）

3.3 我国生物基材料产业发展过程中存在的主要问题

3.3.1 部分基础原材料依赖进口，严重威胁生物基材料产业链安全

我国生物基材料产业部分天然生物基材料提取制备技术以及合成生物基材料关键单体生物制备技术与国际水平仍有较大差距，丙交酯、1,3- 丙二醇、丁二酸等关键单体产业化技术仍不成熟。

我国生物基 1,3- 丙二醇、丁二酸等合成生物基聚酯关键单体的产业化技术尚不成熟，尤其是丁二酸低 pH 值发酵技术及丁二酸高效加氢技术。意大利 Novamont 和德国 BASF 近年来相继取得美国 Genomatica 公司的技术授权，实现了生物基 1,4- 丁二醇（BDO）的工业化，其中 2018 年 Novamont 投产了全球首套年产 2 万 t 的 BDO 生物法装置。基于此生物基原料优势，法国、意大利和德国于 2020 年开始对 PBAT 制品的生物基含量做出要求，并逐年提高，形成欧盟生物基聚酯市场的绿色壁垒。我国是生物基聚酯制品加工生产大国，承接大量欧盟生物基聚酯制品加工订单，但我国生物基 BDO 产业化技术尚不成熟，无法自主生产满足欧盟生物基含量要求的 PBAT 等聚酯材料，生产原料只能依赖进口，树脂价格严重影响生产成本，威胁我国生物基聚酯材料产业链安全。

3.3.2 部分核心装备尚未实现自主可控，产业存在风险

目前，我国生物基材料研发与生产存在一定程度的脱节，材料、工艺与装备多学科交叉融合研究不足，流程和装备问题未受到重视，导致企业生产被迫陷入“依靠市场换技术”和“成套引进—加工生产—再成套引进—再加工生产”的怪

圈，天价的技术及装备和低端产品低价竞争导致国内企业处于国际产业链的底层，几乎没有利润甚至经营困难，同时也面临着设备禁运、生产瘫痪的产业风险。

以聚乳酸产业链为例，产业链覆盖单体制备、聚合物合成、制品加工三大主要环节。在单体制备环节，乳酸直接制备丙交酯分馏反应器直接影响丙交酯的光学纯度，而丙交酯光学纯度是聚乳酸聚合反应的重要影响因素，因此该装备为聚乳酸产业的核心基础装备。但是，我国所采用的乳酸直接制备丙交酯分馏反应器主要依赖进口，国产装备尚属空白。在制品加工环节，我国的国产装备自动化程度较低，存在温度控制精度偏低、稳定性不足等问题，高自动化、高精度的热塑性加工机械与装备仍需要依赖进口。

3.3.3 高端产品自给率不高，高端应用的自主保障能力不足

我国生物基材料产业起步较晚，原始创新能力略显不足，在满足国家重大需求方面的能力不足，缺乏多学科交叉融合研究和原创性理论，缺乏体系化、规模化的专业人才队伍和知识产权（核心技术）储备。我国生物基材料产品主要集中在中低端，高端产品自给率较低，主导力量集中于后端的材料改性与制品加工，盈利水平和研发投入低，以订单式技术开发为主，缺乏对整个产业链技术的研发规划。国家重点实验室、国家工程技术研究中心、国家创新中心等相关国家级创新平台数量不足，部分种类生物基材料应用基础研究与产业化脱节，科研成果从样品到产品再到商品的转化效率低，产业化能力不足，导致市场被国外企业占据。同时，还成立了中国塑料加工工业协会降解塑料专业委员会、中国化学纤维工业协会等社团组织。这些平台创新能力主要依赖组成平台的高校及科研院所的基础研究工作，原始创新能力不足，主要起到贯彻国家有关方针、政策，反映行业要求，引导并促进本行业健康可持续发展，提高我国生物基材料及降解塑料行业整体水平的作用。近年来，随着部分原料单体生物制备技术取得一定突破，发现、改造了一些新的有效菌种，使我国生物基聚合物生物制造技术得到了快速发展，我国聚羟基烷酸酯、脂肪族聚碳酸酯和生物基聚氨酯产业技术等生物基材料核心技术处于国际领先地位。

3.3.4 “小、杂、散”问题突出，行业集中度不高，市场竞争力不强

生物基材料企业存在产业规模偏小，产业链、产业集群尚未有效形成，自主研发能力不足等问题。企业创新能力主要体现在下游材料加工方面，而天然生物

基材料提取制备技术以及合成生物基材料关键单体生物制备技术主要依赖高校及科研院所受让，部分制备技术和合成技术与国际水平仍有差距。我国企业在聚羟基烷酸酯、脂肪族聚碳酸酯和生物基聚氨酯产业技术方面处于国际领先地位，但PLA、PBAT、PBS等生物基材料的全链条产业技术并不成熟，成本偏高，一些高端设备和丙交酯等原料高度依赖进口。

生物基材料领域低成本制造技术主要集中在降低关键单体生物工程制备成本和聚合物合成成本。目前我国低成本可控生物降解一次性用多层共挤膜袋制备技术规模小，原料单体生物工程技术和化学聚合合成技术需要改进，产品耐热性能需要提高。国外产品加工性能稳定，抗老化性能好，规模大，成本相对较低。国外在高端高附加值产品研发上领先，国内在低附加值一次性制品的应用上比国外领先。我国在份额最大的生物基PET和生物基PE研发领域尚属空白。

生物基材料柔性制造技术主要体现在材料及制品的个性化定制。材料及制品的定制以市场为导向、以企业为主体，结合区域化发展和政府政策法规，以日用包装材料、农用薄膜、纺织纤维为突破口，结合产业推动与重点企业支持，以有实施条件的典型城市进行的生物基材料应用为示范，借助地方有利于扩大生物基材料市场需求的政策与法规，使产业链企业形成供需平衡、按需定制的生物基材料制品柔性制造技术新模式。

第 4 章

我国与发达国家生物基材料产业对比

4.1 我国生物基材料产量世界领先

在“十三五”期间，我国生物产业规模较“十二五”期间又有明显的增长，截至2019年，生物产业规模达到了12 716亿元，比2010年的3 156亿元增长了303%，其中生物基材料的产量居世界前列。2019年，全球生物基材料与关键单体的产能约为3 300万t，其中我国的产能约为1 160万t。随着世界原油价格的攀升，为了降低对化石能源的依赖，国家进一步加大了对生物基材料的投入。近两年，基于国家发展改革委和财政部发布的“生物基材料产业专项实施计划”和中国科学院科技服务网络计划（STS）的“生物基合成材料产业链建设和示范”项目，已在多地建立了生物基材料产业链联盟以及产业应用示范区，致力于打通生物基材料的技术链和产业链中存在的重点与难点，对推动我国生物基材料的发展起到了很大的作用。

4.1.1 生物基塑料

2018年，全球生物基塑料产量约为335万t，我国生物基塑料产量占比约为45%，尤其是生物基聚氨酯、淀粉基塑料等生物基塑料的产量均处于世界领先地位。我国生物基塑料的品种也很丰富，如聚丁二酸丁二酯（PBS）、聚丁二酸-己二酸丁二酯（PBSA）、聚乙醇酸（PGA）、生物基聚酰胺（PA）等生物基塑料的合计产能已超过20万t/a。比较典型的生物基塑料产品是聚羟基烷酸酯（PHA），其总产能超过了3万t，产品类型丰富度与产量均居世界前列。目前国内的生物基塑料正向多样性和先进性发展，生物技术的提高大幅度降低了生物基塑料的生产成本。清华大学陈国强教授课题组开发的新型微生物发酵技术大幅度降低了PHA的生产成本，目前已在多家企业进行中试生产。与此同时，为了降低生产成本，大批研究机构（如中国科学院理化技术研究所、四川大学、深圳先进技术研究院等）均在开发新技术。目前国内的生物基塑料产能增长速度在不断加快，如广州金发科技股份有限公司（6.5万t PBSA）、杭州亿帆鑫富药业股份有限公司（1万t PBSA）、蓝山屯河化工股份有限公司（2.5万t PBSA）等数家企业预计在未来将再扩充30万t PBSA产能（在建4.5万t，拟建25万t）。宁波天安新材料有限公司（0.2万t PHA）、天津国韵生物材料有限公司（1万t PHA）、深圳意可曼生物科技有限公司（0.5万t PHA）等企业也在建设 10 万吨级的生产线。

4.1.2 生物基橡胶

生物基橡胶可分为天然橡胶及生物质合成橡胶。由于三叶橡胶树生长需要高热高湿环境，受到自然条件限制，我国的天然橡胶产量不大。主要产区在海南省、广东省以及云南省部分地区，主要生产企业为海南天然橡胶产业集团股份有限公司、西双版纳国峰橡胶有限公司等。2019 年，我国天然橡胶产量约为 83 万 t，需求量为 341.96 万 t，对外依存度为 76%。

国内的生物质合成橡胶产业起步较国外慢，但发展迅猛。目前主要的生物基合成橡胶品种有生物基异戊橡胶、生物基乙丙橡胶和生物基顺丁橡胶。这三种产品的产量占据了生物基合成橡胶产量的绝大部分，其中绝大部分的生产厂家来自欧美发达国家，如美国固特异公司、德国朗盛公司、法国米其林公司等。

近几年，国内的橡胶生产企业与北京化工大学、中国科学院宁波材料技术与工程研究所、西北橡胶塑料研究设计院等机构合作，开发了一系列新型生物基合成橡胶，如聚酯型生物基合成橡胶、生物基衣康酸酯橡胶、大豆油基弹性体等。有些品种目前已经进入中试甚至小规模量产阶段。例如，北京化工大学张立群教授课题组在 2012 年建立了百吨级的生物基聚酯弹性体生产线，后续与杭州中策橡胶集团、山东玲珑轮胎合作，建立了千吨级生物基共聚酯橡胶生产线，并且与企业准备进一步建立万吨级生产线。张立群教授课题组准备建立包括千吨级生物基衣康酸酯橡胶、千吨级生物基共聚酯橡胶、百吨级蒲公英橡胶示范生产线等生物基合成橡胶生产线。预计在“十四五”期间建立更多示范生产线并尝试向市场推出商品化的生物基绿色轮胎。

4.1.3 生物基纤维

根据原料来源和生产过程，生物基纤维可分为三大类：生物基原生纤维，即用自然界的天然动植物纤维经物理方法处理加工成的纤维，如羊毛纤维、亚麻纤维等；生物基再生纤维，即以天然动植物为原料制备的化学纤维，如甲壳素纤维、壳聚糖纤维、牛奶蛋白纤维、再生纤维素纤维（如天丝莱赛尔）、纤维素脂纤维（如二醋酸、三醋酸）、再生植物蛋白质纤维（如大豆、花生、玉米蛋白质纤维）、海藻纤维等；生物基合成纤维，即来源于生物基的合成纤维，如聚乳酸纤维、生物基 PTT 聚酯纤维、生物基 PDT 纤维、生物基 PET 纤维、生物基 PA56 纤维等。目前国内生物基纤维主要产品为生物基原生纤维和生物基再生纤维，生物基合成纤维产业总体上处于发展初期阶段。2018 年，我国主要生物基合成纤维品种产能总计 39.08 万 t，仅占我国化学纤维总产能的 1%。2020 年，我国实现生物基再生纤维产能约 50 万 t/a、生物基合成纤维产能约 40 万 t/a、海洋生物基纤维产能约 3.5 万 t/a，化学纤维原料替代率达 2.1%。

目前国内生产的生物基合成纤维主要有蓝塞尔（lyocel）纤维、聚乳酸（PLA）纤维、生物基 PA 纤维等。生产企业有中纺院绿色纤维科技股份公司、北京恒天纤维集团有限公司、湖北金环绿色纤维有限公司等，主要研发单位有中国纺织科学研究院、四川大学、北京化工大学等。

4.2 生产企业规模有明显差异

在“十二五”和“十三五”期间，我国生物基材料产业飞速发展。《中国纺织工业发展报告 2020》的资料显示，2019 年，我国规模以上企业生物基材料营业收入为 148.49 亿元，较 2018 年增加了 24.38 亿元；2019 年，我国规模以上企业生物基材料营业成本为 132.26 亿元，较 2018 年增加了 23.18 亿元。然而，不同的企业生产规模有着十分明显的差别，头部效应非常明显。

PLA 是如今新兴生物塑料市场中产能规模最大、应用最广的品种。其原料乳酸和中间体丙交酯也可由多种生物质资源制备，PLA 在国内外的产能非常大，应用规模也很可观。目前国内的 PLA 或 PLA 原料及中间体生产企业大约有 15 家，企业的生产规模大小不一，主要分布在华中、华东和华南地区。国内 PLA 生产企业中，既有像河南金丹乳酸科技股份有限公司这种产能为 15 万 t/a PLA 的大型企业，也有像广州天乙合成材料有限公司这种产能仅 30t/a PLA 的小型企业。我国部分 PLA 或 PLA 原料及中间体生产企业情况见表 4-1。

表 4-1　我国部分 PLA 或 PLA 原料及中间体生产企业情况

生产单位	相关产品	生产能力 /（t/a）
浙江海正生物材料股份有限公司	PLA	5 万
安徽丰原集团有限公司	乳酸、PLA	10 万
河南金丹乳酸科技股份有限公司	乳酸、丙交酯、PLA	15 万
江苏允有成生物环保材料有限公司	PLA	1 万
深圳光华伟业股份有限公司	丙交酯	5 000
广州天乙合成材料有限公司	PLA	30

除了表 4-1 中所列的企业，还有部分企业预备新建或扩大产能，如浙江友诚新材料有限公司与广西崇左市人民政府合作，计划在崇左新建 75 万 t 乳酸和 50 万 t PLA 的新生产线。山东泓达生物科技有限公司与山西晋中市榆社县人民政府合作，计划建立一条 16 万 t 的 PGA/PLA 生产线。安徽丰原集团有限公司与通辽经济技术开发区签约“百万吨级生物新材料聚乳酸”项目，该项目总投资 120 亿元，计划分三期建设，一期项目投资 50 亿元，聚乳酸产能为 30 万 t/a。企业之间的规模差距进一步拉大。

4.3 我国生物基产业技术及研发成果达到国际先进水平

生物基材料作为科学研究的前沿领域，受到了全世界专家和学者的重视，每年有关生物基材料的文章数量在不断攀升。根据科睿维安数据库统计，截至 2020 年，全球有关生物基材料类的 SCI 文章总发表量达到 339 286 篇。图 4-1 所示为生物基材料 SCI 文章发表类别。可以看出，科学类文章占据了大部分。

图 4-1 生物基材料 SCI 文章发表类别

注：部分文章同时具有几个类别标签。

如图 4-2 所示，我国的生物基材料 SCI 文章发表量达到了 95 539 篇，居世界第一，超过了美国（94 923 篇）。与此同时，根据科睿维安的统计，全球生物基材料 ESI 高被引文章总发文量为 5 915 篇，其中我国共发表 3 289 篇，占据总量的 56%。在各大国际期刊（包括《自然》《科学》《细胞》《美国化学会志》《德国应用化学》《先进材料》等）上，均有大批我国的学者发表的文章，证明我国在生物基材料方面的研究已经具有强大的国际影响力。

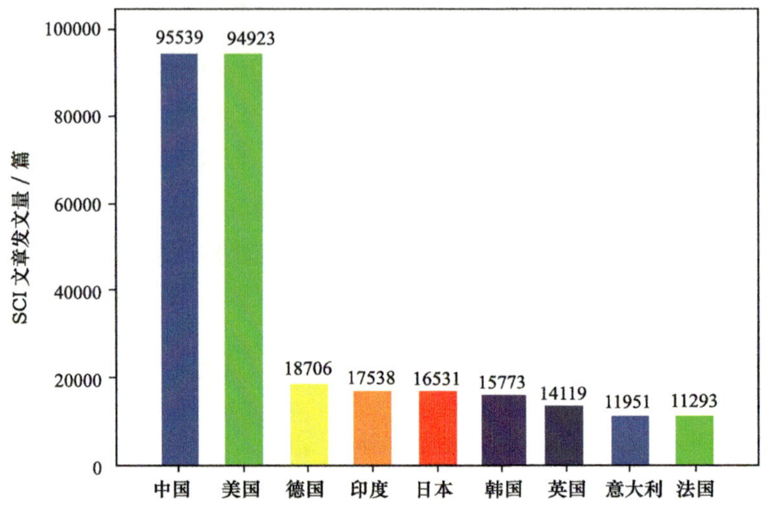

图 4-2 世界主要国家的生物基材料 SCI 文章发表量

中国科学院长春应用化学研究所的陈学思研究员在设计与合成高旋光纯度的聚乳酸和聚氨基酸两大类聚合物、生物降解医用高分子材料与器件、组织工程支架和药物缓释载体、聚乳酸和聚己内酯绿色材料产业化等方向共计发表 SCI 文章 800 余篇，SCI 他引 2.5 万余次（H 指数为 87）；授权专利 260 余项；同浙江海正集团合作实现了 1.5 万 t 聚乳酸产业化，技术水平达到了国际领先；组建了长春圣博玛生物材料有限公司，获得了可吸收骨折内固定钉和板 CFDA 两个注册证（Ⅲ类），3 个产品已提交注册申请或在临床评价（Ⅲ类）。清华大学陈国强教授在国际学术期刊上共发表微生物技术和生物材料相关 SCI 论文 370 多篇，科睿维安数据库记录论文被引用 1.9 万余次（H 指数为 66），谷歌学术引用 6 万余次（H 指数大于 100）；获得授权专利 40 项，50 个公开专利；开发的技术已经在数家公司用于大规模生产微生物 PHA，使我国在 PHA 领域的学术水平处于国际先进水平。还有其他在不同领域、不同方向的科学家及学者在对生物基材料进行研究，将我国的生物基材料领域推上更高点。

4.4 我国与发达国家生物基材料采用情况对比

为了减少污染、保护环境，各国纷纷推出各类环保法案及法律法规。虽然世界各国在各种问题上有争议，但是面对环保话题，各国采取了一致行动，大力推广生物基材料取代传统材料，减少环境污染以及资源浪费，因此，各类生物基材料的产能都得到了大幅度的提升。根据欧洲生物塑料协会与 Nova Institute 研究机构联合编制的最新市场数据预测显示：全球生物塑料产能将从 2018 年的约 211 万 t 增加到 2023 年的约 262 万 t。下面列出了世界主要国家对生物基材料的采用情况。

4.4.1 欧盟国家

2018 年 1 月，欧盟委员会通过了世界上第一个综合塑料战略——“欧洲塑料战略”，这是欧盟范围内第一个塑料产品计划。同年 5 月，欧盟委员会提出了一系列针对一次性塑料造成的废物污染的法案。根据该法律，禁止塑料餐具、塑料吸管、塑料棉签、塑料烟嘴和其他塑料产品使用一次性塑料，而使用嵌入式生物基聚乙烯（PE）、生物基 PET 等替代产品。此外，欧洲议会于 2019 年 3 月通过了《限制使用一次性塑料法》，要求从杯子、食品袋和饮料容器等一次性产品中完全淘汰发泡聚苯乙烯塑料，并使用可生物降解的塑料产品。

欧洲是世界上生物材料研发的重要中心，许多先进的生物基材料已被普及。随着欧盟环境法规的推出，大量生物基材料进入了欧盟的各个行业。除了上述嵌入的生物基 PE 和生物基 PET，还有许多其他广泛使用的生物基材料。

PLA 广泛用于制造汽车内饰、一次性塑料制品、包装材料、农用覆盖物、外科缝合线和其他产品。法国零售业巨头家乐福目前在其自营商品上使用聚乳酸制造包装材料，以取代以前的一次性塑料。瑞典的沃尔沃汽车公司宣布，将以 PLA/生物基 PE 为原料，生产新型环保汽车内饰，将来在沃尔沃销售的新能源汽车中使用。奔驰 E 级轿车的车门板也使用天然纤维复合材料。欧洲药品质量管理局（EDQM）已批准将 PLA 手术缝合线用于临床治疗。奥迪汽车已将生物基 PA 纤维用于汽车零部件的生产。法国米其林已开始使用生物基聚氨酯（PU）弹性体生产新的绿色轮胎等。

荷兰帝斯曼公司于 2009 年开始利用可再生资源生产生物基己二酸。该公司与加拿大生物琥珀公司合作，完成了生物基琥珀酸的大规模生产，并以生物基琥珀酸为原料，合成了己二酸中间体。同时，帝斯曼公司与法国 Roquette 合作，以淀粉为原料生产生物基琥珀酸。2012 年，建成产能 1 万 t/a 的生产装置，目前，相关产业化规模可达到 10 万～ 15 万 t/a，所生产的生物基尼龙 6 纤维已被法国 Beal 公司、意大利登山技术公司和德国 Edelrid 公司用于生产户外登山绳和其他专业户外设备。

4.4.2 美国

美国农业部能源政策和新应用办公室早在 2003 年便牵头美国商务部、能源部和美国自然科学基金会制定了联邦采购指定生物基产品的指导方针，目的是使生物基制品在美国联邦政府采购中占据优势地位。目前美国农业部的生物基产品名录中总计有 139 种产品。在奥巴马政府时期，美国政府进一步加大了对生物基材料的研发以及推广。截至 2016 年，美国从事生物基产业的员工有 465 万人，行业总产值达 4 590 亿美元。除了生产生物基材料制品的企业，美国各大传统企业也开始用生物基材料对传统材料进行替换。

星巴克公司在全部门店停用塑料吸管，改成利用可循环塑料杯盖代替。如果客人要求提供吸管，则使用纸质或者可堆肥塑料制成的吸管代替；凯悦酒店集团和希尔顿酒店集团宣布仅为顾客提供纸吸管或可降解材料吸管；麦当劳也将一次性塑料袋及塑料饮料杯全部取缔，改为采用牛皮纸袋和可降解塑料杯。美国的四大体育联盟也逐步将场馆售卖的饮料杯换成可堆肥降解的塑料，在明尼苏达举办的 2018 年“超级碗”上，来自全美各地的体育迷发现场馆售卖的杯子和餐具均使用了可回收利用的塑料。这种可回收利用的塑料来自于美国 Eco-Products 公司和 Moda 中心联合推出的可堆肥降解塑料。目前全美最大的食品销售公司美国食品控股公司（US FOOD）和西斯科公司（SYSCO）已开始用这种塑料制作外卖杯子和餐具。美国可口可乐公司于 2009 年推出了生物基聚酯瓶 Plant Bottle，用于旗下可口可乐、雪碧等饮品的包装。该聚酯瓶中有 30% 的原料来源于甘蔗。在 2011 年，可口可乐公司宣布与美国生物技术公司 Gevo 和 Virent 签署协议，共同开发商业化的生物合成 PX 工艺，推出了完全由可再生原料生产的生物基 PET 并将其运用到饮料瓶的生产中。

在汽车工业领域，美国福特公司的新款 Mondeo 汽车门板采用了生物基纤维复合的树脂材料，福特 Focus 汽车上的发动机防护罩也用黄麻纤维增强聚丙烯塑料制备。福特 Mustang 上的座椅是以大豆提取物生产的泡沫塑料制作的。福特方面表示，至少在福特市售的 1 850 万辆车上采用了这种生物材料。截至 2020 年，福特已用生物基材料替代了 12% ～ 15% 的传统塑料应用，平均每辆中型车辆中替代了约 181kg 的传统塑料。尽管目前美国政府并没有针对使用生物基材料的具体命令，但由于法规和消费者的兴趣，福特所生产的新车中生物基材料的占比急剧增加。

美国固特异公司在 2012 年开发了基于改性蒲公英橡胶的绿色轮胎，后续又基于大豆油基弹性体开发了两款新型绿色轮胎，即“Assurance Weather Ready”和“Eagle Enforcer All Weather”。在德国汉诺威举行的2018年轮胎技术博览会上，固特异公司因这一成就而获得认可，并获得了“轮胎技术国际创新与卓越奖”以及“年度环保成就”。目前固特异绿色智能轮胎已被特斯拉、雪佛兰、福特等数家汽车公司用于新型轿车中。固特异公司与杜邦集团下属的杰能科公司合作开发用甘蔗、谷物等生物质生产生物聚异戊二烯的技术。据公开资料表明，在发酵情况下，杰能科公司可生产超过60g/L当量的生物异戊二烯单体。根据计划，杰能科公司和固特异公司将实现生物橡胶的商业化。美国固特异公司在德国汉诺威轮胎技术博览会获奖的“Assurance Weather Ready”新型轮胎见图4-3。

图4-3　美国固特异公司在德国汉诺威轮胎技术博览会获奖的“Assurance Weather Ready”新型轮胎

注：该图取自固特异公司官网。

4.4.3　日本

日本政府早在1993年就制定了《环境基本法》和《自然环境保护法》，这是日本政府解决环境污染问题的开端。2000年5月，日本环境省又制定了《推进形成循环型社会基本法》。这是一个基本框架法，其中的《促进资源有效利用法》《容器和包装再循环法》《建筑工程材料再资源法》和《促进绿色购买法》拉开了日本生物基材料大发展的序幕。2005年，日本生物技术产业产值约为1.76万亿日元。2019年，日本环境省在预算中提供50亿日元，用于开发由可生物降解的生物塑料制成的产品，并向生产以纸质替代塑料的公司提供补贴。

日本味之素公司和东丽实业公司表示，双方已经签署一项协议，将合作研究以味之素公司的发酵技术生产的赖氨酸为原料，生产制造尼龙56纤维。味之素公司通过发酵技术，从植物原材料中制造出赖氨酸和其他氨基酸，并将其作为原材料，用来制造尼龙原料 1,5- 戊二胺。而东丽公司则负责将二元羧酸与尼龙原料结合，从而制造出尼龙 56 纤维。

日本 Kaneka 有限公司于 2020 年 12 月宣布其旗下的生物可降解聚合物 PHBH® 的量产计划顺利完成，预计产能达到 5 000t/a。PHBH® 是一种可进行海水降解的 100% 植物来源的新型生物基聚酯。目前大约有 10 000 家日本 7-11 商店已开始在咖啡馆使用 PHBH® 吸管。Kaneka 公司还与日本资生堂公司共同开发化妆品容器。

日本帝人公司于 2013 年宣布其生物基聚酯纤维 Eco Circle Plantfibe 被用于纯电动车 Nissan LEAF 的内饰，包括座椅面料，以及门饰板、头枕、座位中间扶手等内饰面材料。这是这种生物基聚酯纤维首次被大规模用在量产汽车的内饰中。帝人公司旗下的帝人富瑞特株式会社通过使用来自于植物成分的原料，以及通过将废旧聚酯纤维经过化学回收所再生的原料，研发了环保且具有伸展性的复合纤维 SOLOTEX ECO-Hybrid。帝人富瑞特将 SOLOTEX ECO-Hybrid 作为面向 2020 年秋冬时尚服装的重点推广面料，并进行销售。此外，通过使用再生原料代替 PET，所有原料均为环保型的全新“SOLOTEX®”的研发也在进行中。

日本三菱化学公司与铃木汽车合作开发了新型生物塑料 DURABIO，由可再生植物制备的山梨酸酯作为生产原料，着色性能良好且表面硬度更高。铃木汽车已将其用于旗下汽车 Alto Lapin 的内饰树脂着色板的生产中，预计未来还将用于汽车触控面板的生产。与此同时，三菱化学公司还与法国佛吉亚集团合作，采用天然纤维/聚丁二酸丁二酯复合技术，推出了一种新型聚丁二酸丁二酯材料，并将其应用于汽车门饰条、仪表板、导气管、控制台及车门镶板嵌件等内饰件的生产。

4.4.4 中国

随着我国生态文明建设指导方针在全国广泛推行，我国的生物基材料产业以前所未有的速度发展，国内企业纷纷推出各类新型生物基产品或用生物基材料取代传统材料，其范围基本囊括了我国所有工业门类。下面具体阐述不同的生物基材料在国内的采用情况。

4.4.4.1 生物基塑料

2007 年 12 月 31 日，国务院办公厅发布了《关于限制生产销售使用塑料购物袋的通知》，这是我国第一个“限塑令”。在限塑令发布 10 年后，《中华人民共和国环境保护税法》正式实施，“费改税”的实施标志着我国经济增长方式的转变。小型传统塑料工厂被大量取缔，大批塑料工厂将生产线改为生物基塑料或可进行生物降解的塑料。

在传统塑料使用量最大的塑料袋行业，国家发展改革委拟在 2025 年全国禁用不可降解快递塑料袋。也就是说，可降解塑料袋的推广使用迫在眉睫。新版“限塑令”三步走按照“禁限一批、替代循环一批、规范一批”的原则，分 2020 年、2022 年、2025 年三个时间段，明确加强塑料污染治理分阶段的任务目标。因此，国内绝大部分销售集团都公布了不再提供一次性塑料袋，改为提供可降解塑料袋或布袋的政策。如家乐福（中国）集团 CEO 田睿代表家乐福做出减塑承诺，到 2020 年年底前，家乐福全国范围内的塑料购物袋逐步替换为可降解材质，目前已基本达成该目标。北京华联集团与山东天壮环保有限公司合作生产了以食品级 PE 基材 + 食品级 EBP 降解母料为原料的可降解塑料袋，目前大部分华联超市为顾客提供的塑料袋均为这种可降解塑料袋。山东天壮环保有限公司将这种塑料袋进一步推广，目前中国人民银行、渤海银行、德州扒鸡、达利食品、中国东方航空等单位均采购了这种塑料袋。

在农业领域，生物基塑料也在逐步发力，不断取代传统塑料。以农业种植中使用量最大的产品——农膜为例，如今生物基全降解农膜在逐步取代传统农膜的地位。目前，山东、安徽、广东、辽宁等省份均建立了生物基全降解农膜生产基地，预备在全国范围内全面推广全降解农膜。中国水稻研究所和河南青源天仁有限公司经过旱作及在水稻方面应用实验和示范，生产的新型全降解地膜起到了增产提质、节水减排等功效，2018 年进入推广应用阶段，在黑龙江、内蒙古、新疆等地铺设地膜 1 万亩，为解决白色污染问题带来巨大的社会效应。

在办公用品领域，广东金发科技有限公司生产的新型 PLA（BIO-873）具有可生物降解、韧性好、低温老化性能优异、着色性能好等特点。目前，该新型 PLA 已被用于笔筒、签字笔杆和文具盒等用品的生产。

在工业领域，生物基塑料的推广也是如火如荼。首先是汽车领域，虽然国内汽车行业对生物基塑料的应用较晚，但是推广非常迅速。上海锦湖日丽塑料有限公司成功开发了聚碳酸酯 /PLA 复合材料，目前已被用于汽车内饰件的生产；广东金发科技有限公司生产的 PLA 和聚丁二酸丁二酯（PBS）树脂已被比亚迪、蔚来等汽车厂商用于新能源汽车门底板的生产；淮安绿色科技有限公司开发的新型聚乳酸复合材料由于具有高强、高韧性的特点，目前被用于汽车进气格栅、三角窗框等汽车零部件的生产；奇瑞汽车公司推出了一种新型高耐热高抗冲聚乳酸材料，用于汽车零部件的制造。

在管道领域，生物基塑料也在逐步取代聚氯乙烯、聚苯乙烯等传统材料的地位。中铁十八局集团环保科技工程有限公司生产的竹缠绕复合材料被用于新型管道的生产。这种材料以竹子为主要基材，使用食品级树脂为胶黏剂，采用缠绕工艺加工成型的新型生物基材料，具有抗震强、承压强、耐腐蚀等特点。目前，该材料在新疆、黑龙江、浙江等多地投用，效果明显。中铁十八局集团环保科技工程有限公司与重庆市大足区人民政府、重庆市爱丰管业有限公司三方签署合作协议，将在大足区打造竹缠绕复合管生产项目，大规模生产这种新型管材。

在高铁上，生物基塑料也有所发挥。除了高铁配餐中的餐盒、吸管、饮料杯以外，高铁车厢的部分内饰也采用了高性能生物基塑料。2017 年 6 月，浙江鑫宙竹基复合材料科技有限公司开发的竹缠绕复合材料首次用于制造高铁示范车厢（见图 4-4），并向公众公开展示。

图 4-4 用竹缠绕复合材料制造的高铁车厢

注：该图取自浙江鑫宙竹基复合材料科技有限公司官网。

4.4.4.2 生物基橡胶

目前国内使用的生物基橡胶主要是天然橡胶。根据华经产业研究院发布的《2020—2025 年中国天然橡胶行业市场运营现状及投资规划研究建议报告》，2018 年全国天然橡胶消费量达 572 万 t，其中我国卡客车（商用车）子午线轮胎消费天然橡胶 338 万 t，占比为 59%；乘用车子午线轮胎消费天然橡胶 94 万 t，占比为 16%；乳胶制品消费天然橡胶（胶乳折算为干胶）46 万 t，占比为 8%；斜交轮胎和其他橡胶制品消费天然橡胶 94 万 t，占比为 17%。可以看到，轮胎占国内天然橡胶绝大部分的消费量，但未来乳胶制品消费的天然橡胶占比可能会越来越大。2018 年我国天然橡胶消费情况见图 4-5。

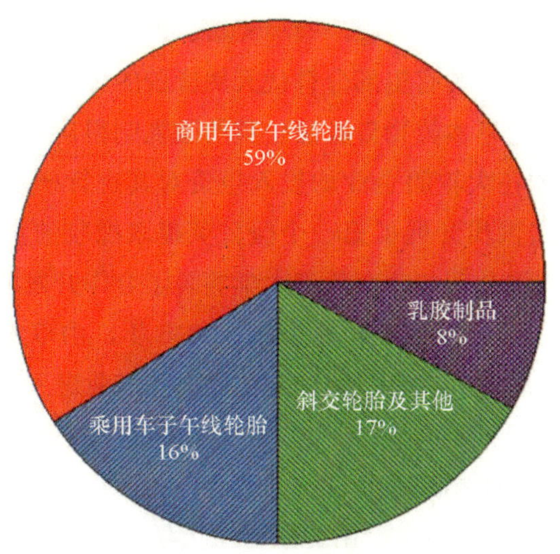

图 4-5　2018 年我国天然橡胶消费情况

随着天然橡胶消耗量逐渐加剧，国内急需其他类型的生物基橡胶替换天然橡胶。目前比较流行的是杜仲胶、古塔波胶和蒲公英橡胶。杜仲是我国特有的植物，世界 95% 以上的杜仲资源在我国。20 世纪 50 年代初，苏联专家曾建议，中国应提前开展杜仲胶代替天然橡胶的研究。杜仲的果、叶、皮、根中均含有丰富的杜仲胶。杜仲胶的化学成分与天然橡胶相同，但分子结构不同，杜仲胶为反式聚异戊二烯，天然橡胶则为顺式聚异戊二烯。这使得杜仲胶具有独特的性能，可以开发出三大类不同用途的材料：橡胶高弹性材料、低温可塑性材料及热弹性材料，广泛应用于橡胶工业、航空航天、国防、船舶、化工、医疗、体育等国民经济各领域，产业覆盖面极广。轮胎行业也在研究如何利用杜仲胶部分乃至完全取代天然橡胶。实验表明，每吨杜仲胶用于轮胎可节油 70t，减少二氧化碳排放 200t。2017 年，沈阳化工大学制备出世界首批生物基杜仲航空轮胎。杜仲胶在航空及有关行业轮胎的开发，顺应了国际上以反式胶为主，发展长寿命、高强度、安全、节能“绿色轮胎”的趋势，可以解决长期以来困扰航空业及相关行业中轮胎强度、轮胎寿命、轮胎摩擦放热等一系列重大问题，最大限度地减少由于飞机轮胎爆裂而造成的灾害，为我国国防工业、航空航天工业的发展提供了新型橡胶材料。

古塔波胶与杜仲胶的化学结构完全相同（均为反式 1,4- 聚异戊二烯），主要来源是东南亚热带雨林的古塔波树和南美的巴拉塔树，目前主要的应用是医疗行业，尤其是牙胶尖。目前全球 99% 以上的牙胶尖使用古塔波胶进行生产，比较有名的品牌有美国登士伯西诺德、韩国美塔、天津加发等。

蒲公英橡胶则是另一种有望部分替代天然橡胶的生物基橡胶。蒲公英橡胶又称青橡胶或草橡胶，由草本植物青胶蒲公英的胶乳制得。目前的蒲公英橡胶主要处在研发阶段，全球各大轮胎企业均投入巨资对其进行研发。2007 年，固铂和普利司通在美国俄亥俄州开展了第一个蒲公英提取橡胶的实验项目。2012 年，山东玲珑轮胎股份有限公司与北京化工大学签署了合作开发蒲公英橡胶协议，这标志着我国开始进入蒲公英橡胶研究领域。2015 年，由双方主导的“蒲公英橡胶产业技术创新战略联盟”成立，我国蒲公英橡胶产业进入商业化快车道。

在生物基合成橡胶方面，目前国内的生物基合成橡胶仍处于小规模量产阶段，尚未在全国普及。但是生物基橡胶制备的概念轮胎已经研发成功。在上海举办的第 22 届中国国际工业博览会上，由北京化工大学主责、山东玲珑轮胎股份有限公司参与研发的新型衣康酸酯生物合成橡胶半钢子午线轮胎向观众亮相。根据介绍，这种新型衣康酸酯生物合成橡胶轮胎全部完成第三方评价并达到项目指标要求，显示出优于传统橡胶的产品性能。

4.4.4.3　生物基纤维

我国的生物基原生纤维和再生纤维应用极为普及，羊毛纤维、棉纤维、麻纤维早已进入千家万户，我国棉花、纤维素等天然纤维的产量均处于世界前列，相关商品（如羊毛衫、衬衣等）的产量及销售量均处于世界第一，因此不再赘述。而生物基合成纤维目前正逐步代替传统化学合成纤维的地位，开始在纺织、医疗、环保、建筑等行业普及。

上海同杰良生物材料有限公司已实现产能 1 万 t/a 聚乳酸生产能力，同时开发有 PLA 非织造布、可降解 PLA 婴儿纸尿裤、护理垫等产品。其中，由同济大学和上海同杰良生物材料有限公司经多年研发出的以 PLA 为基材的非织造布和底膜，已经成功应用于爱加倍卫生巾。该产品是全球第一款采用这种创新技术的卫生巾，突破了传统卫生巾采用化纤或全棉为面层的现状，更透气、亲肤、抑菌、干爽，提高了妇女经期的安全性，减少经期感染妇科疾病或皮肤过敏的危险。

上海凯赛生物产业有限公司开发了多款生物基纤维，其旗下的“泰纶®”生物基 PA 纤维来自可再生植物性原料，具有优异的低温易染、柔软亲肤、易吸易排、耐候耐磨的特性。目前，该类纤维已被用于服装、安全气囊、帐篷、轮胎帘子布等产品的生产。而其另一款产品 ECOPENT® 生物基 PA 纤维的阻燃、抗冲击、抗老化、耐磨、低翘曲、高流动等性能均表现卓越，已应用于汽车和交通运输、电子电器、消费品、工业品、扎带、薄膜等行业的商品生产中。

恒天宝丽丝生物基纤维股份有限公司的产品主要集中在生物基复合纱线。基于纤维素和生物基 PA 纤维，该公司现已推出再生纤维素生物基长丝、生物基长丝复合纱线、生物基短纤复合纱线、高档绣花线、高强涤纶缝纫线、高强尼龙缝纫线等多款产品。

上海同杰良生物材料有限公司于 2006 年开始推行 PLA 纤维的量产，并于 2011 年在上海世博民企馆成功举办会展，举办了中国首家聚乳酸环保纺织品面世发布会。目前该公司已开发出 5 种商业化 PLA 纤维（1.5D 38mm 短纤、4.5D 三叶形、4D 65mm 圆形、6D 51mm 圆形和 6D 51mm 三叶形），基于这几种纤维开发了多种 PLA 纤维产品，包括纤维被、卫生巾、纸尿裤、3D 打印耗材等，并在全国范围内销售，部分产品已经出售至欧洲。

4.5 我国与发达国家生物基材料主要原材料对比

目前，全球主要生物基材料的生物质原料为淀粉、蔗糖、木质纤维素、天然橡胶和植物油，而生物基初级化学品有乳酸、琥珀酸、1,4- 丁二醇、1,3- 丁二烯、乳酸乙酯、脂肪醇、糠醛、甘油、异戊二烯、1,3- 丙二醇、对二甲苯等。此外，还有己二酸、丙烯酸和 2,5 呋喃二羧酸。

目前，在生物质原料方面，我国与发达国家产量不一。

关于淀粉的生产，在 21 世纪初，发达国家尤其是美国占据了绝对优势。2006 年全球淀粉产量为 5 600 万 t，其中美国淀粉产量占据 50% 的份额，而全亚洲淀粉产量之和占比仅有 16%，仅比欧盟高 1 个百分点。2019 年，我国淀粉产量达到 3 009.3 万 t，位居世界前列。

蔗糖方面，甘蔗是蔗糖主要作物，其生长环境较为严苛，因此我国的蔗糖产量不算很大。2018 年，我国蔗糖产量为 965 万 t。世界蔗糖产量第一的国家为巴西，2018 年产量约为 2 950 万 t。绝大部分发达国家均位于北回归线以北，因此蔗糖产量极低，基本依赖进口。植物油方面，2018 年，印度尼西亚、中国和马来西亚位列全球食用植物油产量前三甲，其中，中国食用植物油产量为 2 686 万 t，而发达国家的植物油主要依赖进口。纤维素方面，国外纤维素材料行业较为成熟，基本由美国陶氏化学、美国亚什兰、日本信越等大型企业寡头垄断。国外主要企业纤维素材料产能约 36 万 t，其中，日本信越与美国陶氏产能均为 10 万 t 左右，亚什兰产能为 8 万 t，乐天产能超过 4 万 t。2019 年，我国纤维素材料产量为 21.2 万 t，但尖端纤维素产品稀缺，我国所需的少部分医药级、食品级产品和高端型号建材级纤维素材料由国外知名企业提供。天然橡胶在前文已介绍，在此就不再赘述。

在生物基化学品方面，目前美国、日本、欧盟垄断了大部分生物基化学品的生产。以 PLA 为例，美国 NatureWorks 公司是全球 PLA 行业的领军企业，基本上垄断了全球所有中高端 PLA 及其衍生品。国内的聚乳酸企业在现阶段大部分都需要从 NatureWorks 公司采购 PLA 原料。而其他生物基化学品，发达国家也占据了大部分的产业链。陶氏（Dow）等精细化工制品公司都在不断提高以生物催化手段生产生物基化学品的研发能力。目前，日本将生物基化学品研发重点放在多聚物材料上，开发的 PBS 纤维与树脂实现了一定规模的产业化。

4.6 我国与发达国家生物基材料生产设备对比

与生物基化学品相同，目前大部分中高端生物基材料的生产设备也被发达国家所垄断，主要的生产设备来自于美国、日本、德国、法国等发达国家。尤其是各类生物基材料性能测试设备基本上被美国垄断，如差示扫描量热仪、动态力学测试仪、核磁谱图仪等高级测试设备基本上被美国梅特勒 - 托莱多公司所垄断。而一些高端加工设备，我国仍需要进口。2019 年，全国塑料加工专用设备完成进口额 11.23 亿美元。

近年来，随着中美贸易摩擦加剧，国内企业关于“自力更生”的呼声越来越大，国产设备也在逐步取代进口设备。近几年，我国生物基材料加工设备的增长率超过了 30%，各种可降解塑料加工机械，如双螺杆挤出机组、塑料成型机、片材机、混合机组等各类环保降解产品生产线、加工设备不断推陈出新，逐渐占领了国内市场乃至出口国外。以双螺杆挤出机为例，目前国内生产双螺杆挤出机的企业有南京瑞亚高聚物有限公司、兰州兰泰塑料机械有限公司、南京橡塑机械厂有限公司等，国内大部分生产生物基材料的厂家使用的都是国产双螺杆挤出机，前景不可限量。然而，需要正视的是，目前全球双螺杆挤出机组的龙头企业仍然是国外企业，包括德国科倍隆、德国莱斯特瑞兹集团、日本制钢所等。因此，我国的生物基材料生产加工设备的发展道路仍然任重道远。

第5章

生物基材料产业发展战略与措施

5.1 按照“十四五”规划的战略部署发展我国生物基材料产业

5.1.1 产业发展指导思想

全面贯彻党的十九大精神和习近平总书记系列重要讲话精神，认真落实党中央、国务院、各级领导机关决策部署，依据《中国制造 2025》《新材料产业发展指南》等指导性文件，坚持生物基材料“产品自主、技术自主、体系自主”的“三步走”发展战略，牢固树立科技安全、产业链安全的发展理念；大幅提升关键生物基材料自主保障能力，填补高端品种空白，保障关键产品安全，满足国家重大工程需求；着力解决基础原材料、关键装备等基础问题，全面提升产业链安全；建立产业链上下游优势互补、“全链条”密切合作机制，形成上下游协同的关键生物基材料创新研发体系；推进材料先行、产用结合，着力培育国内生物基材料新兴产业市场，全面建成绿色、创新、可持续、国际引领的生物基材料产业体系，实现我国从生物基材料大国向生物基材料强国的战略性转变，为建设科技强国、质量强国提供有力支撑。

5.1.2 产业发展基本原则

“三个自主”原则：加强顶层设计，夯实产业基础能力，坚持高端应用关键品种自主保障，坚持产业链自主可控，坚持可持续、上下游协同的产业体系自主创新原则；分阶段全面提升关键产品安全、产业链安全，满足高端制造业用关键战略材料自主保障，建设绿色低碳、可持续发展、上下游协同的创新体系。

“三大创新”原则：生物基材料发展必须坚持高端材料核心技术创新、产品应用出口创新、“原材料—技术—装备—应用”全链条研发模式创新。紧紧围绕重大战略应用急需，坚持高端产品关键技术突破，全面提升高端产品自主保障能力；以节能低碳为突破口，培育战略性新兴产业应用出口，建立“技术—装备—应用”三位一体的全链条研发模式，强化产用结合，促进生物基材料产业壮大。

“四个支撑”原则：坚持以标准体系、人才队伍、军民融合、创新平台建设为基础支撑手段，促进生物基材料提质和协同创新；以人才队伍和创新平台为基础保障，突破一批具有军民领域广泛带动性的创新成果，加快生物基材料标准体系国际化进程，推进生物基材料产业逐步进入全球高端制造业供应链。

5.2 产业预期发展目标

5.2.1 发展思路

紧密结合国家战略，重点开展工程化及产业化技术开发，着力突破生物基单体、生物基塑料、生物基纤维、生物基橡胶、生物基复合材料的关键工程化制备技术、专用装备及其应用；通过全产业链同步创新，推进先进创新成果产业化推广实施，实现生物基材料在大宗工业材料和生活消费品领域（如汽车、电子电器、涂料、建筑、日用品、纺织服装、农业、特种橡胶等）的规模化应用；发展高性能、功能化生物基材料新品种，为我国战略性新型产业、智能制造、军工等重大战略需求提供关键材料，为实现我国“到二〇三五年跻身创新型国家前列”的战略目标提供材料支撑。

5.2.2 发展目标

5.2.2.1 2025 年目标：完成大宗工业化生产技术和产品规模化应用

到 2025 年，生物基单体的品种、合成技术、产业规模处于强国行列，生物基聚酯、生物基聚氨酯、生物基橡胶产业规模与技术水平达到国际领先，生物基塑料、生物基复合材料突破规模化应用，产能国内消化率达到 60% 以上，加强生物基材料及制品技术开发所需的基础应用研究。突破利用可再生的廉价生物质资源制造大宗工业材料的技术瓶颈，开发生物基材料热塑性加工过程自动化机械与装备，形成可降解生物基材料的质量控制的共性技术，推进生物基材料规模化生产与应用。到 2025 年，我国生物基材料及制品的表观消费量达到 500 万 t 以上，在工业、建筑、农业以及日用消费品领域得到广泛应用，成为我国工业绿色转型和实施绿色发展战略的重要支撑。

（1）聚乳酸（PLA）材料 推进 D- 乳酸、L- 乳酸的菌种培育和生物合成技术，突破高光学纯度 D 型和 L 型丙交酯产业化技术，发展 PDLA 均聚以及 PLLA-PDLA 共聚技术，丰富树脂品种。建设完备的 PLA 产业链，国内产能达到 10 万 t/a，成本大幅下降，实现注塑、挤出、纺丝级树脂的共线生产，重点突破以立构复合和纤维增强为代表的新一代高耐热 PLA 树脂技术，HDT 达到 120℃以上，具备替代聚丙烯、ABS 等石油基树脂的能力，在耐久性与工程化产品上获得应用。

（2）二元酸与二元醇共聚酯（PBS、PBAT、PXT、PTF） 推进生物基 PBS 以及基于生物基丁二酸的共聚酯技术；开发具有自主知识产权的丁二酸低 pH 值生产技术，建立高效的丁二酸分离提取技术。自主研发具有较高转化率和选择性加氢催化剂，缩短反应时间，加氢有效产品总选择性可达 99.5%，BDO 选择性达 85%，实现 PBAT 单体聚合装置产能达到 10 万 t/a，成本不超过 15 000 元 /t。推进呋喃二甲酸单体的生物法与化学转换工艺的研究，制备成本大幅度下降，呋喃系聚酯实现中试。

（3）生物聚酰胺材料　支持长链聚酰胺及其关键单体的研发与产业化，建设年产能 10 万 t 生物长链二元酸、万吨级戊二胺单体能力，戊二胺成本控制在 16 000 元 /t；重点提升尼龙 54、56、1212、12T 产业化聚合反应工程化能力，形成万吨级生产能力，尼龙 12T 成本控制在 7 万元 /t 以内，生物基尼龙树脂性能满足工程塑料及纤维加工要求。

（4）低热黏温度熔纺聚氨酯纤维　整合生物基有机酸和有机醇单体技术，开发生物基聚酯多元醇合成技术，建设具有低热黏温度的聚氨酯合成与熔融纺丝生产线，聚氨酯纤维热黏温度达 80 ～ 120℃，断裂强度≥ 1.4cN/dtex，断裂伸长率≥ 450%，弹性回复率≥ 86%。

（5）二氧化碳共聚物树脂及多元醇　开发以二氧化碳为主要原料的聚合物技术，重金属锌含量≤ 1 000mg/kg，砷含量≤ 30mg/kg，镉含量≤ 10mg/kg，相对生物降解率≥ 90%，成本控制在 18 000 元 /t，高相对分子质量树脂玻璃化温度高于 37℃，低相对分子质量多元醇羟值 14 ～ 112（f=2）mgKOH/g、18 ～ 168（f=3）mgKOH/g，酸值≤ 0.5mgKOH/g。

（6）新型无卤阻燃可降解生物基复合材料　开发以林业生物质、农业秸秆为主要原料的生物基的阻燃复合材料，弯曲强度≥ 30MPa，握螺钉力≥ 1 200N，阻燃等级为 B1，烟释放量降低 60%，相对生物降解率≥ 90%。

（7）生物基材料助剂　建设产能为 6 万 t/a 的环氧植物油脂类生物基增塑剂，产能为 4 万 t/a 的生物基树脂扩链剂、相容剂等系列化产品，可应用于生物基纤维材料、热塑性生物质复合材料的改性与制品加工。产品符合欧盟 RoHS 指令、REACH 法规等要求。

（8）低成本可控生物降解多层共挤膜袋制备技术　以 PLA、PBAT 为主要原料，开发低成本可控生物降解多层共挤膜袋制备技术。成本低于 18 500元/t 生物降解膜，拉伸强度≥ 20MPa，断裂伸长率≥ 200%，储存保质期≥ 8 个月。

（9）高阻隔抗老化可控生物降解地膜及专用料　开发以 PBAT 为主要原料的高阻隔抗老化降解可控的生物降解地膜及专用料，拉伸强度≥ 20MPa，断裂伸长率≥400%，紫外辐照120h后强度保留率≥60%，水蒸气透过率＜500g/（m^2·24h），储存保质期≥9个月。

（10）生物降解聚乳酸餐饮具　开发以聚乳酸为主要原料的生物降解一次性餐饮具，产品HDT达到100℃以上，产品（盘、碗、碟等）装满开水不变形，弯曲强度、弯曲模量比PLA原料提高20%；产品能够实现工业化生产，产品质量合格率要达到99%。

（11）生物基聚氨酯　开发以植物油多元醇为核心的生物基聚氨酯材料，包括生物基聚氨酯黏合剂、涂料、保温材料等所使用的多元醇。其中，生物基聚氨酯黏合剂多元醇羟值为140mgKOH/g±10mgKOH/g，黏度为1 000mPa·s±100mPa·s（25℃），相关黏合剂邵氏硬度为30～80，剪切强度为8～20MPa；生物基聚氨酯保温材料多元醇羟值为420mgKOH/g±30mgKOH/g，黏度为3 500mPa·s±500mPa·s（25℃），相关保温材料导热系数低于0.021 W/（m·K）；生物基涂料多元醇羟值为200mgKOH/g±20mgKOH/g，黏度为600mPa·s±100mPa·s（25℃），相关涂料材料耐盐水浸泡（3%NaCl，40℃）＞1 000h，耐酸碱（5%NaOH/H_2SO_4，40℃）＞1 000h。上述品种均形成万吨以上生产规模。

（12）生物基材料支撑平台　针对生物基材料产业技术创新体系不完整、总体创新能力薄弱、关键核心技术缺乏等问题，建立先进的技术创新平台，培育我国生物基材料产业的自主创新能力。

建设生物基材料生产菌种的构建、材料合成、材料加工成型、产品应用等环节4～5个国家工程中心等产业技术创新平台，形成产学研用紧密结合的协同创新机制，支撑我国生物基材料产业的持续发展。

5.2.2.2　2030年目标：建成生物基材料制造大国

到2030年，主要生物基材料品种的化学单体自主供应率在90%以上，生物基材料合成树脂、生物基塑料制品、生物基纤维及其生物基橡胶、生物基复合材料等领域总产能达到800万t/a，生物基材料的加工装备国产化率达到90%，创新体系基本构成，建成生物基材料国家工程中心、地方联合国家重点实验室等国家级平台4个以上。

我国的生物基材料标准体系基本构建完善，我国牵头制定的国际标准达到3个以上。

5.2.2.3 2035 年目标：建成世界生物基材料强国

到 2035 年，在生物基材料化学单体生物合成、生物基材料合成树脂、生物基塑料制品、生物基纤维及其生物基橡胶等领域取得重大突破，创新能力大幅提升，生物基材料领域的整体创新水平达到世界高水平国家行列，整体竞争力明显加强，部分优势方向形成全球创新引领能力，全面建成世界生物基材料强国。

以生物质为原料制备生物基材料及生物基复合材料的技术达到国际先进水平，我国生物基材料及降解制品的表观消费量达到 1 000 万 t 以上，成为我国工业绿色转型的重要支撑。

我国自主制定的标准在国际标准中的占比在 30% 以上，拥有高端材料标准制定中的话语权；培养创新平台、创新人才及创新团队，实现以生物基材料带动传统化工、纺织等新应用的新发展模式，建立全球领先的技术创新体系和产业体系，为原创技术的不断产生提供平台。

5.3 生物基材料产业发展过程中的合理布局

5.3.1 提升产业竞争基础能力

（1）产业核心技术　我国生物基材料关键核心技术及与国际先进水平对比如表 5-1 所示。我国掌握生物基材料产业相关关键核心技术的优势企业不多，产业核心技术的发展多依仗科研院所和高校的技术支持和成果转化。

表 5-1　我国生物基材料关键核心技术及与国际先进水平对比

关键核心技术	与国际先进水平对比分析	国内优势企业或单位
关键单体生物制备技术	我国产业化技术尚不成熟	中国科学院天津工业生物技术研究所、安徽丰原集团、张家港华美生物材料有限公司、山西三维集团股份有限公司、南京蓝星化工新材料有限公司
生物基材料聚合工艺	我国生物基材料聚合工艺处于国际先进水平	中国科学院长春应用化学研究所、中国科学院广州化学研究所、清华大学、海正集团、宁波天安生物材料有限公司、新疆蓝山屯河化工股份有限公司、江苏中科金龙化工股份有限公司
生物基材料加工技术	国外在高端高附加值产品研发上领先，国内在低附加值一次性制品的应用上有优势	彤程集团有限公司、金发科技股份有限公司、深圳光华伟业股份有限公司、北京永华晴天科技发展有限公司

(2)低成本制造技术　生物基材料产业存在规模相对小、成本相对高的特点，低成本制造技术主要集中在降低关键单体生物工程制备成本和聚合物合成成本。目前我国低成本可控生物降解一次性使用多层共挤膜袋制备技术规模小，原料单体生物工程技术和化学聚合合成技术需要改进，产品耐热性能需要提高，关键原料聚乳酸主要依靠进口。国外产品相对分子质量和加工性能稳定，抗老化性能好，规模大，成本相对较低；国内产品规模相对小，成本高，相对分子质量与抗老化性能不够稳定。国外在高端高附加值产品研发上领先，国内在低附加值一次性制品的应用上有优势。

（3）柔性制造技术　由于生物基材料原料的独特性，该领域柔性制造技术主要体现在材料及制品的个性化定制。材料及制品的定制以市场为导向、以企业为主体，结合区域化发展和政府政策法规，以日用包装材料、农用薄膜、纺织纤维为突破口，结合产业推动与重点企业支持，以有实施条件的典型城市进行的生物基材料应用为示范，借助地方有利于扩大生物基材料市场需求的政策与法规，使产业链企业形成供需平衡、按需定制的生物基材料制品柔性制造技术新模式。

（4）市场适应与调节能力　我国生物基材料产能较低，产能利用率极高，中高端产品占比较低，主要还是材料及制品的个性化定制。国际市场占有率不高，主要是加工成型制品，相较于国际市场，国内市场占有率稍高，市场适应与调节能力不强。我国典型生物基材料产能及市场适应能力见表 5-2。

表 5-2　我国典型生物基材料产能及市场适应能力

主要品种	产能/（万 t/a）	产能利用率（%）	产品结构（中高端产品所占比例）（%）	国际市场占有率（%）	国内市场占有率（%）
PLA	30	100	35	15	20
PHA	2.5	100	50	30	30
二元酸二元醇共聚酯	50	100	30	20	50
PPC	5	100	60	90	100

5.3.2　提高产业可持续发展基础能力

（1）稀缺资源的高效、高值、清洁利用和可再生资源的清洁低成本利用技术　鉴于生物基材料自身的特性和优点，生物基材料的原料来源为生物质，可缓解传统高分子材料发展对化石资源的过度依赖，并且通过发展有效的回收循环利用技术对产品进行回收循环利用，既可节约资源，又可减少废弃物对环境的污染。而对于那些不宜回收或难以回收的一次性使用产品应用领域，通过发展和使用可完全生物分解（生物降解）的高分子材料，弃后可以生物回收，即使遗漏在环境中，也可被微生物完全降解成二氧化碳、水或对环境无害的物质。生物基材料的清洁低成本利用技术主要涉及回收再利用技术，包括物理回收再利用技术、化学回收再利用技术和生物回收再利用技术。物理回收再利用技术与传统热塑性高分子材料回收技术相同，将可回收材料进行熔融、造粒后，作为回收料再加以利用。化学回收再利用技术是指将可回收材料通过热分解或化学分解的方法处理成有用的低分子后再进行利用，PLA、PHA、PCL、PBS、PPC 及其混合物均有相应的回收再利用技术。生物回收再利用技术包括对生物降解生物基材料的堆肥处理、需氧处理、厌氧处理，以及通过微生物分解成低聚物或单体。我国的生物基材料回收再利用技术以物理回收再利用技术和化学回收再利用技术为主，其中化学回收再利用技术主要是热分解技术。同时，我国在大力发展生物回收再利用技术，主要目的是实现生物基材料的再生和转化，尤其是通过酶工厂微生物把 PLA 分解成乳酸低聚物、丙交酯，通过生物回收再利用实现化学回收再利用等，对 PLA 进行重复使用和回收，从而提高单体利用率并降低制备成本。

（2）生物基材料全生命周期生态设计及多维评价发展情况　生命周期评价（LCA）是对从产品原料的采掘、运输、材料制造直到产品加工、流通、排出、再生等整个过程的能量消耗和二氧化碳排放量进行计算测定、综合评价。针对生物基材料的 LCA 主要包括生物基原料的制造（玉米栽培、研磨制造等）、单体生物制造（发酵）、高分子材料的聚合，其中评价的难点集中在测定塑料相关生物质碳含量的生物基塑料成分评价方法。目前生物基材料生命周期生态设计及多维评价主要通过对材料进行 LCA 调查，调查范围是以二氧化碳为起始原料，直至生产出高分子树脂，详细分析过程中投入的资源和能量以及排出的二氧化碳量。目前，生物基材料 LCA 研究仍不成熟，数据输入和边界确定等人为因素对评价结果影响很大，评价体系仍在快速发展。以 PLA 为例，NatureWorks 公司早已对 PLA 制造进行了 LCA 调查，并与石油类塑料对环境的影响进行了比较。结果表明，制造 1kg PLA 树脂，需要消耗 54MJ 的化石能源（能量换算），排出 1.8kg 温室气体（二氧化碳换算）。与欧洲塑料制造商协会（APME）发表的石油类塑料 LCA 调查结果比较，PLA 的化石能源使用量和温室气体的排放量比石油类的要低，对环境造成的负荷要小。石油类塑料能耗由原料供应能耗和制造过程用的加工能耗构成；PLA 的原料是生物质，因而只有加工能耗。通过比较发现，PLA 的能耗比尼龙和 PC 的少，但是比 PS、LDPE、PP、非晶 PET 的要多。

（3）重点发展材料清洁生产和绿色制造技术　目前，生物基材料生产过程基本符合清洁生产和绿色制造的要求，然而生物基材料加工过程往往需要添加增塑剂、扩链剂、相容剂、阻燃剂等助剂，而传统助剂可能存在不满足清洁生产和绿色制造要求的问题。因而，生物基材料生产亟需重点发展生物基无毒增塑剂、无卤阻燃剂、无毒扩链剂等生物基材料助剂。另外，降低生物基材料生产加工过程中的能耗是清洁生产和绿色制造发展的另一个重点，如生物基材料热塑加工过程中能耗的降低、生物制造单体过程中发酵产热能量的收集以及冷却水等的循环利用等。

5.3.3　加强产业基础设施建设

（1）生物基材料生产企业工业互联网改造　企业工业互联网改造必备的四要素为自动化、数据化、流程化和扁平化。我国生物基材料全产业链所涵盖的关键单体制备、聚合物合成、生物基材料加工三个主要环节中，单体制备和聚合物合成工业自动化程度较高，而生物基材料加工具有明显的劳动密集、以中小企业为主、自动化程度不高的特点。在工业数据化方面，目前生物基材料产业仅能实现初步的生产数据收集，而距离后续升级的虚拟化设计和智能制造仍有一定差距，尚无法实现。工业流程化是实现制品小批量、个性化、分布式生产方式的有效手段，这一要素在生物基材料加工业得到了充分的体现，但是在单体制备和聚合物合成环节模块化、流程化并不充分。因而，我国生物基材料企业工业互联网改造具备一定的基础，具有很大的发展空间。

（2）建设生物基材料生产智能工厂　智能工厂是实现智能制造的重要载体，主要通过构建智能化生产系统、网络化分布生产设施，实现生产过程的智能化。智能工厂已经具有了自主能力，可采集、分析、判断、规划；通过整体可视技术进行推理预测，利用仿真及多媒体技术，将实境扩增展示设计与制造过程。系统中各组成部分可自行组成最佳系统结构，具备协调、重组及扩充特性。系统具备了自我学习、自行维护能力。因此，智能工厂实现了人与机器的相互协调合作，其本质是人机交互。目前，我国生物基材料产业还处于发展阶段，生产线完全自动化尚未普及，需要全产业链工业建设及升级，智能工厂建设尚属空白。

（3）建设生物基材料产业数字化研发平台　我国生物基材料研发平台主要

包括北京市可降解生物基材料创新中心、中国科学院天津工业生物技术研究所先进工业生物技术实验研发平台、潍坊生物基新材料产业园生物质高性能纤维研发平台、安徽省技术创新中心-丰原集团生物基可降解材料创新中心等高校科研院所平台、政府创新产业园区、企业研发中心。研发平台建成时间尚短，未形成平台间联盟，数字化程度不高，在生物基材料智能制造技术研发方面，亟需建成具有一定规模的示范性材料数字化研发平台。

5.4 加强生物基材料产品的标准化管理

生物基材料是一个新的产业领域，起步较晚，目前生物基产业发展如火如荼，与生物基材料的迅猛发展不相称，生物基材料和产品相关标准的制定和发展显得有些滞后，多数产品处于产业化成长初期，尚未建立科学的标准和质量监督体系，缺乏统一的技术标准和科学的检测技术与方法。少部分产品虽已制定了标准，但尚不能适应产品品种增多和应用领域不断扩大的需求，阻碍了对现有标准进行有效的宏观管理和产品的推广应用，也影响了生物基材料产业的规模化发展。生物基材料标准的制定需要在石油基产品标准基础上考虑生物基材料本身及其生产加工过程的特殊性，不能完全照搬相应的石化基材料标准，需要在长期大量的实验研究的基础上才能完成。

通过建立标准体系，一些拥有自主知识产权、在国际上领先的产品不仅有国家标准或行业标准，也可能成为国际标准来促进产品走向国际市场。因此，建立生物基材料及制品标准体系、制定重要标准是我国生物质发展战略必不可少的重要一环，对我国实现可持续发展和循环经济的目标具有重要的意义，为资源节约型社会建设和循环经济的发展提供强有力的技术支撑。因此必须尽快建立起一个既符合市场经济和国际贸易基本规则，能够促进我国经济发展、保护我国企业利益、增强国际竞争能力，同时还能积极应对经济全球化和信息化挑战的标准体系。生物基材料要持续优化推荐性标准体系，要培育发展市场自主制定的标准，发展团体标准，最大限度地发挥生物基材料与降解制品体现生态文明、绿色发展的作用，推进绿色产品标准体系建设，与《中国制造 2025》中新材料、生物制造相关内容深度融合，以标准助力创新发展、绿色发展。

生物基材料的基础术语定义标准 GB/T 39514—2020《生物基材料术语、定义和标识》的实施，为我国生物基材料相关标准的建立奠定了基础。另外，我国生物基含量测试标准 GB/T 29649—2013《生物基材料中生物基含量测定　液闪计数器法》已经实施多年，但一直未能很好地与国际标准接轨。目前生物产品如果需要申请美国农业部的生物产品优先采购计划（USDA BioPreferred Procurement）或者是自愿标签（Voluntary Labeling Program），需要提供一份 ASTM D6866 的测试证书。其他一些国家和组织同样要求有 ASTM D6866 认证，才能贴上相应的标签，如加拿大的环保标识（EcoLogo）和比利时的 Vincotte 机构认证（OK biobased 证书）。ASTM D6866 是利用碳 14 测定生物质含量的标准方法，广泛应用于生物塑料中生物基百分比含量的测定，与我国 GB/T 29649—2013 所使用的测试原理一致。ASTM D6866 在 2020 年进行了再次修订，我国相关标准也应该据此做好国际标准对接工作，为我国生物基产品在国外市场获得认证减少贸易壁垒做出贡献。

5.5 建立我国生物基材料认证制度

目前我国尚没有专门针对生物基材料的认证，所以国内一些生物基材料相关产品和企业或者持有欧盟、美国、日本等认证，或者没有认证，仅自我宣称为生物基产品，造成国内生物基产品市场混乱、监督管理不严格的现状。所以，制定生物基产品的相关认证势在必行。

2020 年 11 月，国家市场监督管理总局、国家邮政局以联合公告的形式发布了《快递包装绿色认证产品目录（第一批）》《快递包装绿色产品认定规则》，包装箱、胶带等 10 种在快递行业中大量使用的产品被列入首批快递包装绿色认证目录。要获得认证，产品需满足资源节约、环境无害、消费友好等方面的要求，比如，使用天然、可降解或可回收的原材料，严格控制重金属含量，无刺激气味，可回收使用等。这有力地推进了快递包装绿色治理工作的有序进行。

目前我国 GB/T 39514—2020《生物基材料术语、定义和标识》标准已实施，生物基含量测试标准 GB/T 29649—2013《生物基材料中生物基含量测定　液闪计数器法》也已经实施多年，这些标准的实施已经为生物基材料的认证做好了标准准备，国内产品拥有我国生物基产品认证及标识指日可待。

5.6 加强政策支持

5.6.1 切实加强组织领导

建立健全组织领导的工作机制。在国家层面上，确立推进生物基材料产业发展的部际协调机制，加强统筹协调产业整体发展的重大问题；设立国家生物基材料产业发展专家咨询委员会，对产业发展现状、趋势、政策等重大问题开展咨询研究。在行业协会层面上，切实履行生物基新材料产业领域的行业协会职能，充分发挥其桥梁和纽带作用，积极促进国内国际交流与合作，树立行业标杆，加强行业自律。

5.6.2 发展壮大生物基新材料产业

大力培育具有自主创新能力和核心竞争力的生物基新材料企业。重点支持生物基新材料领域的龙头企业加快产业研发能力建设，优化产业结构，鼓励它们积极开展新技术研发、引进以及跨国经营等活动。进一步促进生物基新材料企业间、企业与科研机构间的合作与重组，努力扩大企业的经营规模，增强企业的竞争实力。

推动中小型生物基新材料企业的高质量发展。对于新创立的中小型生物基新材料企业，在用地政策、借贷融资、项目审批、人员聘用等多方面提供优先支持。加快建设一大批生物基新材料企业孵化器和留学回国人员就业创业服务中心。加大科技创新基金对符合条件的科技型中小型企业的扶持力度。

大力推进生物基新材料产业基地的建设和发展。引导和鼓励人才、资金、技术等要素向生物基材料产业领域汇聚，促进生物基材料产业基地向专业化、特色化、高端化、智能化、国际化、绿色化方向发展，加快建设一批完善的产业链和产业集群。在基础设施条件优良、创业就业环境良好的区域，初步建立若干个国家级生物基材料产业的示范基地。各级政府在基础设施和公共服务平台的建设以及实施科技计划、高新技术产业计划等方面按照相关规定给予重点支持。

积极推动国内国际交流合作。鼓励海外组织、团体、企业和个人来华投资建厂、设立研发中心以及开展委托研究等。鼓励和支持具有自主知识产权和核心竞争力的生物基新材料企业走出国门，设立海外研发机构，投资创办跨国公司，开展生物基产品的国际注册和市场营销。支持国内企业和研发机构等相关部门积极参与生物基新材料国际标准的制修订工作，扩大生物基材料产业、产品、商标等认证认可的国际影响力。

5.6.3 加大财政支持和税收优惠政策

强化对生物基新材料的科技研发与产业化的资金支持。各级政府财政部门根据预算标准，结合当地经济社会发展水平，适当加大对生物基高新技术研发和产业化的投入，重点加大对重要生物基产品研发、产业化示范工程项目的扶持力度。对于可降解生物基塑料、生物基能源产品、生物基医用材料等新型生物基材料企业，国家给予适当的财政补贴。

充分发挥政府采购的政策导向作用，建立政府部门优先采购和强制采购自主创新生物基产品的制度。各级国家机关、事业单位和团体组织，应优先使用财政性资金购买列入政府采购自主创新产品目录中的生物基产品。加强对政府采购的监督检查，加大对违规采购行为的处罚力度。

实施优惠的税收政策。由国家税务总局出台相关政策，制定相关文件，对符合条件的生物基新材料企业和产品减免增值税；由海关总署提高出口退税率、实行零关税，单独设立生物基产品的海关编码；对国家需要重点扶持和鼓励发展的生物基新能源和生物基新材料等生产企业，进一步完善相关税收政策。

5.6.4 强化人才队伍素质建设

加强生物基新材料方面相关人才的培养。加大国内高校相关学科和专业的建设力度，促进高级专业人才（硕士、博士）的培养。鼓励科研院所、高校和企业设立生物基新材料相关的博士后流动站，支持职业技术学校加快培养实用技能型人才。鼓励科研院所、高校和企业等部门联合建立相关人才培养示范基地，加强应用型、复合型、创新型人才的培养。鼓励企业、科研院所、高校和个人对生物基新产品、专利、商标等自主知识产权开展申报工作。

积极吸纳生物基新材料相关的海内外优秀人才。鼓励海外高层次留学人员回国，从事相关的教学科研工作，受聘兼任一定的专业职务或名誉职务等。结合实施国家自主创新战略和重大科技专项，鼓励海内外的优秀科技领军人才申报和主持国家级科技计划、省部级基金项目以及相关产业化项目。在项目研发过程中使用国内公共技术服务平台、大型仪器设备产生费用的，予以一定数额的减免或资助。鼓励国内科研院所、高校和企业公开向海内外招聘相关技术负责人或技术顾问。提高关键技术岗位和优秀科技人才的收入分配比重，进一步完善技术参股和入股等产权激励机制。

5.6.5 大力推进自主创新

充分发挥生物基新材料企业在技术创新中的主体作用。激励企业加大研发经费投入，加快企业技术中心培育，鼓励设立海外研发机构；国家通过建立健全政产学研用相结合的工作机制等方式，加大对企业技术创新的支持力度。引导社会资金投资导向，鼓励在产业基地成立若干个具有自主知识产权和核心竞争力的生物基新材料技术研发中心，提高相关企业的系统集成和工程化能力。鼓励企业、高校和科研院所共建联合实验室、工程技术研究中心、实习实训基地等工程化平台。大力扶持相关企业通过技术的更新换代，降低生物基产品的生产成本和价格，提高生物基产品的市场竞争力。

加强创新能力基础设施建设。大力扶持科研基础设施建设，加快各类研究机构和检测机构的建设，如工程技术中心、工程实验室、孵化器、产品质检中心等。大力推进科研基础设施和大型仪器设备面向生物基新材料领域开放共享。在充分整合利用现有科研基础设施的基础上，推进相关基础理论研究和应用技术的高质量发展，稳步提升国内生物基新材料研究群体的国际影响力。

切实做好成果转移转化服务工作。加快生物基新材料的知识产权受理和审查，实施科研成果登记和转移的政策，完善生物基新材料的评价指标体系和技术成果的转让机制。建立健全生物基产品的质量安全认证认可体系，加快生物基产品的第三方认证机构的发展。

促进自主创新成果产业化。启动实施生物基新材料产业化专项工程，大力推进拥有自主知识产权和核心竞争力的重大科技成果转化，加速产业化生产和应用。积极开展生物基产品的国家标准和行业标准的研究制定、修订与实施工作，进一步加强生物基产品的专业化生产。

5.6.6 营造良好市场环境

瞄准生物基产品的市场需求，扩大生物基产品的应用范围，鼓励各行业努力推广使用生物基产品。对符合条件的生物基产品，按照国家有关程序进行评审，纳入安全使用目录。整顿和规范生物基产品的市场秩序，依法打击制假售假、走私贩私、商业欺诈、侵犯知识产权等违法犯罪行为。督促和指导生物基新材料企业实现节能减排，加强环境保护。

建立和完善生物基产品的市场准入制度。对生物基产品的生产、经营和销售实行市场准入，由国家有关部门制定和完善相关准入条件。按照生物基产品的质量安全审查、评价、认证认可和监督管理的相关法规条例，积极推进生物基产品的技术研发与规模化生产。不断提高实验室的管理能力和检测水平，强化实验室对生物基产品检测的资质认定。建立健全生物基产品的进出口管理制度，规范生物基产品和相关商品的进出口秩序。

全面加强知识产权保护。完善生物基新材料的相关知识产权保护机制，健全知识产权纠纷多元化解决机制，加强生物基新材料的知识产权行政管理和执法人才队伍建设，加大对知识产权侵权行为的惩治力度，依法保障知识产权所有者的权益。

5.6.7 积极拓宽融资渠道

充分发挥社会资金的导向带动作用。引导创业投资机构和产业投资基金等金融机构积极扶持生物基材料产业发展，鼓励信用担保机构为生物基新材料企业提供贷款和担保。支持金融机构信贷品种的创新工作，加强和改进金融服务，为生物基材料产业项目研发、科研基础设施建设等提供信贷支持。积极探索利用财政贴息、小额贷款等方式加大对生物基材料产业的有效信贷投入。

鼓励生物基新材料企业利用资本市场进行合理的融资。支持符合条件的生物基新材料企业在境内外相应板块上市筹资。在生物基材料产业基地内，允许具备条件的生物基新材料企业开展股份转让试点，促进待上市的生物基新材料企业股权的市场流通，完善创业投资退出机制；支持产业基地内生物基新材料企业发行多种形式的债券，开展企业联合发行债券试点。

附　录

附录 A 国家发展改革委 生态环境部
关于进一步加强塑料污染治理的意见

各省、自治区、直辖市人民政府，国务院各部委、各直属机构：

塑料在生产生活中应用广泛，是重要的基础材料。不规范生产、使用塑料制品和回收处置塑料废弃物，会造成能源资源浪费和环境污染，加大资源环境压力。积极应对塑料污染，事关人民群众健康，事关我国生态文明建设和高质量发展。为贯彻落实党中央、国务院决策部署，进一步加强塑料污染治理，建立健全塑料制品长效管理机制，经国务院同意，现提出如下意见。

一、总体要求

（一）指导思想。以习近平新时代中国特色社会主义思想为指导，全面贯彻党的十九大和十九届二中、三中、四中全会精神，坚持以人民为中心，牢固树立新发展理念，有序禁止、限制部分塑料制品的生产、销售和使用，积极推广替代产品，规范塑料废弃物回收利用，建立健全塑料制品生产、流通、使用、回收处置等环节的管理制度，有力有序有效治理塑料污染，努力建设美丽中国。

（二）基本原则。

突出重点，有序推进。强化源头治理，抓住塑料制品生产使用的重点领域和重要环节，针对社会反映强烈的突出问题，分类提出管理要求；综合考虑各地区、各领域实际情况，合理确定实施路径，积极稳妥推进塑料污染治理工作。

创新引领，科技支撑。以可循环、易回收、可降解为导向，研发推广性能达标、绿色环保、经济适用的塑料制品及替代产品，培育有利于规范回收和循环利用、减少塑料污染的新业态新模式。

多元参与，社会共治。发挥企业主体责任，强化政府监督管理，加强政策引导，凝聚社会共识，形成政府、企业、行业组织、社会公众共同参与的多元共治体系。

（三）主要目标。到 2020 年，率先在部分地区、部分领域禁止、限制部分塑料制品的生产、销售和使用。到 2022 年，一次性塑料制品消费量明显减少，替代产品得到推广，塑料废弃物资源化能源化利用比例大幅提升；在塑料污染问题突出领域和电商、快递、外卖等新兴领域，形成一批可复制、可推广的塑料减量和绿色物流模式。到 2025 年，塑料制品生产、流通、消费和回收处置等环节的管理制度基本建立，多元共治体系基本形成，替代产品开发应用水平进一步提升，重点城市塑料垃圾填埋量大幅降低，塑料污染得到有效控制。

二、禁止、限制部分塑料制品的生产、销售和使用

（四）禁止生产、销售的塑料制品。禁止生产和销售厚度小于 0.025 毫米的超薄塑料购物袋、厚度小于 0.01 毫米的聚乙烯农用地膜。禁止以医疗废物为原料制造塑料制品。全面禁止废塑料进口。到 2020 年底，禁止生产和销售一次性发泡塑料餐具、一次性塑料棉签；禁止生产含塑料微珠的日化产品。到 2022 年底，禁止销售含塑料微珠的日化产品。

（五）禁止、限制使用的塑料制品。

1. 不可降解塑料袋。到 2020 年底，直辖市、省会城市、计划单列市城市建成区的商场、超市、药店、书店等场所以及餐饮打包外卖服务和各类展会活动，禁止使用不可降解塑料袋，集贸市场规范和限制使用不可降解塑料袋；到 2022 年底，实施范围扩大至全部地级以上城市建成区和沿海地区县城建成区。到 2025 年底，上述区域的集贸市场禁止使用不可降解塑料袋。鼓励有条件的地方，在城乡结合部、乡镇和农村地区集市等场所停止使用不可降解塑料袋。

2. 一次性塑料餐具。到 2020 年底，全国范围餐饮行业禁止使用不可降解一次性塑料吸管；地级以上城市建成区、景区景点的餐饮堂食服务，禁止使用不可降解一次性塑料餐具。到 2022 年底，县城建成区、景区景点餐饮堂食服务，禁止使用不可降解一次性塑料餐具。到 2025 年，地级以上城市餐饮外卖领域不可降解一次性塑料餐具消耗强度下降 30%。

3. 宾馆、酒店一次性塑料用品。到 2022 年底，全国范围星级宾馆、酒店等场所不再主动提供一次性塑料用品，可通过设置自助购买机、提供续充型洗洁剂等方式提供相关服务；到 2025 年底，实施范围扩大至所有宾馆、酒店、民宿。

4. 快递塑料包装。到 2022 年底，北京、上海、江苏、浙江、福建、广东等省市的邮政快递网点，先行禁止使用不可降解的塑料包装袋、一次性塑料编织袋等，降低不可降解的塑料胶带使用量。到 2025 年底，全国范围邮政快递网点禁止使用不可降解的塑料包装袋、塑料胶带、一次性塑料编织袋等。

三、推广应用替代产品和模式

（六）推广应用替代产品。在商场、超市、药店、书店等场所，推广使用环保布袋、纸袋等非塑制品和可降解购物袋，鼓励设置自助式、智慧化投放装置，方便群众生活。推广使用生鲜产品可降解包装膜（袋）。建立集贸市场购物袋集中购销制。在餐饮外卖领域推广使用符合性能和食品安全要求的秸秆覆膜餐盒等生物基产品、可降解塑料袋等替代产品。在重点覆膜区域，结合农艺措施规模化推广可降解地膜。

（七）培育优化新业态新模式。强化企业绿色管理责任，推行绿色供应链。电商、外卖等平台企业要加强入驻商户管理，制定一次性塑料制品减量替代实施方案，并向社会发布执行情况。以连锁商超、大型集贸市场、物流仓储、电商快递等为重点，推动企业通过设备租赁、融资租赁等方式，积极推广可循环、可折叠包装产品和物流配送器具。鼓励企业采用股权合作、共同注资等方式，建设可循环包装跨平台运营体系。鼓励企业使用商品和物流一体化包装，建立可循环物流配送器具回收体系。

（八）增加绿色产品供给。塑料制品生产企业要严格执行有关法律法规，生产符合相关标准的塑料制品，不得违规添加对人体、环境有害的化学添加剂。推行绿色设计，提升塑料制品的安全性和回收利用性能。积极采用新型绿色环保功能材料，增加使用符合质量控制标准和用途管制要求的再生塑料，加强可循环、易回收、可降解替代材料和产品研发，降低应用成本，有效增加绿色产品供给。

四、规范塑料废弃物回收利用和处置

（九）加强塑料废弃物回收和清运。结合实施垃圾分类，加大塑料废弃物等可回收物分类收集和处理力度，禁止随意堆放、倾倒造成塑料垃圾污染。在写字楼、机场、车站、港口码头等塑料废弃物产生量大的场所，要增加投放设施，提高清运频次。推动电商外卖平台、环卫部门、回收企业等开展多方合作，在重点区域投放快递包装、外卖餐盒等回收设施。建立健全废旧农膜回收体系；规范废旧渔网渔具回收处置。

（十）推进资源化能源化利用。推动塑料废弃物资源化利用的规范化、集中化和产业化，相关项目要向资源循环利用基地等园区集聚，提高塑料废弃物资源化利用水平。分拣成本高、不宜资源化利用的塑料废弃物要推进能源化利用，加强垃圾焚烧发电等企业的运行管理，确保各类污染物稳定达标排放，并最大限度降低塑料垃圾直接填埋量。

（十一）开展塑料垃圾专项清理。加快生活垃圾非正规堆放点、倾倒点排查整治工作，重点解决城乡结合部、环境敏感区、道路和江河沿线、坑塘沟渠等处生活垃圾随意倾倒堆放导致的塑料污染问题。开展江河湖泊、港湾塑料垃圾清理和清洁海滩行动。推进农田残留地膜、农药化肥塑料包装等清理整治工作，逐步降低农田残留地膜量。

五、完善支撑保障体系

（十二）建立健全法规制度和标准。推进相关法律法规修订，将塑料污染防治纳入相关法律法规要求。适时更新发布塑料制品禁限目录。制定塑料制品绿色设计导则。完善再生塑料质量控制标准，规范再生塑料用途。制修订可降解材料与产品的标准标识。建立健全电商、快递、外卖等新兴领域企业绿色管理和评价标准。研究对包装问题突出的商品开展包装适宜度分级评价，提出差别化管理措施。将一次性塑料制品管控要求纳入旅游景区和星级宾馆、酒店评定评级标准。完善塑料废弃物资源化能源化利用的环境保护相关标准。探索建立塑料原材料与制成品的生产、销售信息披露制度。探索实施企业法人守信承诺和失信惩戒，将违规生产、销售、使用塑料制品等行为列入失信记录。

（十三）完善相关支持政策。加大对绿色包装研发生产、绿色物流和配送体系建设、专业化智能化回收设施投放运营等重点项目的支持力度。落实好相关财税政策，加大对符合标准绿色产品的政府采购力度。开展新型绿色供应链建设、新产品新模式推广和废旧农膜回收利用等试点示范。各地要支持专业化回收设施投放，消除设施进居民社区、地铁站、车站和写字楼等公共场所的管理障碍。鼓励各地采取经济手段，促进一次性塑料制品减量、替代。公共机构要带头停止使用不可降解一次性塑料制品。

（十四）强化科技支撑。开展不同类型塑料制品全生命周期环境风险研究评价。加强江河湖海塑料垃圾及微塑料污染机理、监测、防治技术和政策等研究，开展生态环境影响与人体健康风险评估。加大可循环、可降解材料关键核心技术攻关和成果转化，提升替代材料和产品性能。以降解安全可控性、规模化应用经济性等为重点，开展可降解地膜等技术验证和产品遴选。

（十五）严格执法监督。加强日常管理和监督检查，严格落实禁止、限制生产、销售和使用部分塑料制品的政策措施。严厉打击违规生产销售国家明令禁止的塑料制品，严格查处虚标、伪标等行为。推行生态环境保护综合执法，加强塑料废弃物回收、利用、处置等环节的环境监管，依法查处违法排污等行为，持续推进废塑料加工利用行业整治。行业管理部门日常监管中发现有关塑料环境污染和生态破坏行为的，应当及时将相关线索移交生态环境保护综合执法队伍，由其依法立案查处。对实施不力的责任主体，依法依规予以查处，并通过公开曝光、约谈等方式督促整改。

六、强化组织实施

（十六）加强组织领导。各地区、各有关部门要高度重视塑料污染治理工作，精心组织安排，切实抓好落实。国家发展改革委、生态环境部会同有关部门建立专项工作机制，统筹指导协调相关工作，及时总结分析工作进展，重大情况和问题向党中央、国务院报告。生态环境部会同有关部门开展联合专项行动，加强对塑料污染治理落实情况的督促检查，重点问题纳入中央生态环境保护督察，强化考核和问责。各级地方人民政府要结合本地实际，制定具体实施办法，实化细化政策措施。

（十七）强化宣传引导。加大对塑料污染治理的宣传力度，引导公众减少使用一次性塑料制品，参与垃圾分类，抵制过度包装。利用报纸、广播电视、新媒体等渠道深入宣传塑料污染治理的工作成效和典型做法。引导行业协会、商业团体、公益组织有序开展专业研讨、志愿活动等，广泛凝聚共识，营造全社会共同参与的良好氛围。

国家发展改革委

生态环境部

2020 年 1 月 16 日

附录B　中共中央关于制定国民经济和社会发展第十四个五年规划和二〇三五年远景目标的建议

（2020年10月29日中国共产党第十九届中央委员会第五次全体会议通过）

“十四五”时期是我国全面建成小康社会、实现第一个百年奋斗目标之后，乘势而上开启全面建设社会主义现代化国家新征程、向第二个百年奋斗目标进军的第一个五年。中国共产党第十九届中央委员会第五次全体会议深入分析国际国内形势，就制定国民经济和社会发展“十四五”规划和二〇三五年远景目标提出以下建议。

一、全面建成小康社会，开启全面建设社会主义现代化国家新征程

1.决胜全面建成小康社会取得决定性成就。“十三五”时期是全面建成小康社会决胜阶段。面对错综复杂的国际形势、艰巨繁重的国内改革发展稳定任务特别是新冠肺炎疫情严重冲击，以习近平同志为核心的党中央不忘初心、牢记使命，团结带领全党全国各族人民砥砺前行、开拓创新，奋发有为推进党和国家各项事业。全面深化改革取得重大突破，全面依法治国取得重大进展，全面从严治党取得重大成果，国家治理体系和治理能力现代化加快推进，中国共产党领导和我国社会主义制度优势进一步彰显；经济实力、科技实力、综合国力跃上新的大台阶，经济运行总体平稳，经济结构持续优化，预计二〇二〇年国内生产总值突破一百万亿元；脱贫攻坚成果举世瞩目，五千五百七十五万农村贫困人口实现脱贫；粮食年产量连续五年稳定在一万三千亿斤以上；污染防治力度加大，生态环境明显改善；对外开放持续扩大，共建“一带一路”成果丰硕；人民生活水平显著提高，高等教育进入普及化阶段，城镇新增就业超过六千万人，建成世界上规模最大的社会保障体系，基本医疗保险覆盖超过十三亿人，基本养老保险覆盖近十亿人，新冠肺炎疫情防控取得重大战略成果；文化事业和文化产业繁荣发展；国防和军队建设水平大幅提升，军队组织形态实现重大变革；国家安全全面加强，社会保持和谐稳定。“十三五”规划目标任务即将完成，全面建成小康社会胜利在望，中华民族伟大复兴向前迈出了新的一大步，社会主义中国以更加雄伟的身姿屹立于世界东方。全党全国各族人民要再接再厉、一鼓作气，确保如期打赢脱贫攻坚战，确保如期全面建成小康社会、实现第一个百年奋斗目标，为开启全面建设社会主义现代化国家新征程奠定坚实基础。

2. 我国发展环境面临深刻复杂变化。当前和今后一个时期，我国发展仍然处于重要战略机遇期，但机遇和挑战都有新的发展变化。当今世界正经历百年未有之大变局，新一轮科技革命和产业变革深入发展，国际力量对比深刻调整，和平与发展仍然是时代主题，人类命运共同体理念深入人心，同时国际环境日趋复杂，不稳定性不确定性明显增加，新冠肺炎疫情影响广泛深远，经济全球化遭遇逆流，世界进入动荡变革期，单边主义、保护主义、霸权主义对世界和平与发展构成威胁。我国已转向高质量发展阶段，制度优势显著，治理效能提升，经济长期向好，物质基础雄厚，人力资源丰富，市场空间广阔，发展韧性强劲，社会大局稳定，继续发展具有多方面优势和条件，同时我国发展不平衡不充分问题仍然突出，重点领域关键环节改革任务仍然艰巨，创新能力不适应高质量发展要求，农业基础还不稳固，城乡区域发展和收入分配差距较大，生态环保任重道远，民生保障存在短板，社会治理还有弱项。全党要统筹中华民族伟大复兴战略全局和世界百年未有之大变局，深刻认识我国社会主要矛盾变化带来的新特征新要求，深刻认识错综复杂的国际环境带来的新矛盾新挑战，增强机遇意识和风险意识，立足社会主义初级阶段基本国情，保持战略定力，办好自己的事，认识和把握发展规律，发扬斗争精神，树立底线思维，准确识变、科学应变、主动求变，善于在危机中育先机、于变局中开新局，抓住机遇，应对挑战，趋利避害，奋勇前进。

3. 到二〇三五年基本实现社会主义现代化远景目标。党的十九大对实现第二个百年奋斗目标作出分两个阶段推进的战略安排，即到二〇三五年基本实现社会主义现代化，到本世纪中叶把我国建成富强民主文明和谐美丽的社会主义现代化强国。展望二〇三五年，我国经济实力、科技实力、综合国力将大幅跃升，经济总量和城乡居民人均收入将再迈上新的大台阶，关键核心技术实现重大突破，进入创新型国家前列；基本实现新型工业化、信息化、城镇化、农业现代化，建成现代化经济体系；基本实现国家治理体系和治理能力现代化，人民平等参与、平等发展权利得到充分保障，基本建成法治国家、法治政府、法治社会；建成文化强国、教育强国、人才强国、体育强国、健康中国，国民素质和社会文明程度达到新高度，国家文化软实力显著增强；广泛形成绿色生产生活方式，碳排放达峰后稳中有降，生态环境根本好转，美丽中国建设目标基本实现；形成对外开放新格局，参与国际经济合作和竞争新优势明显增强；人均国内生产总值达到中等发达国家水平，中等收入群体显著扩大，基本公共服务实现均等化，城乡区域发展差距和居民生活水平差距显著缩小；平安中国建设达到更高水平，基本实现国防和军队现代化；人民生活更加美好，人的全面发展、全体人民共同富裕取得更为明显的实质性进展。

二、“十四五”时期经济社会发展指导方针和主要目标

4.“十四五”时期经济社会发展指导思想。高举中国特色社会主义伟大旗帜，深入贯彻党的十九大和十九届二中、三中、四中、五中全会精神，坚持以马克思列宁主义、毛泽东思想、邓小平理论、“三个代表”重要思想、科学发展观、习近平新时代中国特色社会主义思想为指导，全面贯彻党的基本理论、基本路线、基本方略，统筹推进经济建设、政治建设、文化建设、社会建设、生态文明建设的总体布局，协调推进全面建设社会主义现代化国家、全面深化改革、全面依法治国、全面从严治党的战略布局，坚定不移贯彻创新、协调、绿色、开放、共享的新发展理念，坚持稳中求进工作总基调，以推动高质量发展为主题，以深化供给侧结构性改革为主线，以改革创新为根本动力，以满足人民日益增长的美好生活需要为根本目的，统筹发展和安全，加快建设现代化经济体系，加快构建以国内大循环为主体、国内国际双循环相互促进的新发展格局，推进国家治理体系和治理能力现代化，实现经济行稳致远、社会安定和谐，为全面建设社会主义现代化国家开好局、起好步。

5.“十四五”时期经济社会发展必须遵循的原则。

——坚持党的全面领导。坚持和完善党领导经济社会发展的体制机制，坚持和完善中国特色社会主义制度，不断提高贯彻新发展理念、构建新发展格局能力和水平，为实现高质量发展提供根本保证。

——坚持以人民为中心。坚持人民主体地位，坚持共同富裕方向，始终做到发展为了人民、发展依靠人民、发展成果由人民共享，维护人民根本利益，激发全体人民积极性、主动性、创造性，促进社会公平，增进民生福祉，不断实现人民对美好生活的向往。

——坚持新发展理念。把新发展理念贯穿发展全过程和各领域，构建新发展格局，切实转变发展方式，推动质量变革、效率变革、动力变革，实现更高质量、更有效率、更加公平、更可持续、更为安全的发展。

——坚持深化改革开放。坚定不移推进改革，坚定不移扩大开放，加强国家治理体系和治理能力现代化建设，破除制约高质量发展、高品质生活的体制机制障碍，强化有利于提高资源配置效率、有利于调动全社会积极性的重大改革开放举措，持续增强发展动力和活力。

——坚持系统观念。加强前瞻性思考、全局性谋划、战略性布局、整体性推进，统筹国内国际两个大局，办好发展安全两件大事，坚持全国一盘棋，更好发挥中央、地方和各方面积极性，着力固根基、扬优势、补短板、强弱项，注重防范化解重大风险挑战，实现发展质量、结构、规模、速度、效益、安全相统一。

6.“十四五”时期经济社会发展主要目标。锚定二〇三五年远景目标，综合考虑国内外发展趋势和我国发展条件，坚持目标导向和问题导向相结合，坚持守正和创新相统一，今后五年经济社会发展要努力实现以下主要目标。

——经济发展取得新成效。发展是解决我国一切问题的基础和关键，发展必须坚持新发展理念，在质量效益明显提升的基础上实现经济持续健康发展，增长潜力充分发挥，国内市场更加强大，经济结构更加优化，创新能力显著提升，产业基础高级化、产业链现代化水平明显提高，农业基础更加稳固，城乡区域发展协调性明显增强，现代化经济体系建设取得重大进展。

——改革开放迈出新步伐。社会主义市场经济体制更加完善，高标准市场体系基本建成，市场主体更加充满活力，产权制度改革和要素市场化配置改革取得重大进展，公平竞争制度更加健全，更高水平开放型经济新体制基本形成。

——社会文明程度得到新提高。社会主义核心价值观深入人心，人民思想道德素质、科学文化素质和身心健康素质明显提高，公共文化服务体系和文化产业体系更加健全，人民精神文化生活日益丰富，中华文化影响力进一步提升，中华民族凝聚力进一步增强。

——生态文明建设实现新进步。国土空间开发保护格局得到优化，生产生活方式绿色转型成效显著，能源资源配置更加合理、利用效率大幅提高，主要污染物排放总量持续减少，生态环境持续改善，生态安全屏障更加牢固，城乡人居环境明显改善。

——民生福祉达到新水平。实现更加充分更高质量就业，居民收入增长和经济增长基本同步，分配结构明显改善，基本公共服务均等化水平明显提高，全民受教育程度不断提升，多层次社会保障体系更加健全，卫生健康体系更加完善，脱贫攻坚成果巩固拓展，乡村振兴战略全面推进。

——国家治理效能得到新提升。社会主义民主法治更加健全，社会公平正义进一步彰显，国家行政体系更加完善，政府作用更好发挥，行政效率和公信力显著提升，社会治理特别是基层治理水平明显提高，防范化解重大风险体制机制不断健全，突发公共事件应急能力显著增强，自然灾害防御水平明显提升，发展安全保障更加有力，国防和军队现代化迈出重大步伐。

三、坚持创新驱动发展，全面塑造发展新优势

坚持创新在我国现代化建设全局中的核心地位，把科技自立自强作为国家发展的战略支撑，面向世界科技前沿、面向经济主战场、面向国家重大需求、面向人民生命健康，深入实施科教兴国战略、人才强国战略、创新驱动发展战略，完善国家创新体系，加快建设科技强国。

7. 强化国家战略科技力量。制定科技强国行动纲要，健全社会主义市场经济条件下新型举国体制，打好关键核心技术攻坚战，提高创新链整体效能。加强基础研究、注重原始创新，优化学科布局和研发布局，推进学科交叉融合，完善共性基础技术供给体系。瞄准人工智能、量子信息、集成电路、生命健康、脑科学、生物育种、空天科技、深地深海等前沿领域，实施一批具有前瞻性、战略性的国家重大科技项目。制定实施战略性科学计划和科学工程，推进科研院所、高校、企业科研力量优化配置和资源共享。推进国家实验室建设，重组国家重点实验室体系。布局建设综合性国家科学中心和区域性创新高地，支持北京、上海、粤港澳大湾区形成国际科技创新中心。构建国家科研论文和科技信息高端交流平台。

8. 提升企业技术创新能力。强化企业创新主体地位，促进各类创新要素向企业集聚。推进产学研深度融合，支持企业牵头组建创新联合体，承担国家重大科技项目。发挥企业家在技术创新中的重要作用，鼓励企业加大研发投入，对企业投入基础研究实行税收优惠。发挥大企业引领支撑作用，支持创新型中小微企业成长为创新重要发源地，加强共性技术平台建设，推动产业链上中下游、大中小企业融通创新。

9. 激发人才创新活力。贯彻尊重劳动、尊重知识、尊重人才、尊重创造方针，深化人才发展体制机制改革，全方位培养、引进、用好人才，造就更多国际一流的科技领军人才和创新团队，培养具有国际竞争力的青年科技人才后备军。健全以创新能力、质量、实效、贡献为导向的科技人才评价体系。加强学风建设，坚守学术诚信。深化院士制度改革。健全创新激励和保障机制，构建充分体现知识、技术等创新要素价值的收益分配机制，完善科研人员职务发明成果权益分享机制。

加强创新型、应用型、技能型人才培养，实施知识更新工程、技能提升行动，壮大高水平工程师和高技能人才队伍。支持发展高水平研究型大学，加强基础研究人才培养。实行更加开放的人才政策，构筑集聚国内外优秀人才的科研创新高地。

10. 完善科技创新体制机制。深入推进科技体制改革，完善国家科技治理体系，优化国家科技规划体系和运行机制，推动重点领域项目、基地、人才、资金一体化配置。改进科技项目组织管理方式，实行“揭榜挂帅”等制度。完善科技评价机制，优化科技奖励项目。加快科研院所改革，扩大科研自主权。加强知识产权保护，大幅提高科技成果转移转化成效。加大研发投入，健全政府投入为主、社会多渠道投入机制，加大对基础前沿研究支持。完善金融支持创新体系，促进新技术产业化规模化应用。弘扬科学精神和工匠精神，加强科普工作，营造崇尚创新的社会氛围。健全科技伦理体系。促进科技开放合作，研究设立面向全球的科学研究基金。

四、加快发展现代产业体系，推动经济体系优化升级

坚持把发展经济着力点放在实体经济上，坚定不移建设制造强国、质量强国、网络强国、数字中国，推进产业基础高级化、产业链现代化，提高经济质量效益和核心竞争力。

11. 提升产业链供应链现代化水平。保持制造业比重基本稳定，巩固壮大实体经济根基。坚持自主可控、安全高效，分行业做好供应链战略设计和精准施策，推动全产业链优化升级。锻造产业链供应链长板，立足我国产业规模优势、配套优势和部分领域先发优势，打造新兴产业链，推动传统产业高端化、智能化、绿色化，发展服务型制造。完善国家质量基础设施，加强标准、计量、专利等体系和能力建设，深入开展质量提升行动。促进产业在国内有序转移，优化区域产业链布局，支持老工业基地转型发展。补齐产业链供应链短板，实施产业基础再造工程，加大重要产品和关键核心技术攻关力度，发展先进适用技术，推动产业链供应链多元化。优化产业链供应链发展环境，强化要素支撑。加强国际产业安全合作，形成具有更强创新力、更高附加值、更安全可靠的产业链供应链。

12. 发展战略性新兴产业。加快壮大新一代信息技术、生物技术、新能源、新材料、高端装备、新能源汽车、绿色环保以及航空航天、海洋装备等产业。推动互联网、大数据、人工智能等同各产业深度融合，推动先进制造业集群发展，构建一批各具特色、优势互补、结构合理的战略性新兴产业增长引擎，培育新技术、新产品、新业态、新模式。促进平台经济、共享经济健康发展。鼓励企业兼并重组，防止低水平重复建设。

13. 加快发展现代服务业。推动生产性服务业向专业化和价值链高端延伸，推动各类市场主体参与服务供给，加快发展研发设计、现代物流、法律服务等服务业，推动现代服务业同先进制造业、现代农业深度融合，加快推进服务业数字化。推动生活性服务业向高品质和多样化升级，加快发展健康、养老、育幼、文化、旅游、体育、家政、物业等服务业，加强公益性、基础性服务业供给。推进服务业标准化、品牌化建设。

14. 统筹推进基础设施建设。构建系统完备、高效实用、智能绿色、安全可靠的现代化基础设施体系。系统布局新型基础设施，加快第五代移动通信、工业互联网、大数据中心等建设。加快建设交通强国，完善综合运输大通道、综合交通枢纽和物流网络，加快城市群和都市圈轨道交通网络化，提高农村和边境地区交通通达深度。推进能源革命，完善能源产供储销体系，加强国内油气勘探开发，加快油气储备设施建设，加快全国干线油气管道建设，建设智慧能源系统，优化电力生产和输送通道布局，提升新能源消纳和存储能力，提升向边远地区输配电能力。加强水利基础设施建设，提升水资源优化配置和水旱灾害防御能力。

15. 加快数字化发展。发展数字经济，推进数字产业化和产业数字化，推动数字经济和实体经济深度融合，打造具有国际竞争力的数字产业集群。加强数字社会、数字政府建设，提升公共服务、社会治理等数字化智能化水平。建立数据资源产权、交易流通、跨境传输和安全保护等基础制度和标准规范，推动数据资源开发利用。扩大基础公共信息数据有序开放，建设国家数据统一共享开放平台。保障国家数据安全，加强个人信息保护。提升全民数字技能，实现信息服务全覆盖。积极参与数字领域国际规则和标准制定。

五、形成强大国内市场，构建新发展格局

坚持扩大内需这个战略基点，加快培育完整内需体系，把实施扩大内需战略同深化供给侧结构性改革有机结合起来，以创新驱动、高质量供给引领和创造新需求。

16. 畅通国内大循环。依托强大国内市场，贯通生产、分配、流通、消费各环节，打破行业垄断和地方保护，形成国民经济良性循环。优化供给结构，改善供给质量，提升供给体系对国内需求的适配性。推动金融、房地产同实体经济均衡发展，实现上下游、产供销有效衔接，促进农业、制造业、服务业、能源资源等产业门类关系协调。破除妨碍生产要素市场化配置和商品服务流通的体制机制障碍，降低全社会交易成本。完善扩大内需的政策支撑体系，形成需求牵引供给、供给创造需求的更高水平动态平衡。

17. 促进国内国际双循环。立足国内大循环，发挥比较优势，协同推进强大国内市场和贸易强国建设，以国内大循环吸引全球资源要素，充分利用国内国际两个市场两种资源，积极促进内需和外需、进口和出口、引进外资和对外投资协调发展，促进国际收支基本平衡。完善内外贸一体化调控体系，促进内外贸法律法规、监管体制、经营资质、质量标准、检验检疫、认证认可等相衔接，推进同线同标同质。优化国内国际市场布局、商品结构、贸易方式，提升出口质量，增加优质产品进口，实施贸易投资融合工程，构建现代物流体系。

18. 全面促进消费。增强消费对经济发展的基础性作用，顺应消费升级趋势，提升传统消费，培育新型消费，适当增加公共消费。以质量品牌为重点，促进消费向绿色、健康、安全发展，鼓励消费新模式新业态发展。推动汽车等消费品由购买管理向使用管理转变，促进住房消费健康发展。健全现代流通体系，发展无接触交易服务，降低企业流通成本，促进线上线下消费融合发展，开拓城乡消费市场。发展服务消费，放宽服务消费领域市场准入。完善节假日制度，落实带薪休假制度，扩大节假日消费。培育国际消费中心城市。改善消费环境，强化消费者权益保护。

19. 拓展投资空间。优化投资结构，保持投资合理增长，发挥投资对优化供给结构的关键作用。加快补齐基础设施、市政工程、农业农村、公共安全、生态环保、公共卫生、物资储备、防灾减灾、民生保障等领域短板，推动企业设备更新和技术改造，扩大战略性新兴产业投资。推进新型基础设施、新型城镇化、交通水利等重大工程建设，支持有利于城乡区域协调发展的重大项目建设。实施川藏铁路、西部陆海新通道、国家水网、雅鲁藏布江下游水电开发、星际探测、北斗产业化等重大工程，推进重大科研设施、重大生态系统保护修复、公共卫生应急保障、重大引调水、防洪减灾、送电输气、沿边沿江沿海交通等一批强基础、增功能、利长远的重大项目建设。发挥政府投资撬动作用，激发民间投资活力，形成市场主导的投资内生增长机制。

六、全面深化改革，构建高水平社会主义市场经济体制

坚持和完善社会主义基本经济制度，充分发挥市场在资源配置中的决定性作用，更好发挥政府作用，推动有效市场和有为政府更好结合。

20. 激发各类市场主体活力。毫不动摇巩固和发展公有制经济，毫不动摇鼓励、支持、引导非公有制经济发展。深化国资国企改革，做强做优做大国有资本和国有企业。加快国有经济布局优化和结构调整，发挥国有经济战略支撑作用。加快完善中国特色现代企业制度，深化国有企业混合所有制改革。健全管资本为主的国有资产监管体制，深化国有资本投资、运营公司改革。推进能源、铁路、电信、公用事业等行业竞争性环节市场化改革。优化民营经济发展环境，构建亲清政商关系，促进非公有制经济健康发展和非公有制经济人士健康成长，依法平等保护民营企业产权和企业家权益，破除制约民营企业发展的各种壁垒，完善促进中小微企业和个体工商户发展的法律环境和政策体系。弘扬企业家精神，加快建设世界一流企业。

21. 完善宏观经济治理。健全以国家发展规划为战略导向，以财政政策和货币政策为主要手段，就业、产业、投资、消费、环保、区域等政策紧密配合，目标优化、分工合理、高效协同的宏观经济治理体系。完善宏观经济政策制定和执行机制，重视预期管理，提高调控的科学性。加强国际宏观经济政策协调，搞好跨周期政策设计，提高逆周期调节能力，促进经济总量平衡、结构优化、内外均衡。加强宏观经济治理数据库等建设，提升大数据等现代技术手段辅助治理能力。推进统计现代化改革。

22. 建立现代财税金融体制。加强财政资源统筹，加强中期财政规划管理，增强国家重大战略任务财力保障。深化预算管理制度改革，强化对预算编制的宏观指导。推进财政支出标准化，强化预算约束和绩效管理。明确中央和地方政府事权与支出责任，健全省以下财政体制，增强基层公共服务保障能力。完善现代税收制度，健全地方税、直接税体系，优化税制结构，适当提高直接税比重，深化税收征管制度改革。健全政府债务管理制度。建设现代中央银行制度，完善货币供应调控机制，稳妥推进数字货币研发，健全市场化利率形成和传导机制。构建金融有效支持实体经济的体制机制，提升金融科技水平，增强金融普惠性。深化国有商业银行改革，支持中小银行和农村信用社持续健康发展，改革优化政策性金融。全面实行股票发行注册制，建立常态化退市机制，提高直接融资比重。推进金融双向开放。完善现代金融监管体系，提高金融监管透明度和法治化水平，完善存款保险制度，健全金融风险预防、预警、处置、问责制度体系，对违法违规行为零容忍。

23. 建设高标准市场体系。健全市场体系基础制度，坚持平等准入、公正监管、开放有序、诚信守法，形成高效规范、公平竞争的国内统一市场。实施高标准市场体系建设行动。健全产权执法司法保护制度。实施统一的市场准入负面清单制度。继续放宽准入限制。健全公平竞争审查机制，加强反垄断和反不正当竞争执法司法，提升市场综合监管能力。深化土地管理制度改革。推进土地、劳动力、资本、技术、数据等要素市场化改革。健全要素市场运行机制，完善要素交易规则和服务体系。

24. 加快转变政府职能。建设职责明确、依法行政的政府治理体系。深化简政放权、放管结合、优化服务改革，全面实行政府权责清单制度。持续优化市场化法治化国际化营商环境。实施涉企经营许可事项清单管理，加强事中事后监管，对新产业新业态实行包容审慎监管。健全重大政策事前评估和事后评价制度，畅通参与政策制定的渠道，提高决策科学化、民主化、法治化水平。推进政务服务标准化、规范化、便利化，深化政务公开。深化行业协会、商会和中介机构改革。

七、优先发展农业农村，全面推进乡村振兴

坚持把解决好“三农”问题作为全党工作重中之重，走中国特色社会主义乡村振兴道路，全面实施乡村振兴战略，强化以工补农、以城带乡，推动形成工农互促、城乡互补、协调发展、共同繁荣的新型工农城乡关系，加快农业农村现代化。

25. 提高农业质量效益和竞争力。适应确保国计民生要求，以保障国家粮食安全为底线，健全农业支持保护制度。坚持最严格的耕地保护制度，深入实施藏粮于地、藏粮于技战略，加大农业水利设施建设力度，实施高标准农田建设工程，强化农业科技和装备支撑，提高农业良种化水平，健全动物防疫和农作物病虫害防治体系，建设智慧农业。强化绿色导向、标准引领和质量安全监管，建设农业现代化示范区。推动农业供给侧结构性改革，优化农业生产结构和区域布局，加强粮食生产功能区、重要农产品生产保护区和特色农产品优势区建设，推进优质粮食工程。完善粮食主产区利益补偿机制。保障粮、棉、油、糖、肉等重要农产品供给安全，提升收储调控能力。开展粮食节约行动。发展县域经济，推动农村一二三产业融合发展，丰富乡村经济业态，拓展农民增收空间。

26. 实施乡村建设行动。把乡村建设摆在社会主义现代化建设的重要位置。强化县城综合服务能力，把乡镇建成服务农民的区域中心。统筹县域城镇和村庄规划建设，保护传统村落和乡村风貌。完善乡村水、电、路、气、通信、广播电视、物流等基础设施，提升农房建设质量。因地制宜推进农村改厕、生活垃圾处理和污水治理，实施河湖水系综合整治，改善农村人居环境。提高农民科技文化素质，推动乡村人才振兴。

27. 深化农村改革。健全城乡融合发展机制，推动城乡要素平等交换、双向流动，增强农业农村发展活力。落实第二轮土地承包到期后再延长三十年政策，加快培育农民合作社、家庭农场等新型农业经营主体，健全农业专业化社会化服务体系，发展多种形式适度规模经营，实现小农户和现代农业有机衔接。健全城乡统一的建设用地市场，积极探索实施农村集体经营性建设用地入市制度。建立土地征收公共利益用地认定机制，缩小土地征收范围。探索宅基地所有权、资格权、使用权分置实现形式。保障进城落户农民土地承包权、宅基地使用权、集体收益分配权，鼓励依法自愿有偿转让。深化农村集体产权制度改革，发展新型农村集体经济。健全农村金融服务体系，发展农业保险。

28. 实现巩固拓展脱贫攻坚成果同乡村振兴有效衔接。建立农村低收入人口和欠发达地区帮扶机制，保持财政投入力度总体稳定，接续推进脱贫地区发展。健全防止返贫监测和帮扶机制，做好易地扶贫搬迁后续帮扶工作，加强扶贫项目资金资产管理和监督，推动特色产业可持续发展。健全农村社会保障和救助制度。在西部地区脱贫县中集中支持一批乡村振兴重点帮扶县，增强其巩固脱贫成果及内生发展能力。坚持和完善东西部协作和对口支援、社会力量参与帮扶等机制。

八、优化国土空间布局，推进区域协调发展和新型城镇化

坚持实施区域重大战略、区域协调发展战略、主体功能区战略，健全区域协调发展体制机制，完善新型城镇化战略，构建高质量发展的国土空间布局和支撑体系。

29. 构建国土空间开发保护新格局。立足资源环境承载能力，发挥各地比较优势，逐步形成城市化地区、农产品主产区、生态功能区三大空间格局，优化重大基础设施、重大生产力和公共资源布局。支持城市化地区高效集聚经济和人口、保护基本农田和生态空间，支持农产品主产区增强农业生产能力，支持生态功能区把发展重点放到保护生态环境、提供生态产品上，支持生态功能区的人口逐步有序转移，形成主体功能明显、优势互补、高质量发展的国土空间开发保护新格局。

30. 推动区域协调发展。推动西部大开发形成新格局，推动东北振兴取得新突破，促进中部地区加快崛起，鼓励东部地区加快推进现代化。支持革命老区、民族地区加快发展，加强边疆地区建设，推进兴边富民、稳边固边。推进京津冀协同发展、长江经济带发展、粤港澳大湾区建设、长三角一体化发展，打造创新平台和新增长极。推动黄河流域生态保护和高质量发展。高标准、高质量建设雄安新区。坚持陆海统筹，发展海洋经济，建设海洋强国。健全区域战略统筹、市场一体化发展、区域合作互助、区际利益补偿等机制，更好促进发达地区和欠发达地区、东中西部和东北地区共同发展。完善转移支付制度，加大对欠发达地区财力支持，逐步实现基本公共服务均等化。

31. 推进以人为核心的新型城镇化。实施城市更新行动，推进城市生态修复、功能完善工程，统筹城市规划、建设、管理，合理确定城市规模、人口密度、空间结构，促进大中小城市和小城镇协调发展。强化历史文化保护、塑造城市风貌，加强城镇老旧小区改造和社区建设，增强城市防洪排涝能力，建设海绵城市、韧性城市。提高城市治理水平，加强特大城市治理中的风险防控。坚持房子是用来住的、不是用来炒的定位，租购并举、因城施策，促进房地产市场平稳健康发展。有效增加保障性住房供给，完善土地出让收入分配机制，探索支持利用集体建设用地按照规划建设租赁住房，完善长租房政策，扩大保障性租赁住房供给。深化户籍制度改革，完善财政转移支付和城镇新增建设用地规模与农业转移人口市民化挂钩政策，强化基本公共服务保障，加快农业转移人口市民化。优化行政区划设置，发挥中心城市和城市群带动作用，建设现代化都市圈。推进成渝地区双城经济圈建设。推进以县城为重要载体的城镇化建设。

九、繁荣发展文化事业和文化产业，提高国家文化软实力

坚持马克思主义在意识形态领域的指导地位，坚定文化自信，坚持以社会主义核心价值观引领文化建设，加强社会主义精神文明建设，围绕举旗帜、聚民心、育新人、兴文化、展形象的使命任务，促进满足人民文化需求和增强人民精神力量相统一，推进社会主义文化强国建设。

32. 提高社会文明程度。推动形成适应新时代要求的思想观念、精神面貌、文明风尚、行为规范。深入开展习近平新时代中国特色社会主义思想学习教育，推进马克思主义理论研究和建设工程。推动理想信念教育常态化制度化，加强党史、新中国史、改革开放史、社会主义发展史教育，加强爱国主义、集体主义、社会主义教育，弘扬党和人民在各个历史时期奋斗中形成的伟大精神，推进公民道德建设，实施文明创建工程，拓展新时代文明实践中心建设。健全志愿服务体系，广泛开展志愿服务关爱行动。弘扬诚信文化，推进诚信建设。提倡艰苦奋斗、勤俭节约，开展以劳动创造幸福为主题的宣传教育。加强家庭、家教、家风建设。加强网络文明建设，发展积极健康的网络文化。

33. 提升公共文化服务水平。全面繁荣新闻出版、广播影视、文学艺术、哲学社会科学事业。实施文艺作品质量提升工程，加强现实题材创作生产，不断推出反映时代新气象、讴歌人民新创造的文艺精品。推进媒体深度融合，实施全媒体传播工程，做强新型主流媒体，建强用好县级融媒体中心。推进城乡公共文化服务体系一体建设，创新实施文化惠民工程，广泛开展群众性文化活动，推动公共文化数字化建设。加强国家重大文化设施和文化项目建设，推进国家版本馆、国家文献储备库、智慧广电等工程。传承弘扬中华优秀传统文化，加强文物古籍保护、研究、利用，强化重要文化和自然遗产、非物质文化遗产系统性保护，加强各民族优秀传统手工艺保护和传承，建设长城、大运河、长征、黄河等国家文化公园。广泛开展全民健身运动，增强人民体质。筹办好北京冬奥会、冬残奥会。

34.健全现代文化产业体系。坚持把社会效益放在首位、社会效益和经济效益相统一，深化文化体制改革，完善文化产业规划和政策，加强文化市场体系建设，扩大优质文化产品供给。实施文化产业数字化战略，加快发展新型文化企业、文化业态、文化消费模式。规范发展文化产业园区，推动区域文化产业带建设。推动文化和旅游融合发展，建设一批富有文化底蕴的世界级旅游景区和度假区，打造一批文化特色鲜明的国家级旅游休闲城市和街区，发展红色旅游和乡村旅游。以讲好中国故事为着力点，创新推进国际传播，加强对外文化交流和多层次文明对话。

十、推动绿色发展，促进人与自然和谐共生

坚持绿水青山就是金山银山理念，坚持尊重自然、顺应自然、保护自然，坚持节约优先、保护优先、自然恢复为主，守住自然生态安全边界。深入实施可持续发展战略，完善生态文明领域统筹协调机制，构建生态文明体系，促进经济社会发展全面绿色转型，建设人与自然和谐共生的现代化。

35.加快推动绿色低碳发展。强化国土空间规划和用途管控，落实生态保护、基本农田、城镇开发等空间管控边界，减少人类活动对自然空间的占用。强化绿色发展的法律和政策保障，发展绿色金融，支持绿色技术创新，推进清洁生产，发展环保产业，推进重点行业和重要领域绿色化改造。推动能源清洁低碳安全高效利用。发展绿色建筑。开展绿色生活创建活动。降低碳排放强度，支持有条件的地方率先达到碳排放峰值，制定二〇三〇年前碳排放达峰行动方案。

36.持续改善环境质量。增强全社会生态环保意识，深入打好污染防治攻坚战。继续开展污染防治行动，建立地上地下、陆海统筹的生态环境治理制度。强化多污染物协同控制和区域协同治理，加强细颗粒物和臭氧协同控制，基本消除重污染天气。治理城乡生活环境，推进城镇污水管网全覆盖，基本消除城市黑臭水体。推进化肥农药减量化和土壤污染治理，加强白色污染治理。加强危险废物医疗废物收集处理。完成重点地区危险化学品生产企业搬迁改造。重视新污染物治理。全面实行排污许可制，推进排污权、用能权、用水权、碳排放权市场化交易。完善环境保护、节能减排约束性指标管理。完善中央生态环境保护督察制度。积极参与和引领应对气候变化等生态环保国际合作。

37. 提升生态系统质量和稳定性。坚持山水林田湖草系统治理，构建以国家公园为主体的自然保护地体系。实施生物多样性保护重大工程。加强外来物种管控。强化河湖长制，加强大江大河和重要湖泊湿地生态保护治理，实施好长江十年禁渔。科学推进荒漠化、石漠化、水土流失综合治理，开展大规模国土绿化行动，推行林长制。推行草原森林河流湖泊休养生息，加强黑土地保护，健全耕地休耕轮作制度。加强全球气候变暖对我国承受力脆弱地区影响的观测，完善自然保护地、生态保护红线监管制度，开展生态系统保护成效监测评估。

38. 全面提高资源利用效率。健全自然资源资产产权制度和法律法规，加强自然资源调查评价监测和确权登记，建立生态产品价值实现机制，完善市场化、多元化生态补偿，推进资源总量管理、科学配置、全面节约、循环利用。实施国家节水行动，建立水资源刚性约束制度。提高海洋资源、矿产资源开发保护水平。完善资源价格形成机制。推行垃圾分类和减量化、资源化。加快构建废旧物资循环利用体系。

十一、实行高水平对外开放，开拓合作共赢新局面

坚持实施更大范围、更宽领域、更深层次对外开放，依托我国大市场优势，促进国际合作，实现互利共赢。

39. 建设更高水平开放型经济新体制。全面提高对外开放水平，推动贸易和投资自由化便利化，推进贸易创新发展，增强对外贸易综合竞争力。完善外商投资准入前国民待遇加负面清单管理制度，有序扩大服务业对外开放，依法保护外资企业合法权益，健全促进和保障境外投资的法律、政策和服务体系，坚定维护中国企业海外合法权益，实现高质量引进来和高水平走出去。完善自由贸易试验区布局，赋予其更大改革自主权，稳步推进海南自由贸易港建设，建设对外开放新高地。稳慎推进人民币国际化，坚持市场驱动和企业自主选择，营造以人民币自由使用为基础的新型互利合作关系。发挥好中国国际进口博览会等重要展会平台作用。

40. 推动共建“一带一路”高质量发展。坚持共商共建共享原则，秉持绿色、开放、廉洁理念，深化务实合作，加强安全保障，促进共同发展。推进基础设施互联互通，拓展第三方市场合作。构筑互利共赢的产业链供应链合作体系，深化国际产能合作，扩大双向贸易和投资。坚持以企业为主体，以市场为导向，遵循国际惯例和债务可持续原则，健全多元化投融资体系。推进战略、规划、机制对接，加强政策、规则、标准联通。深化公共卫生、数字经济、绿色发展、科技教育合作，促进人文交流。

41. 积极参与全球经济治理体系改革。坚持平等协商、互利共赢，推动二十国集团等发挥国际经济合作功能。维护多边贸易体制，积极参与世界贸易组织改革，推动完善更加公正合理的全球经济治理体系。积极参与多双边区域投资贸易合作机制，推动新兴领域经济治理规则制定，提高参与国际金融治理能力。实施自由贸易区提升战略，构建面向全球的高标准自由贸易区网络。

十二、改善人民生活品质，提高社会建设水平

坚持把实现好、维护好、发展好最广大人民根本利益作为发展的出发点和落脚点，尽力而为、量力而行，健全基本公共服务体系，完善共建共治共享的社会治理制度，扎实推动共同富裕，不断增强人民群众获得感、幸福感、安全感，促进人的全面发展和社会全面进步。

42. 提高人民收入水平。坚持按劳分配为主体、多种分配方式并存，提高劳动报酬在初次分配中的比重，完善工资制度，健全工资合理增长机制，着力提高低收入群体收入，扩大中等收入群体。完善按要素分配政策制度，健全各类生产要素由市场决定报酬的机制，探索通过土地、资本等要素使用权、收益权增加中低收入群体要素收入。多渠道增加城乡居民财产性收入。完善再分配机制，加大税收、社保、转移支付等调节力度和精准性，合理调节过高收入，取缔非法收入。发挥第三次分配作用，发展慈善事业，改善收入和财富分配格局。

43. 强化就业优先政策。千方百计稳定和扩大就业，坚持经济发展就业导向，扩大就业容量，提升就业质量，促进充分就业，保障劳动者待遇和权益。健全就业公共服务体系、劳动关系协调机制、终身职业技能培训制度。更加注重缓解结构性就业矛盾，加快提升劳动者技能素质，完善重点群体就业支持体系，统筹城乡就业政策体系。扩大公益性岗位安置，帮扶残疾人、零就业家庭成员就业。完善促进创业带动就业、多渠道灵活就业的保障制度，支持和规范发展新就业形态，健全就业需求调查和失业监测预警机制。

44. 建设高质量教育体系。全面贯彻党的教育方针，坚持立德树人，加强师德师风建设，培养德智体美劳全面发展的社会主义建设者和接班人。健全学校家庭社会协同育人机制，提升教师教书育人能力素质，增强学生文明素养、社会责任意识、实践本领，重视青少年身体素质和心理健康教育。坚持教育公益性原则，深化教育改革，促进教育公平，推动义务教育均衡发展和城乡一体化，完善普惠性学前教育和特殊教育、专门教育保障机制，鼓励高中阶段学校多样化发展。加大人力资本投入，增强职业技术教育适应性，深化职普融通、产教融合、校企合作，探索中国特色学徒制，大力培养技术技能人才。提高高等教育质量，分类建设一流大学和一流学科，加快培养理工农医类专业紧缺人才。提高民族地区教育质量和水平，加大国家通用语言文字推广力度。支持和规范民办教育发展，规范校外培训机构。发挥在线教育优势，完善终身学习体系，建设学习型社会。

45. 健全多层次社会保障体系。健全覆盖全民、统筹城乡、公平统一、可持续的多层次社会保障体系。推进社保转移接续，健全基本养老、基本医疗保险筹资和待遇调整机制。实现基本养老保险全国统筹，实施渐进式延迟法定退休年龄。发展多层次、多支柱养老保险体系。推动基本医疗保险、失业保险、工伤保险省级统筹，健全重大疾病医疗保险和救助制度，落实异地就医结算，稳步建立长期护理保险制度，积极发展商业医疗保险。健全灵活就业人员社保制度。健全退役军人工作体系和保障制度。健全分层分类的社会救助体系。坚持男女平等基本国策，保障妇女儿童合法权益。健全老年人、残疾人关爱服务体系和设施，完善帮扶残疾人、孤儿等社会福利制度。完善全国统一的社会保险公共服务平台。

46. 全面推进健康中国建设。把保障人民健康放在优先发展的战略位置，坚持预防为主的方针，深入实施健康中国行动，完善国民健康促进政策，织牢国家公共卫生防护网，为人民提供全方位全周期健康服务。改革疾病预防控制体系，强化监测预警、风险评估、流行病学调查、检验检测、应急处置等职能。建立稳定的公共卫生事业投入机制，加强人才队伍建设，改善疾控基础条件，完善公共卫生服务项目，强化基层公共卫生体系。落实医疗机构公共卫生责任，创新医防协同机制。完善突发公共卫生事件监测预警处置机制，健全医疗救治、科技支撑、物资保障体系，提高应对突发公共卫生事件能力。坚持基本医疗卫生事业公益属性，深化医药卫生体制改革，加快优质医疗资源扩容和区域均衡布局，加快建设分级诊疗体系，加强公立医院建设和管理考核，推进国家组织药品和耗材集中采购使用改革，发展高端医疗设备。支持社会办医，推广远程医疗。坚持中西医并重，大力发展中医药事业。提升健康教育、慢病管理和残疾康复服务质量，重视精神卫生和心理健康。深入开展爱国卫生运动，促进全民养成文明健康生活方式。完善全民健身公共服务体系。加快发展健康产业。

47. 实施积极应对人口老龄化国家战略。制定人口长期发展战略，优化生育政策，增强生育政策包容性，提高优生优育服务水平，发展普惠托育服务体系，降低生育、养育、教育成本，促进人口长期均衡发展，提高人口素质。积极开发老龄人力资源，发展银发经济。推动养老事业和养老产业协同发展，健全基本养老服务体系，发展普惠型养老服务和互助性养老，支持家庭承担养老功能，培育养老新业态，构建居家社区机构相协调、医养康养相结合的养老服务体系，健全养老服务综合监管制度。

48. 加强和创新社会治理。完善社会治理体系，健全党组织领导的自治、法治、德治相结合的城乡基层治理体系，完善基层民主协商制度，实现政府治理同社会调节、居民自治良性互动，建设人人有责、人人尽责、人人享有的社会治理共同体。发挥群团组织和社会组织在社会治理中的作用，畅通和规范市场主体、新社会阶层、社会工作者和志愿者等参与社会治理的途径。推动社会治理重心向基层下移，向基层放权赋能，加强城乡社区治理和服务体系建设，减轻基层特别是村级组织负担，加强基层社会治理队伍建设，构建网格化管理、精细化服务、信息化支撑、开放共享的基层管理服务平台。加强和创新市域社会治理，推进市域社会治理现代化。

十三、统筹发展和安全，建设更高水平的平安中国

坚持总体国家安全观，实施国家安全战略，维护和塑造国家安全，统筹传统安全和非传统安全，把安全发展贯穿国家发展各领域和全过程，防范和化解影响我国现代化进程的各种风险，筑牢国家安全屏障。

49. 加强国家安全体系和能力建设。完善集中统一、高效权威的国家安全领导体制，健全国家安全法治体系、战略体系、政策体系、人才体系和运行机制，完善重要领域国家安全立法、制度、政策。健全国家安全审查和监管制度，加强国家安全执法。加强国家安全宣传教育，增强全民国家安全意识，巩固国家安全人民防线。坚定维护国家政权安全、制度安全、意识形态安全，全面加强网络安全保障体系和能力建设。严密防范和严厉打击敌对势力渗透、破坏、颠覆、分裂活动。

50. 确保国家经济安全。加强经济安全风险预警、防控机制和能力建设，实现重要产业、基础设施、战略资源、重大科技等关键领域安全可控。实施产业竞争力调查和评价工程，增强产业体系抗冲击能力。确保粮食安全，保障能源和战略性矿产资源安全。维护水利、电力、供水、油气、交通、通信、网络、金融等重要基础设施安全，提高水资源集约安全利用水平。维护金融安全，守住不发生系统性风险底线。确保生态安全，加强核安全监管，维护新型领域安全。构建海外利益保护和风险预警防范体系。

51. 保障人民生命安全。坚持人民至上、生命至上，把保护人民生命安全摆在首位，全面提高公共安全保障能力。完善和落实安全生产责任制，加强安全生产监管执法，有效遏制危险化学品、矿山、建筑施工、交通等重特大安全事故。强化生物安全保护，提高食品药品等关系人民健康产品和服务的安全保障水平。提升洪涝干旱、森林草原火灾、地质灾害、地震等自然灾害防御工程标准，加快江河控制性工程建设，加快病险水库除险加固，全面推进堤防和蓄滞洪区建设。完善国家应急管理体系，加强应急物资保障体系建设，发展巨灾保险，提高防灾、减灾、抗灾、救灾能力。

52. 维护社会稳定和安全。正确处理新形势下人民内部矛盾，坚持和发展新时代“枫桥经验”，畅通和规范群众诉求表达、利益协调、权益保障通道，完善信访制度，完善各类调解联动工作体系，构建源头防控、排查梳理、纠纷化解、应急处置的社会矛盾综合治理机制。健全社会心理服务体系和危机干预机制。坚持专群结合、群防群治，加强社会治安防控体系建设，坚决防范和打击暴力恐怖、黑恶势力、新型网络犯罪和跨国犯罪，保持社会和谐稳定。

十四、加快国防和军队现代化，实现富国和强军相统一

贯彻习近平强军思想，贯彻新时代军事战略方针，坚持党对人民军队的绝对领导，坚持政治建军、改革强军、科技强军、人才强军、依法治军，加快机械化信息化智能化融合发展，全面加强练兵备战，提高捍卫国家主权、安全、发展利益的战略能力，确保二〇二七年实现建军百年奋斗目标。

53. 提高国防和军队现代化质量效益。加快军事理论现代化，与时俱进创新战争和战略指导，健全新时代军事战略体系，发展先进作战理论。加快军队组织形态现代化，深化国防和军队改革，推进军事管理革命，加快军兵种和武警部队转型建设，壮大战略力量和新域新质作战力量，打造高水平战略威慑和联合作战体系，加强军事力量联合训练、联合保障、联合运用。加快军事人员现代化，贯彻新时代军事教育方针，完善三位一体新型军事人才培养体系，锻造高素质专业化军事人才方阵。加快武器装备现代化，聚力国防科技自主创新、原始创新，加速战略性前沿性颠覆性技术发展，加速武器装备升级换代和智能化武器装备发展。

54.促进国防实力和经济实力同步提升。同国家现代化发展相协调，搞好战略层面筹划，深化资源要素共享，强化政策制度协调，构建一体化国家战略体系和能力。推动重点区域、重点领域、新兴领域协调发展，集中力量实施国防领域重大工程。优化国防科技工业布局，加快标准化通用化进程。完善国防动员体系，健全强边固防机制，强化全民国防教育，巩固军政军民团结。

十五、全党全国各族人民团结起来，为实现“十四五”规划和二〇三五年远景目标而奋斗

实现“十四五”规划和二〇三五年远景目标，必须坚持党的全面领导，充分调动一切积极因素，广泛团结一切可以团结的力量，形成推动发展的强大合力。

55.加强党中央集中统一领导。贯彻党把方向、谋大局、定政策、促改革的要求，推动全党深入学习贯彻习近平新时代中国特色社会主义思想，增强“四个意识”、坚定“四个自信”、做到“两个维护”，完善上下贯通、执行有力的组织体系，确保党中央决策部署有效落实。落实全面从严治党主体责任、监督责任，提高党的建设质量。深入总结和学习运用中国共产党一百年的宝贵经验，教育引导广大党员、干部坚持共产主义远大理想和中国特色社会主义共同理想，不忘初心、牢记使命，为党和人民事业不懈奋斗。全面贯彻新时代党的组织路线，加强干部队伍建设，落实好干部标准，提高各级领导班子和干部适应新时代新要求抓改革、促发展、保稳定水平和专业化能力，加强对敢担当善作为干部的激励保护，以正确用人导向引领干事创业导向。完善人才工作体系，培养造就大批德才兼备的高素质人才。把严的主基调长期坚持下去，不断增强党自我净化、自我完善、自我革新、自我提高能力。锲而不舍落实中央八项规定精神，持续纠治形式主义、官僚主义，切实为基层减负。完善党和国家监督体系，加强政治监督，强化对公权力运行的制约和监督。坚持无禁区、全覆盖、零容忍，一体推进不敢腐、不能腐、不想腐，营造风清气正的良好政治生态。

56.推进社会主义政治建设。坚持党的领导、人民当家作主、依法治国有机统一，推进中国特色社会主义政治制度自我完善和发展。坚持和完善人民代表大会制度，加强人大对“一府一委两院”的监督，保障人民依法通过各种途径和形式管理国家事务、管理经济文化事业、管理社会事务。坚持和完善中国共产党领导的多党合作和政治协商制度，加强人民政协专门协商机构建设，发挥社会主义协商民主独特优势，提高建言资政和凝聚共识水平。坚持和完善民族区域自治制度，全面贯彻党的民族政策，铸牢中华民族共同体意识，促进各民族共同团结奋斗、共同繁荣发展。全面贯彻党的宗教工作基本方针，积极引导宗教与社会主义社会相适应。健全基层群众自治制度，增强群众自我管理、自我服务、自我教育、自我监督实效。发挥工会、共青团、妇联等人民团体作用，把各自联系的群众紧紧凝聚在党的周围。完善大统战工作格局，促进政党关系、民族关系、宗教关系、阶层关系、海内外同胞关系和谐，巩固和发展大团结大联合局面。全面贯彻党的侨务政策，凝聚侨心、服务大局。坚持法治国家、法治政府、法治社会一体建设，完善以宪法为核心的中国特色社会主义法律体系，加强重点领域、新兴领域、涉外领域立法，提高依法行政水平，完善监察权、审判权、检察权运行和监督机制，促进司法公正，深入开展法治宣传教育，有效发挥法治固根本、稳预期、利长远的保障作用，推进法治中国建设。促进人权事业全面发展。

57. 保持香港、澳门长期繁荣稳定。全面准确贯彻“一国两制”、“港人治港”、“澳人治澳”、高度自治的方针，坚持依法治港治澳，维护宪法和基本法确定的特别行政区宪制秩序，落实中央对特别行政区全面管治权，落实特别行政区维护国家安全的法律制度和执行机制，维护国家主权、安全、发展利益和特别行政区社会大局稳定。支持特别行政区巩固提升竞争优势，建设国际创新科技中心，打造“一带一路”功能平台，实现经济多元可持续发展。支持香港、澳门更好融入国家发展大局，高质量建设粤港澳大湾区，完善便利港澳居民在内地发展政策措施。增强港澳同胞国家意识和爱国精神。支持香港、澳门同各国各地区开展交流合作。坚决防范和遏制外部势力干预港澳事务。

58. 推进两岸关系和平发展和祖国统一。坚持一个中国原则和“九二共识”，以两岸同胞福祉为依归，推动两岸关系和平发展、融合发展，加强两岸产业合作，打造两岸共同市场，壮大中华民族经济，共同弘扬中华文化。完善保障台湾同胞福祉和在大陆享受同等待遇的制度和政策，支持台商台企参与“一带一路”建设和国家区域协调发展战略，支持符合条件的台资企业在大陆上市，支持福建探索海峡两岸融合发展新路。加强两岸基层和青少年交流。高度警惕和坚决遏制“台独”分裂活动。

59. 积极营造良好外部环境。高举和平、发展、合作、共赢旗帜，坚持独立自主的和平外交政策，推进各领域各层级对外交往，推动构建新型国际关系和人类命运共同体。推进大国协调和合作，深化同周边国家关系，加强同发展中国家团结合作，积极发展全球伙伴关系。坚持多边主义和共商共建共享原则，积极参与全球治理体系改革和建设，加强涉外法治体系建设，加强国际法运用，维护以联合国为核心的国际体系和以国际法为基础的国际秩序，共同应对全球性挑战。积极参与重大传染病防控国际合作，推动构建人类卫生健康共同体。

60. 健全规划制定和落实机制。按照本次全会精神，制定国家和地方“十四五”规划纲要和专项规划，形成定位准确、边界清晰、功能互补、统一衔接的国家规划体系。健全政策协调和工作协同机制，完善规划实施监测评估机制，确保党中央关于“十四五”发展的决策部署落到实处。

实现“十四五”规划和二〇三五年远景目标，意义重大，任务艰巨，前景光明。全党全国各族人民要紧密团结在以习近平同志为核心的党中央周围，同心同德，顽强奋斗，夺取全面建设社会主义现代化国家新胜利！

附录 C　安徽省人民政府办公厅关于印发支持生物基新材料产业发展若干政策的通知

各市人民政府，省政府各部门、各直属机构：

《支持生物基新材料产业发展若干政策》已经省政府同意，现印发给你们，请认真贯彻落实。

安徽省人民政府办公厅

2020 年 3 月 5 日

支持生物基新材料产业发展若干政策

生物基新材料是指利用可再生生物质资源加工生产的有机高分子材料，具有可再生、可降解、绿色环保等特点。发展以聚乳酸为代表的生物基新材料产业对推动材料工业绿色转型，增加绿色产品供给，降低对化石资源依赖，加快生态文明建设具有重要意义。为推动我省生物基新材料产业高质量发展，制定如下政策。

一、加强规划引导。统筹全省生物基新材料产业基础、资源环境承载、创新能力等条件，研究编制全省生物基新材料产业发展规划，明确重点发展方向、路径、布局、保障措施等，引导推动生物基新材料产业科学有序加快发展。

二、支持研发产业化创新项目。在生物基高分子材料、生物基材料助剂、生物基复合材料、天然生物材料创新型增效利用等领域，支持相关企业与科研院所、下游用户联合实施研发产业化创新项目。经评审认定的项目，对研发及关键设备投入按照 10% 比例给予补助，单个项目最高补助 3 000 万元，特别重大项目纳入“三重一创”建设“一事一议”支持范畴。

三、支持创新能力建设。充分发挥生物基可降解材料安徽省技术创新中心等创新平台作用，加快突破行业关键技术瓶颈，支撑生物基新材料产业加快发展。支持相关企业、高校院所等围绕生物基新材料菌种定制与构建、材料合成、材料加工成型、产品应用等环节组建创新平台，对符合条件的运用“三重一创”等政策予以支持。鼓励相关企业联合上下游企业、高校院所、检验检测机构、行业协会等组建省级生物基新材料产业发展联盟，常态化组织开展供需合作、技术对接、行业交流等活动。

四、支持产业集群发展。支持有条件的市围绕“龙头 + 配套”推动生物基新材料链式发展，打造产学研用有机结合、引领示范作用显著、集聚程度高、创新能力强的产业集群。鼓励产业集群内部产业链上下游优势互补与协同合作，推动延链、补链、强链，加快提升产业链现代化水平。对符合条件的集群，及时认定为省级重大新兴产业基地，积极推荐争取国家级产业集群。

支持相关企业围绕产业链招引上下游企业，对引入上下游企业实施总投资（不含土地价款）1 亿元及以上新建项目按“三重一创”政策给予补助。每成功招引 1 个注册资本金（实际到位，下同）1 亿～ 10 亿元且年主营业务收入超过 5 000 万元生物基新材料企业，给予招引企业一次性 100 万元奖励；每成功招引 1 个注册资本金 10 亿元及以上且年主营业务收入超过 1 亿元的，给予招引企业一次性 200 万元奖励；单个招引企业最高奖励 1 000 万元。

五、支持推广应用。鼓励有条件的市在包装材料、农用地膜、纺织化纤材料、卫生材料等重点领域开展生物基新材料示范应用，支持企业开辟国内外市场，扩展应用范围。推广应用的重大成果省级可采取“一事一议”方式予以支持。鼓励党政机关、事业单位、国有企业优先采购生物基新材料制品，有力有序在全省范围内推广应用。

支持相关企业推动要素整合和技术集成，统筹关键技术研发、创新成果产业化和市场培育，在重点行业、重点区域、重点民生领域创新生物基新材料示范应用商业模式。

六、支持企业做大做强。对生物基新材料年主营业务收入首次超过 1 亿元、3 亿元、5 亿元的企业，每上一个台阶分别给予一次性 100 万元、300 万元、500 万元奖励。

七、夯实原料保障。鼓励资源化利用农林废弃物、餐厨废弃物等各类生物质资源，对符合条件的项目，按照《安徽省支持秸秆综合利用产业发展若干政策》兑现支持，积极争取中央生态文明建设相关专项支持，夯实生物基新材料产业发展原料保障能力。

八、加强基金支持。省“三重一创”产业发展、中小企业（专精特新）等省级股权投资基金加大对生物基新材料企业及项目的支持力度，主动对接、精准服务，推动符合条件的优质企业利用资本市场加快发展壮大。鼓励有条件的市设立生物基新材料产业基金，专项用于支持生物基新材料产业发展。

九、强化政策落实。省发展改革委会同有关部门制定实施细则，规范申报程序，加强资金监管、绩效评价和审计监督。在符合规定的前提下，加快审核评估和资金拨付，确保政策尽快落地生效。

本政策由省发展改革委负责解释，所需资金从省“三重一创”建设专项引导资金中予以安排。

附录 D 杭州市关于进一步加强塑料污染治理的实施方案

为贯彻落实国家、省决策部署，进一步加强我市塑料污染治理，建立健全塑料制品管理长效机制，根据国家发展改革委、生态环境部《关于进一步加强塑料污染治理的意见》（发改环资〔2020〕80 号）、国家发展改革委等九部委《关于扎实推进塑料污染治理工作的通知》（发改环资〔2020〕1146 号）以及《省发展改革委等 9 部门印发〈关于进一步加强塑料污染治理的实施办法〉的通知》（浙发改环资〔2020〕307 号），结合我市实际，制定本实施方案。

一、总体要求

（一）指导思想

以习近平新时代中国特色社会主义思想为指导，贯彻落实国家、省推进塑料污染治理精神，围绕“努力使杭州成为美丽中国建设的样本”的要求，牢固树立新发展理念，聚焦“流通、消费、回收、处置”等重点环节，建立健全塑料制品管理制度，突出源头减量、强化回收处置、加强污染治理、营造宣传氛围，有力有序有效治理塑料污染，为建设美丽中国杭州样本提供有力支撑。

（二）主要目标

到 2020 年底，率先在市区建成区 [上城、下城、江干、拱墅、西湖、高新区（滨江）]、部分领域禁止、限制部分塑料制品的销售和使用，全市塑料垃圾实现“零填埋”。到 2021 年底，全市所有区、县（市）完成“无废城市”建设。到 2022 年底，一次性塑料制品消费量明显减少，替代产品普遍推广，在塑料污染问题突出领域和电商、快递、外卖等新兴领域，普遍推行科学适用的塑料减量和绿色物流模式。到 2023 年底，塑料制品生产、流通、消费和回收处置等环节的管理制度基本建立，多元共治体系高效运转，替代产品开发应用水平得到进一步提升。到 2025 年底，城乡一体的多元共治体系基本形成，塑料污染治理得到有效控制。

二、主要任务

（一）大力推动源头减量

1. 禁止部分塑料制品生产销售。加强执法监督，禁止生产和销售厚度小于 0.025 毫米的超薄塑料购物袋、厚度小于 0.01 毫米的聚乙烯农用地膜。禁止以医疗废物为原料制造塑料制品，全面禁止废塑料进口。到 2020 年底，禁止生产和销售一次性发泡塑料餐具、一次性塑料棉签，禁止生产含塑料微珠的日化产品；到 2022 年底，禁止销售含塑料微珠的日化产品[⊖]。禁止审批、核准、备案上述禁限范围内的塑料制品项目（含新建、改建、扩建）。[市市场监管局、市生态环境局、市发改委、市卫健委、市经信局、钱江海关等部门和各区、县（市）人民政府、钱塘新区管委会按照职责分工负责，下同。以下工作均需地方政府和钱塘新区管委会落实，不再一一列出]

2. 开展不可降解塑料袋专项治理行动。制定并有序实施商场、超市、农贸市场、书店、药店等重点场所以及餐饮外卖打包服务和各类展会活动不可降解塑料袋减量实施方案，倡导消费者重拎布袋子、重提菜篮子，鼓励采取自助扫码取袋、免租金、低押金等方式推广可循环使用的“共享购物袋”。推广使用生鲜产品可降解包装膜（袋）。建立农贸市场购物袋集中购销制度。在餐饮外卖领域推广使用符合性能和食品安全要求的秸秆覆膜餐盒等生物基产品、可降解塑料袋等替代产品。到 2020 年底，市区建成区［上城、下城、江干、拱墅、西湖、高新区（滨江）］的商场、超市、药店、书店等场所以及餐饮打包外卖服务和各类展会活动，禁止使用不可降解塑料袋，农贸市场规范和限制使用不可降解塑料袋；到 2022 年底，实施范围扩大到所有区、县（市）；到 2023 年底，全市所有区、县（市）建成区农贸市场禁止使用不可降解塑料袋；到 2025 年底，实施范围覆盖城乡结合部、乡镇和农村地区的农贸市场。（市商务局、市市场监管局、市新闻出版局、市农业农村局等）

3. 开展一次性塑料制品专项治理行动。加强餐饮、酒店等重点领域一次性塑料用品使用监管，制定并全面实施一次性塑料制品减量实施方案。全市党政机关、国有企事业单位、团队组织等公共机构带头停止不可降解一次性塑料餐具等塑料制品。到 2020 年底，全市范围餐饮行业禁止使用不可降解一次性塑料吸管，县城以上建成区、景区景点的餐饮堂食服务禁止使用不可降解一次性塑料餐具；到 2023 年底，全市县城以上建成区餐饮外卖领域禁止使用不可降解一次性塑料餐具；到 2025 年底，实施范围覆盖城乡结合部、乡镇和农村地区的餐饮外卖领域。

⊖ 塑料制品禁限管理细化标准以国家发改委等九部委联合印发的《关于扎实推进塑料污染治理工作的通知》（发改环资〔2020〕1146 号）为准。

到2021年底，全市星级宾馆、酒店、民宿等场所不再主动提供一次性塑料用品，可通过设置自助购买机、提供续充型洗洁剂等方式提供相关服务；到亚运会前，实施范围扩大到所有宾馆、酒店、民宿。（市商务局、市文广旅游局、市农业农村局、市市场监管局、市机关事务管理局、市教育局等）

4. 实施绿色快递之都专项行动。严格落实《邮政业寄递安全监管办法》、《邮政快件绿色包装规范》，结合全球快递之都打造，开展快递业过度包装专项治理行动，制定并实施减量实施方案，在主要品牌快递企业和快递物流信息平台开展绿色包装试点，推动应用绿色包装技术和材料。推动寄递企业建立完善绿色采购制度，优先采购经过快递包装绿色产品认证的包装产品，推广使用环保胶带、包装物和填充物等，逐步减少不可降解塑料包装袋、胶带和一次性塑料编织袋的使用。鼓励电商企业与快递物流企业开展供应链绿色流程再造，创新包装设计，推广可重复性使用的包装新产品，有效增加绿色产品供给。到2022年底，全市邮政快递网点禁止使用不可降解塑料包装袋、一次性塑料编织袋，降低不可降解塑料胶带使用量；到2023年底，全市邮政快递网点禁止使用不可降解塑料胶带；到2025年底，绿色包装材料使用率达到95%以上。（市邮政管理局、市商务局等）

5. 实施绿色亚运行动方案。根据“绿色、智能、节俭、文明”的办赛理念，结合亚运城市行动计划，制定并全面实施绿色亚运行动方案，设计并推广绿色亚运产品识别标志，推出系列绿色产品，在场馆、亚运村、酒店等领域，全面推广可重复使用的环保布袋、纸袋等替代产品，不主动提供一次性塑料制品。将“绿色亚运”作为杭州亚运会重要宣传口号，树立绿色典型、普及绿色知识、宣传绿色理念，倡导绿色生活方式。深化“城市大脑”应用，高标准实施垃圾分类，建设智慧高效回收处理体系。（亚组委、市商务局、市文广旅游局、市城管局、市市场监管局、市经信局等）

6. 培育优化新业态新模式。强化企业绿色管理责任，推行绿色供应链。制定并有序实施电商、外卖等新兴领域减量实施方案，引导大型外卖平台将一次性餐具减量和替代情况作为平台入驻商户的审核条件，增加“无需餐勺、筷子、刀叉等手持餐具”等选项供消费者选择，通过积分奖励、商业券、折扣等方式引导消费者逐步使用满足性能和食品安全要求的替代产品。以连锁商超、大型农贸市场、物流仓储、电商快递为重点，积极推广可循环、可折叠包装产品和物流配送器具，鼓励企业建设可循环包装跨平台运营体系。鼓励企业使用商品和物流一体化包装，建立可循环物流配送器具回收体系。（市商务局、市发改委、市市场监管局、市邮政管理局等）

7. 实施农膜减量行动。制定并实施农膜减量实施方案，加大农膜减量技术试验示范力度，示范推广“一膜两用”“一膜多用”及茬口优化等农膜减量替代技术，实施轮作倒茬制度，持续开展农田地膜残留监测。鼓励生产、使用全生物降解、强化耐候等新型地膜产品。鼓励农膜覆盖替代技术和产品的研发与示范推广。（市农业农村局负责）

（二）加强回收利用处置

8. 推进塑料废弃物分类收集全覆盖。结合生活垃圾分类，加大塑料废弃物等可回收物分类收集和处理力度，禁止随意堆放、倾倒。在写字楼、机场、车站、码头等塑料废弃物产生量大的场所增加投放设施，提高收运频次。建立健全农村塑料废弃物分类收运体系。到2020年底，塑料废弃物分类投放和收集实现全覆盖。（市城管局、市农业农村局等）

9. 推广先进回收模式。探索以政府购买服务、税收优惠等方式，推动再生资源规模化、规范化、专业化、清洁化管理，鼓励打造上接前段分类、中接仓储物流、下接利用的产业的再生资源供应链。大力推进“互联网＋”再生资源回收模式，鼓励企业建立再生资源回收利用信息化平台，推进线上线下分类回收融合发展。大力推进两网融合回收体系建设，推动社区（农村）、物业、回收企业协同推进垃圾分类和资源回收。到2020年底，全市培育骨干再生资源回收企业26家以上，“互联网＋再生资源回收”网络覆盖90%的社区和60%的行政村；到2025年底，实现全覆盖。（市商务局、市城管局、市经信局、市邮政管理局等）

10. 创新塑料废弃物回收方式。强化产废者主体责任，引导包装生产企业、电商企业和快递企业与回收利用企业合作，建立“互联网＋”平台与线下物流相结合的机制，采用押金、以旧换新、设置自动回收设施、网购送货回收包装物等方式，推动塑料废弃物回收途径多元化。推动快递、电商外卖平台、环卫部门、回收企业等开展多方合作，建立包装容器逆向物流体系，通过积分、返现、抵现等形式，在校园、社区、商圈等场所设置快递包装物回收点、外卖餐盒回收设施，到 2022 年底，城区快递网点包装物回收装置实现全覆盖。指导再生资源回收企业进商超、进社区、进机关、进市场、进宾馆、进餐厅，签订塑料废品回收协议。（市商务局、市邮政管理局等）

11. 强化农药废弃包装物、农膜和渔网渔具回收。落实废弃包装物常态化、长效化回收处理机制，农药废弃包装物回收率达 80%。健全农膜生产企业、农膜销售商、农业生产经营主体、废旧农膜再利用企业等多方参与的废旧农膜回收体系，探索农膜生产者责任延伸制度试点，农业生产企业、农民专业合作社等农膜使用者应依法建立农膜使用记录台账，农膜回收网点和回收再利用企业应当依法建立回收记录台账，制定“以旧换新”激励机制，废旧农膜回收率达到 90% 以上，对于无利用价值的废旧农膜，纳入农村生活垃圾处理体系。规范废旧渔网渔具回收处置。（市农业农村局负责）

12. 建设资源循环利用基地。以临江循环经济产业园区等为载体，推动塑料废弃物资源化利用的规范化、集中化和产业化，加快推进临江环境能源工程、第三固废处置中心等一批处置设施建设，建设“城市矿产”示范基地、大宗固体废物综合利用示范基地，争创省级资源循环利用基地，实现污染集中控制、基础设施共享、土地集约利用，形成“资源—产品—再生资源”闭环的资源循环利用模式，切实提高塑料废弃物回收利用水平。（钱塘新区管委会、市发改委、市城管局、市商务局、市生态环境局，市城投集团等）

（三）强化塑料污染治理

13. 组织塑料垃圾清理专项行动。开展联合专项整治，加强生活垃圾非正规堆放点、倾倒点排查整治，重点解决城乡结合部、环境敏感区、道路和江河沿线、坑塘沟渠等处生活垃圾随意倾倒堆放导致的塑料污染问题。开展江河湖泊、港湾塑料垃圾清理行动。加强塑料废弃物回收利用环节的污染防治。推进农田残留地膜、农药化肥塑料包装等清理整治，逐步降低农田残留地膜量。（市生态环境局、市城管局、市农业农村局、市商务局、市林水局、市交通运输局等）

14. 严格执法监督。开展生态环境保护综合执法，建立健全塑料污染线索举报、发现与执法快速响应机制，加强对废塑料回收、利用、处置等环节的环境监管，持续推进废塑料加工利用行业整治，依法严厉查处污染环境问题。全面开展商场、超市、农贸市场、餐饮行业等重点领域禁限塑推进情况专项执法检查，依法查处生产、销售小于 0.025 毫米的超薄塑料购物袋和厚度小于 0.01 毫米的聚乙烯农用地膜等行为，按照国家规定的禁限期限，对一次性发泡塑料餐具、一次性塑料棉签、含塑料微珠日化产品等开展日常监督检查，探索实施企业法人守信承诺和失信惩戒，将违规生产、销售、使用塑料制品等行为列入失信记录，经行业管理部门认定后纳入公共信用管理平台。开展垃圾分类执法，依法查处随意堆放、倾倒垃圾等拒不执行《杭州市生活垃圾管理条例》的行为。各行业主管部门在日常监管中发现有关塑料污染和破坏生态行为的，应及时将相关线索移交生态环境保护综合执法队伍，配合其依法立案查处，并通过曝光、约谈等方式督促整改。（市生态环境局、市城管局、市市场监管局、市商务局、市农业农村局、市林水局、市交通运输局、市文广旅游局、市邮政管理局、市新闻出版局、市发改委，市城投集团等）

15. 探索数字化监管。依托在线监控、卫星遥感等科技手段，探索建立覆盖塑料污染源回收、利用、处置等重点环节信息化监测体系，加强环境监管，推行非接触、智慧化监管模式。完善生活垃圾全流程信息化监管平台，积极探索纳入杭州城市大脑，推进全过程管理。（市生态环境局、市城管局、市数据资源管理局等）

（四）营造社会共治氛围

16. 组织专题宣传。结合生活垃圾分类、世界环境日等主题活动，充分利用报纸、广播电视等传统新闻媒体和网络、手机客户端等新媒体，在学校、商场、超市、农贸市场和社区、地铁、旅游景点等公众聚集、大流量区域，通过户外大屏、移动电视、墙体标语、灯箱展板、短视频、动漫、长图等多种形式开展塑料污染治理专题宣传，增加趣味性和可读性，深入介绍各领域推进的时间表和路线图，总结推广工作成效和典型做法，提高公众塑料污染治理意识和理念，引导公众自觉参与垃圾分类，主动减少使用一次性塑料制品，抵制过度包装。开展塑料污染治理科普宣传，引导行业协会、商业团体、公益组织开展专业研讨、志愿活动等，加强公共机构绿色低碳生活的宣传教育。[市委宣传部（市文明办）、市网信办、市发改委、市生态环境局、市市场监管局、市商务局、市文广旅游局、市教育局、市经信局、市城管局、市科协等]

17. 开展典型经验推广。将塑料污染治理宣传作为垃圾分类“八进”活动重要内容，在“八进”领域开展典型案例征集，评选出一批试点典型，组织经验推广，讲好塑料污染治理故事，凝聚塑料污染治理社会共识。[市委宣传部（市文明办）、市城管局、市教育局、市商务局、市机关事务管理局、市文广旅游局、市网信办等]

18.加强教育引导。结合垃圾分类进校园专项行动，采用课题教育、主题讲座、课外实践等多种方式，将塑料污染治理知识纳入中小学生、幼儿园日常教育内容和社会实践内容，引导青少年树牢生态责任意识，践行绿色生活方式。（市教育局负责）

三、保障措施

（一）建立协调机制。市发改委和市生态环境局会同市有关部门建立全市塑料污染治理联席会议制度，统筹协调全市塑料污染治理工作，及时总结分析工作进展，重大情况和问题向市委、市政府报告。各区、县（市）政府和市级有关部门要高度重视塑料污染治理工作，根据工作职责分工和时间节点，建立健全目标体系、工作体系、政策体系和评估体系，细化工作计划和方案，切实抓好落实。

（二）强化督查考核。市生态环境局会同市发改委等有关部门开展联合专项行动，协同推进塑料污染治理落实情况的督促检查，相关督查内容纳入美丽杭州、垃圾分类、乡村振兴、美丽乡村、星级市场、绿色饭店、文明机关、文明社区、文明单位等各类考核和评定活动。对工作不力、进度缓慢的责任主体，按照党政领导干部生态环境损害责任追究相关规定对相关负责人进行约谈和问责。（市生态环境局、市发改委、市城管局、市市场监管局、市农业农村局、市文广旅游局、市文明办等）

（三）健全制度和标准。加强杭州市固体废物污染环境防治制度研究，完善塑料污染防治相关内容。探索建立塑料原材料与制成品的生产、销售信息披露制度。探索建立再生塑料、可降解塑料材料与产品的分级质控和标识制度，对包装问题突出的商品开展包装适宜度分级评价和差别化管理。探索推进绿色产品认证标识制度体系建设，对部分包装产品和快递包装率先推广绿色产品认证制度。更新发布再生资源回收品种指导目录，将相关塑料制品纳入回收目录，制定社会回收和分类分拣标准。探索制定电商、快递、外卖等新兴领域绿色管理和评价标准以及快递业绿色包装地方标准。加强可降解塑料袋等替代产品的

检验检测能力建设。（市生态环境局、市经信局、市市场监管局、市商务局、市邮政管理局、市发改委等）

（四）完善政策支撑。积极争取政策资金支持，持续加大科技经费投入力度，强化可循环、可降解材料关键核心技术攻关和成果转化。加大对可循环、易回收、可降解替代材料和产品支持力度，积极支持可降解塑料材料和制品产业化示范项目，加快可降解塑料首台（套）重大技术装备自主创新和推广应用。积极支持可降解材料和产品生产骨干企业扩能项目列入省、市重点项目和省重大产业项目，培育一批可降解材料和产品生产骨干企业。优先支持绿色包装研发生产、绿色物流和配送体系建设以及专业化智能投放运营等重点项目争取中央和省级专项资金。争取一批国家新型绿色供应链建设、新产品新模式推广、农膜回收示范县等示范试点，开展新型供应链架设和新产品新模式推广。支持专业化回收设施投放，消除设施进居民社区、地铁站、车站和写字楼等公共场所的管理障碍。将符合绿色包装标准的产品纳入政府绿色采购范围，全市各级机关和国有企事业单位在同等条件下优先采购绿色包装的商品和物流服务，逐步将绿色包装作为政府招投标和采购的强制条件。（市经信局、市科技局、市城管局、市财政局、市发改委等）

参考文献

[1] 刁晓倩，翁云宣，黄志刚，等．国内生物基材料产业发展现状[J]. 生物工程学报，2016（6）：715-725.

[2] 欧阳平凯，姜岷，李振江，等．生物基高分子材料[M]. 北京：化学工业出版社，2012.

[3] 戈进杰．生物降解高分子材料及其应用[M]. 北京：化学工业出版社，2002.

[4] 张俐娜，陈国强，蔡杰，等．基于生物质的环境友好材料[M]. 北京：化学工业出版社，2011.

[5] 邵志会，王爱勤．甲壳素壳聚糖及其衍生物吸湿保湿性研究进展[J]. 日用化学工业，2001，31（5）：43-45.

[6] 吉海军，乔荷，张立群，等．生物基合成橡胶的研究进展[J]. 材料工程，2019，47（12）：1-9.

[7] IWATA T. Biodegradable and bio-based polymers: future prospects of eco-friendly plastics[J].Angewandte Chemie International Edition, 2015, 54（11）: 3210-3215.

[8] HUANG J C, SHETTY A S, WANG M S. Biodegradable plastics: A review[J]. Advances in Polymer Technology, 1990, 10（1）: 23-30.

[9] COLE M, LINDEQUE P, HALSBAND C, et al. Microplastics as contaminants in the marine environment: A review[J]. Marine Pollution Bulletin, 2011, 62（12）: 2588-2597.

[10] TIAN H Y, TANG Z H, ZHUANG X L, et al. Biodegradable synthetic polymers: Preparation, functionalization and biomedical application[J]. Progress in Polymer Science, 2012, 37（2）: 237-280.

[11] ACKAR D, BABIC J, JOZINOVIE A, et al.Starch modification by organic acids and their derivatives: A review[J]. Molecules, 2015, 20（10）: 19555-19570.

[12] CHEN G Q, PATEL M K. Plastics derived from biological sources: Present and future: a technical and environmental review[J].Chemical Reviews, 2011, 112（4）: 2082-2099.

[13] WANG Y, YIN J, CHEN G Q. Polyhydroxyalkanoates, challenges and opportunities[J]. Current Opinion in Biotechnology, 2014, 30: 59-65.

[14] YE J W, HU D K, CHE X M, et al. Engineering of Halomonas bluephagenesis for low cost production of poly(3-hydroxybutyrate-co-4-hydroxybutyrate) from glucose[J].Metabolic Engineering, 2018, 47: 143-152.

[15] 王军，刘素侠，欧阳平凯．聚丁二酸丁二醇酯的研究进展[J].化工新型材料，2007，35（10）：25-27.

[16] WANG G, JIANG M, ZHANG Q, et al. Biobased copolyesters: Synthesis, sequence distribution, crystal structure, thermal and mechanical properties of poly(butylene sebacate-co-butylene furandicarboxylate)[J]. Polymer Degradation and Stability, 2017, 143: 1-8.

[17] WANG H, LANGNER M, AGARWAL S.Biodegradable aliphatic-aromatic polyester with antibacterial property[J]. Polymer Engineering and Science, 2016, 56（10）: 1146-1152.

[18] LABET M, THIELEMANS W. Synthesis of polycaprolactone: A review[J]. Chemical Society Reviews, 2009, 38（12）: 3484-3504.

[19] GURUNATHAN T, MOHANTY S, NAYAK S K.A review of the recent developments in biocomposites based on natural fibres and their application perspectives[J].Composites Part A: Applied Science and Manufacturing, 2015, 77: 1-25.

[20] 季栋，方正，欧阳平凯，等．生物基聚酰胺研究进展[J].生物加工过程，2013，11（2）：73-80.

[21] 李增俊．生物基化学纤维产业发展现状与展望[J].生物工程学报，2016，32（6）：775-785.

[22] 余晓兰，汤建凯．生物基聚对苯二甲酸丙二醇酯（PTT）纤维研究进展[J].精细与专用化学品，2018（2）：13-17.

[23] 芦长椿．生物基聚酯技术的新进展[J].合成纤维，2017（6）：1-5.

[24] KYRIKOU I, BRIASSOULIS D. Biodegradation of agricultural plastic films: A critical review[J]. Journal of Polymers and the Environment, 2007, 15（2）: 125-150.

[25] SIRACUSA V, ROCCULI P, ROMANI S, et al. Biodegradable polymers for food packaging: A review[J]. Trends in Food Science and Technology, 2008, 19 (12) : 634-643.

[26] XIE M, GAN Y, WANG H . Research on New Material Power Strategy by 2035[J]. Chinese Journal of Engineering Science, 2020, 22 (5) : 1.

[27] 周亚平，刘娟，郭晓彤，等 . 生物基 2,5- 呋喃二甲酸及其聚酯合成研究进展 [J]. 化学推进剂与高分子材料，2020，18 (3) : 15-25.

[28] 于建荣，李祯祺，许丽，等 . 全球生物基化学品产业发展态势分析 [J]. 生物产业技术，2016 (4) : 13-21.